スティーブ・マコネル
Steve McConnell 著

長沢智治 監訳
クイープ 訳

More Effective Agile

"ソフトウェアリーダー"
になるための28の道標

モア・
エフェクティブ・
アジャイル

More Effective Agile

A Roadmap for Software Leaders

Steve McConnell

Construx
PRESS

本書に寄せて

❝ マネージャーであってもエグゼクティブであっても、そしてアジャイルへの移行を開始したばかりであってもアジャイルの改善を目指しているところであっても、徹底した調査と幅広い経験に根差した実践的なアドバイスが見つかるはずだ。❞

—Shaheeda Nizar, Engineering Leader, Google

❝ ビジネスと価値を中心とした見解を示しながら、最先端のアジャイル開発の基本的な概念をリーダーに親しみやすく、関わりを持たせながら解説している。❞

—John Reynders, Vice President, R&D Strategy, Program Management

❝ 本書は、アジャイルが単に決まり切った儀式を実践することではなく、あなたのビジネスにとって重要な成果によって決まる一連のプラクティスであることを明確に示している。❞

—Glenn Goodrich, VP, Product Development Practice, Skookum

❝ 本書の28の基本原則は、過去40年にわたるソフトウェアプロダクト開発から得た最も貴重な教訓からなるすばらしい「虎の巻」である。本書は、これらの基本原則を、理論と実践を織り交ぜながら、わかりやすい言葉と図表を用いて鮮明に打ち出している。❞

—Xander Botha, Technical Director, Demonware

❝ 予測可能であることが重要となる状況など、これまでシーケンシャル開発を前提としてきた状況において、あるいは規制産業においても、(正しいアプローチをとれば) アジャイルに驚くほどの効果が期待できることを明確に示している。❞

—Charles Davies, CTO, TomTom

❝ 技術系の読者にとっても、非技術系の読者にとっても、これほど読みやすい本はなく、アジャイルの共通理解の溝を埋めている。❞

—Sunil Kripalani, Chief Digital Officer, OptumRx

❝ アジャイルのエキスパートでさえ、アジャイル手法の実践に新たな活気を吹き込む思考の糧を本書から得るだろう。❞

—Stefan Landvogt, Principal Software Engineer, Microsoft

❝ 多くの理想主義的なアジャイル手法は、現実の複雑な状況では失敗に終わりがちだ。本書は、アジャイルの導入という迷路の中で読者を導く光となり、何を調べるのか（検査）、その結果としてわかったことにどう対処するのか（適応）を解説している。❞

—Ilhan Dilber, Director of Quality and Testing, CareFirst

❝ 本書は小気味よくアジャイルの教義を避け、あなたのビジネスニーズに合ったアジャイルプラクティスの実践方法を説明している。❞

—Brian Donaldson, President, Quadrus

❝ 予測可能性はアジャイルが備えるものではなく、アジャイルとトレードオフの関係にあるものと（誤って）受け止められることが多い。本書で取り上げている手法は、その通説の誤りを見事に暴いている。❞

—Lisa Forsyth, Senior Director, Smashing Ideas

❝ タイトルに偽りなく、より効果的なアジャイルの実現にしっかりと焦点を合わせた、簡潔で、実用的な本書は、アジャイルプロセスをより効果的なものにしたいと考えているソフトウェアリーダーにとって特に価値がある。アジャイルへの移行を始めたばかりか、アジャイルへの移行を検討しているリーダーにとっても非常に役立つはずだ。❞

—David Wight, Consultant, Calaveras Group

❝ アジャイルを効果的に実践し、漸進的に改善していくことで、アジャイルの導入フェーズを卒業してさらに先に進むための方法を全体的な視点から解説している。多くの本は着手する方法に焦点を合わせているが、その先へ進むための知識や具体的なツールに言及しているものは少ない。❞

—Eric Upchurch, Principal Software Architect, Synaptech

❝ 実体験に基づき、モダンなソフトウェア集約型システムの開発をあらゆる角度（技術、管理、組織、文化、人）から理解しやすく、理路整然と、すぐに実践できる内容にまとめている。❞

—Giovanni Asproni, Principal Consultant, Zuhlke Engineering Ltd

❝ アジャイルの境界、変更管理モデル、ポートフォリオマネジメント、予測可能性かコントロールかなど、アジャイルを成功させるために必要な、より大きな組織的な局面にどのように取り組めばよいかについて貴重なアドバイスを提供している。❞

—Hiranya Samarasekera, VP of Engineering-Sysco LABS

❝ あらゆる個人と企業 —— 主にソフトウェアを扱っている —— にとって有益なものを簡潔かつインパクトのある方法で表現している。それらの概念の多くは、ほぼどのようなビジネスにも広く通用するものだ。❞

—Barbara Talley, Director, Business Systems Analysts, Epsilon

❝ 情報、ベストプラクティス、課題、活動の信頼できる情報源であり、さらなる知識の源。私自身や私のチームが困ったときに頼りになる資料である。アジャイルプラクティスやそれらを効果的に実践する方法を説明するのに苦労することがあるが、本書はそれを見事にやってのけている。❞

—Graham Haythornthwaite, VP of Technology, Impero Software

❝ 本書は、アジャイルをオールオアナッシングの命題として捉えるのではなく、状況が求めているときに選択的に導入できるツールの集まりとして捉える方法を教えてくれる。❞

—Timo Kissel, SVP Engineering, Circle Media

❝「なぜアジャイルを実践するのか」という質問にようやく答えてくれるすばらしい本である。❞

—Don Shafer, Chief Safety, Security, Health and Environment Officer,
Athens Group

❝ アジャイルを始めたばかりの人は「第23章　より効果的なアジャイル：導入」から読んでみよう。私は、アジャイルを成功させるための土台をきちんと整えずに「完全なアジャイル」に突き進む組織をいやというほど見てきた。❞

—Kevin Taylor, Sr. Cloud Architect, Amazon

❝経験豊富な実践者でさえ学べることがある、きわめて有益な情報に満ちたすばらしい本。アジャイルプラクティスを実践するための待望のハンドブックである。❞

—Manny Gatlin, VP of Professional Services, Bad Rabbit

❝誇大広告に切り込み、プロセスやアーキテクチャはもちろん、文化、人、チームを取り巻くソフトイシューを含め、うまくいくものと他の人が有益であると感じているものを教えてくれる。本のサイズからすると、驚くほどの内容の深さである。❞

—Mike Blackstock, CTO, Sense Tecnic Systems

❝この20年来の手法を率直に捉え、マネージャーに直接呼びかけ、何をすべきかを伝えるおそらく初めての本。❞

—Sumant Kumar, Development Director (Engineering),
Innovative Business Solutions Organization, SAP

❝個人とチームのモティベーションを高めるものに加えて、どのような環境でも役立つリーダーの特徴を説明してくれたことに感謝している。私たちは人的要素を当たり前のことと考え、手続きのみを重視しがちである。❞

—Dennis Rubsam, Senior Director, Seagate

❝従来のプロジェクトマネジメント文化で育ったリーダーは、アジャイルの概念を理解するのに苦労することが多い。そうしたリーダーにとって、本書は啓発書となるだろう。❞

—Paul van Hagen, Platform Architect and Software Excellence Manager,
Shell Global Solutions International B.V.

❝効果的なアジャイルチームの結成方法だけではなく、成功を確実にするために組織のリーダーを開発チームと関わらせる方法について貴重な知見を提供している。❞

—Tom Spitzer, VP Engineering, EC Wise

❝さまざまな業界においてリリースの数と頻度に対する切迫感が高まっている中、急速に変化しているソフトウェア開発の世界において待ち望まれていた最新情報。❞

—Kenneth Liu, Senior Director, Program Management, Symantec

❝ビジネスリーダー、プロダクトオーナー、アナリスト、ソフトウェアエンジニア、テスト技術者など、あらゆるタイプのソフトウェア開発の実践者に対して貴重な洞察と教訓を提供している。❞

—Melvin Brandman, Chief Technology Advisor-Human Capital and Benefits,
Willis Towers Watson

❝改善を望んでいる既存のアジャイルプロジェクトのリーダー、あるいはアジャイルの導入に取り組んでいるリーダーにとって、本書はアジャイルリーダーシップをあらゆる面から取り上げた包括的なリファレンスである。❞

—Brad Moore, Vice President Engineering, Quartet Health

❝アジャイルチームをレベルアップすることが実証されている非常に貴重な原則をまとめた本。情報のみならず、多くの貴重な経験がこの1冊に詰め込まれている。❞

—Dewey Hou, VP Product Development, TechSmith Corporation

❝本書は、自分のプロセスに照らしてプラス面とマイナス面の両方を確認できる、アジャイルの実践を映し出す「大鏡」である。❞

—Matt Schouten, Senior Director of Product Development,
Herzog Technologies

❝5年前に私の会社でアジャイルをロールアウトしたときに本書があればよかったのに。本書には、私たちが経験した問題の多くが明確に記されている（そして予測されている）。❞

—Mark Apgar, Manager Product Design, Tsunami Tsolutions

❝ほとんどの企業は「アジャイル」開発プロセスを採用していると考えているようだが、そのプロセスを改善できるかもしれない重要な要素の多くが欠けていることがある。McConnell は、ソフトウェア開発に関する調査と、Construx Software での彼自身の経験から得た知識を、1つの簡潔な資料にまとめ上げている。❞

—Steve Perrin, Senior Development Manager, Zillow

❝長年にわたって私たちが苦闘してきた問題の多くを取り上げている。私たちが旅を始めたときに本書があれば何より助けになっただろう。「推奨リーダーシップアクション」はとても参考になった。❞

—Barry Saylor, VP, Software Development, Micro Encoder Inc.

❝本書は、20年におよぶアジャイル導入での経験の集大成である。1990年代に『Code Complete』がソフトウェア開発者にとって最も信頼できるハンドブックとなったように、本書は次の10年にわたり、アジャイルリーダーにとって最も信頼できるハンドブックとなるだろう。❞

—Tom Kerr, Embedded Software Development Manager, ZOLL Medical

謝辞

　何よりもまず、Construx Software の技術職の同僚たちに感謝している。私は、知性と才能に溢れた、経験豊かなスタッフと一緒に働く幸運に恵まれた。本書は主に私たちの経験をまとめたものであり、彼らの貢献なしには実現しなかっただろう。コンサルティング部門のバイスプレジデントである Jenny Stuart には、大規模なアジャイルの導入に対する驚くべき経験と知見に感謝している。大規模な組織での組織的な問題の舵取りについて解説してくれたことをありがたく思っている。CTO である Matt Peloquin には、ソフトウェアアーキテクチャとアジャイルの実践におけるその役割についての知識に感謝している。Matt の知識は、500 件以上のアーキテクチャレビューをリードした経験に裏打ちされた、他の追従を許さないものである。シニアフェローであり、コンサルタント／インストラクターとして活躍している Earl Beede には、チームがアジャイルの概念を理解し、それらの概念を効果的に実践できるようにするために、アジャイルの概念を最も明確に伝えるにはどうすればよいかに関する知見に感謝している。シニアフェローである Melvin Pérez-Cedano には、国際的な経験と読書家としての知識に感謝している。Melvin、このプロジェクトの生き字引となり、最も効果的なプラクティスへの案内人になってくれてありがとう。シニアフェローである Erik Simmons には、不確実性と複雑性に関する底なしの知識を提供してくれたことと、従来の大企業におけるアジャイルプラクティスの実践について助言してくれたことに感謝している。プリンシパルコンサルタントである Steve Tockey には、従来の厳格なソフトウェアプラクティスと、それらのプラクティスとアジャイルプラクティスの間にどのような相互作用があるかに関する深い洞察と比類なき基礎知識に感謝している。シニアフェローである Bob Webber には、アジャイルプロダクトマネジメントについての知見に感謝している。Bob の数十年におよぶリーダーとしての経験は、リーダーに必要なのは何かに関する本書での重点的な取り組みに役立った。そして最後に、アジャイルプラクティスリードである John Clifford には、アジャイルの導入が組織にもたらすはずのすべての価値を実現するために、組織への働きかけ、コーチング、説得を行い、時には断行も辞さなかったその実績に感謝している。何とすばらしいグループだろう。このようなスタッフと仕事をしてきたことを私はとても幸せに感じている。

　300 人あまりのソフトウェアリーダーが本書の初期の原稿を読み、レビューコメントを寄せてくれた。このような非常によい本になったのは、彼らの惜しみない貢献のおかげ

である。

　Chris Alexander には、OODA についてのていねいな説明とすばらしいサンプルに特に感謝している。Bernie Anger には、プロダクトオーナーの役割を成功させることについて詳しく解説してくれたことに特に感謝している。John Belbute には、計測とプロセス改善に関する洞察に満ちたコメントに感謝している。Bill Curtis と Mike Russell には、PDCA に関する誤った認識についてお叱りをいただいたことに特に感謝している（その部分は本書から削除された）。Rob Daigneau には、アーキテクチャと CI/CD について解説してくれたことに特に感謝している。Brian Donaldson には、見積もりに関する踏み込んだレビューに特に感謝している。Lars Marowsky-Bree と Ed Sullivan には、分散チームを成功させるための要因に関する包括的なコメントに特に感謝している。Marion Miller には、緊急対応チームがどのように編成されるのか、アジャイル組織とどのような関連があるのかについて説明してくれたことに特に感謝している。Bryan Pflug には、航空宇宙産業の規制下でのソフトウェア開発について詳しく解説してくれたことに特に感謝している。

　原稿の特定の部分に関して意見を寄せてくれた次のレビュー担当者に感謝している。Mark Abermoske、Anant Adke、Haytham Alzeini、Prashant Ambe、Vidyha Anand、Royce Ausburn、Joseph Balistrieri、Erika Barber、Ed Bateman、Mark Beardall、Greg Bertoni、Diana Bittle、Margaret Bohn、Terry Bretz、Darwin Castillo、Jason Cole、Jenson Crawford、Bruce Cronquist、Peter Daly、Brian Daugherty、Matt Davey、Paul David、Tim Dawson、Ritesh Desai、Anthony Diaz、Randy Dojutrek、Adam Dray、Eric Evans、Ron Farrington、Claudio Fayad、Geoff Flamank、Lisa Forsyth、Jim Forsythe、Robin Franko、Jane Fraser、Fazeel Gareeboo、Inbar Gazit、David Geving、Paul Gower、Ashish Gupta、Chris Halton、Ram Hariharan、Jason Hills、Gary Hinkle、Mike Hoffmann、Chris Holl、Peter Horadan、Sandra Howlett、Fred Hugand、Scott Jensen、Steve Karmesin、Peter Kretzman、David Leib、Andrew Levine、Andrew Lichey、Eric Lind、Howard Look、Zhi Cong（Chong）Luo、Dale Lutz、Marianne Marck、Keith B. Marcos、David McTavish、J.D. Meier、Suneel Mendiratta、Henry Meuret、Bertrand Meyer、Rob Muir、Chris Murphy、Pete Nathan、Michael Nassirian、Scott Norton、Daniel Rensilot Okine、Ganesh Palave、Peter Paznokas、Jim Pyles、Mark Ronan、Roshanak Roshandel、Hiranya Samarasekera、Nalin Savara、Tom Schaffernoth、Senthi Senthilmurugan、Charles Seybold、Andrew Sinclair、Tom Spitzer、Dave Spokane、Michael Sprick、Tina Strand、Nancy Sutherland、Jason Tanner、Chris Thompson、Bruce Thorne、Leanne Trevorrow、John Ward、Wendy

Wells、Gavian Whishaw、Howard Wu。

　原稿全体に関して意見を寄せてくれた次のレビュー担当者に感謝している。Edwin Adriaansen、Carlos Amselem、John Anderson、Mehdi Aouadi、Mark Apgar、Brad Appleton、Giovanni Asproni、Joseph Bangs、Alex Barros、Jared Bellows、John M. Bemis、Robert Binder、Mike Blackstock、Dr. Zarik Boghossian、Gabriel Boiciuc、Greg Borchers、Xander Botha、Melvin Brandman、Kevin Brune、Timothy Byrne、Dale Campbell、Mike Cargal、Mark Cassidy、Mike Cheng、George Chow、Ronda Cilsick、Peter Clark、Michelle K. Cole、John Connolly、Sarah Cooper、John Coster、Alan Crouch、James Cusick、David Daly、Trent Davies、Dan DeLapp、Steve Dienstbier、Ilhan Dilber、Nicholas DiLisi、Jason Domask、David Draffin、Dr. Ryan J. Durante、Jim Durrell、Alex Elentukh、Paul Elia、Robert A. Ensink、Earl Everett、Mark Famous、Craig Fisher、Jamie Forgan、Iain Forsyth、John R Fox、Steven D. Fraser、Steve Freeman、Reeve Fritchman、Krisztian Gaspar、Manny Gatlin、Rege George、Glenn Goodrich、Lee Grant、Kirk Gray、Matthew Grulke、Mir Hajmiragha、Matt Hall、Colin Hammond、Jeff Hanson、Paul Harding、Joshua Harmon、Graham Haythornthwaite、Jim Henley、Ned Henson、Neal Herman、Samuel Hon、Dewey Hou、Bill Humphrey、Lise Hvatum、Nathan Itskovitch、Rob Jasper、Kurian John、James Judd、Mark Karen、Tom Kerr、Yogesh Khambia、Timo Kissel、Katie Knobbs、Mark Kochanski、Hannu Kokko、Sunil Kripalani、Mukesh Kumar、Sumant Kumar、Matt Kuznicki、Stefan Landvogt、Michael Lange、Andrew Lavers、Robert Lee、Anthony Letts、Gilbert Lévesque、Ron Lichty、Ken Liu、Jon Loftin、Sergio Lopes、Arnie Lund、Jeff Malek、Koen Mannaerts、Risto Matikainen、Chris Matts、Kevin McEachern、Ernst Menet、Karl Métivier、Scott Miller、Praveen Minumula、Brad Moore、David Moore、Sean Morley、Steven Mullins、Ben Nguyen、Ryan North、Louis Ormond、Patrick O'Rourke、Uma Palepu、Steve Perrin、Daniel Petersen、Brad Porter、Terri Potts、Jon Price、John Purdy、Mladen Radovic、Venkat Ramamurthy、Vinu Ramasamy、Derek Reading、Barbara Robbins、Tim Roden、Neil Roodyn、Dennis Rubsam、John Santamaria、Pablo Santos Luaces、Barry Saylor、Matt Schouten、Dan Schreiber、Jeff Schroeder、John Sellars、Don Shafer、Desh Sharma、David Sholan、Creig R. Smith、Dave B Smith、Howie Smith、Steve Snider、Mitch Sonnen、Erik Sowa、Sebastian Speck、Kurk Spendlove、Tim Stauffer、Chris Sterling、Peter Stevens、Lorraine Steyn、Joakim Sundén、Kevin Taylor、Mark Thristan、Bill Tucker、Scot Tutkovics、Christian P.

Valcke, PhD、Paul van Hagen、Mark H. Waldron、Bob Wambach、Evan Wang、Phil White、Tim White、Jon Whitney、Matthew Willis、Bob Wilmes、David Wood、Ronnie Yates、Tom Yosick、Barry Young。

寄せられた多くのレビューの中に、とりわけ詳しい知識に裏打ちされた有益なものがいくつかあった。それらのレビューを寄せてくれた次の方々に特に感謝している。John Aukshunas、Santanu Banerjee、Jim Bird、Alastair Blakey、Michelle Canfield、Ger Cloudt、Terry Coatta、Charles Davies、Rob Dull、Rik Essenius、Ryan E. Fleming、Tom Greene、Owain Griffiths、Chris Haverkate、Dr Arne Hoffmann、Bradey Honsinger、Philippe Kruchten、Steve Lane、Ashlyn Leahy、Kamil Litman、Steve Maraspin、Jason McCartney、Mike Morton、Shaheeda Nizar、Andrew Park、Jammy Pate、John Reynders、André Sintzoff、Pete Stuntz、Barbara Talley、Eric Upchurch、Maxas Volodin、Ryland Wallace、Matt Warner、Wayne Washburn、David Wight。

図表を担当してくれたRob Nance、レビューの陣頭指揮を執ってくれたTonya Rimbey、索引を担当してくれたJoanne Sprottをはじめ、制作チームのすばらしい仕事にも感謝したい。また、レビューの手配をしてくれたJesse Bronson、Paul Donovan、Jeff Ehlers、Melissa Feroe、Mark Griffin、Mark Nygrenにも感謝している。Cody Madisonには、すばらしい紹介動画を制作してくれたことに感謝している。

最後になったが、このプロジェクトの担当編集者であるDevon Musgraveには特に感謝している。Devonとのプロジェクトは本書で3冊目である。Devonの編集者としての判断のおかげで改善された部分は数えきれないほどである。また、本書が実現したのも、Devonが私のさまざまな執筆プロジェクトに絶えず関心を持ってくれたおかげである。

目次

Part 1　より効果的なアジャイル

Part 2 より効果的なチーム

Part 3 より効果的な作業

第9章 より効果的なアジャイル：プロジェクト … 105

第10章 より効果的なアジャイル：大規模なプロジェクト … 123

Part 4　より効果的な組織

Part 5　おわりに

Part 1

より効果的なアジャイル

Part 1では、アジャイルソフトウェア開発の基本概念について説明する。続くPart 2からPart 4では、具体的なアドバイスに踏み込む。

　Part 1で紹介する概念はPart 2以降で参照される。Part 2からPart 4を先に読む場合は、Part 1で紹介する概念に基づいていることを頭に入れておこう。

　最初に全体像を把握しておきたい場合は、Part 5の「細工は流々、仕上げを御覧じろ」と「28の基本原則のまとめ」を読んでほしい。

第1章

はじめに

　2000年代の初め、ソフトウェアリーダーたちはアジャイル開発について重大な疑問を呈した。というのも、品質、予測可能性、大規模なプロジェクト、数字に現れる改善、そして規制産業での仕事におけるアジャイルの能力に懸念を抱いていたからである。当時は、そうした懸念に十分な根拠があった。当初のアジャイルへの見込みは膨れ上がっていて、多くのアジャイル導入が期待外れに終わり、結果を出すのに予定よりも時間がかかっていたからだ。

　ソフトウェア業界が、効果が出なかった初期のアジャイルの過ちと正真正銘の前進を区別するには、時間と経験が必要だった。近年では、ソフトウェア業界はアジャイルの初期のプラクティスのいくつかを改善し、新しいプラクティスを追加し、いくつかのプラクティスを避けるようになった。現在では、モダンなアジャイル開発によって品質、予測可能性、生産性、スループットをすべて同時に改善する機会がもたらされている。

　私たちのConstrux Softwareは20年以上にわたり、モバイルゲームから医療機器まで、さまざまなソフトウェアシステムを開発する組織と協力してきた。私たちは数百もの組織でシーケンシャル開発を成功に導いてきたが、この15年間は、アジャイル開発が徐々に実を結ぶようになってきた。アジャイルプラクティスを用いることで、組織のサイクルタイムが大幅に短縮し、生産性と品質が向上し、顧客への対応力が強化され、透明度が高まることは周知のとおりである。

　アジャイルに関する文献の大半は、Netflix、Amazon、Etsy、Spotifyなど、新しい市場でまさに飛ぶ鳥を落とす勢いで急成長を遂げている企業に目を向けている。しかし、あなたの会社で作っているソフトウェアがそれほど最先端のものではない場合はどうなる

のだろう。理科学機器、事務機器、医療機器、家電製品、重機、またはプロセス制御装置用のソフトウェアを作っている会社はどうだろう。モダンなアジャイルプラクティスは、特定のビジネスにとって何が最善かということに重点を置いた上で適用すれば、こうした種類のソフトウェアでもうまくいくことがわかっている。

1.1 │ 効果的なアジャイルはなぜ重要か

　企業はソフトウェア開発をより効果的なものにしたいと考えている。また、ソフトウェアが多くのビジネス機能を担うことも理由になっている。『State of DevOps Report』によれば、「成果が出せる IT 組織を持つ企業は、収益性、市場シェア、生産性の目標を上回る傾向が2倍以上である」ことがわかっている❶。業績のよい企業は、顧客満足度、仕事の質と量、作業効率、およびその他の目標を達成したり上回ったりする傾向が2倍だったのである。

　モダンなアジャイルプラクティスは、正しい知識をもって選択的に使えば、より効果的なソフトウェア開発とそれに伴うすべての利益に向かうことがわかっている。

　残念ながら、ほとんどの組織はアジャイルプラクティスが持つ潜在能力に気付いていない。というのも、アジャイルプラクティスのほとんどがうまく実践されないからだ。たとえば、スクラムは最も一般的なアジャイルプラクティスであり、絶大な効果を発揮することもあるが、その恩恵が得られないような方法で実践されていることがほとんどである。次の図は、Construx Software が見てきた平均的なスクラムチームと健全なスクラムチームを比較したものだ。

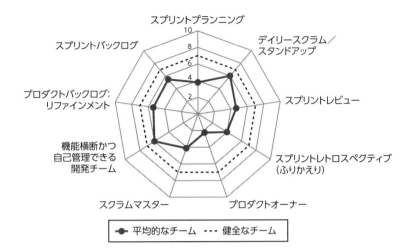

一般的に見て、うまく適用できているのはスクラムの主要素の1つ（デイリースクラム／スタンドアップ）だけであり、それですら普遍的に実践しているとは言い難い状況である。スクラムの残りの要素は、たまに適用するか、まったく適用しないかのどちらかである（この図での採点法については、「第4章　より効果的なアジャイルの始まり：スクラム」で詳しく説明する）。

効果が期待できそうなプラクティスをうまく実践できないことだけが、アジャイルの失敗の原因ではない。「アジャイル」という言葉は、無数のプラクティス、原則、理論に対する総称となっている。私たちは、組織が「アジャイル」に対して抱いているイメージにそぐわないために、アジャイルの実践が失敗に終わるのを見てきた。

そうした「アジャイル」という大きな括りの中では、非常にうまくいくプラクティスもあれば、それほどうまくいかないプラクティスもある。まったく効果がないプラクティスを選んだがためにアジャイルに失敗する組織もある。

組織のパフォーマンス（業績）を大幅に改善することは可能である。本書では、そのためにどうすればよいかを説明する。

1.2 ｜ 本書の対象読者

本書は、アジャイルの導入を効果的なものにしたいと考えているＣレベルの責任者（CxO）、バイスプレジデント、ディレクター、マネージャー、その他のソフトウェアチームや組織のリーダーを対象としている。専門知識はあるものの、モダンなアジャイルプラクティスの実践経験がそれほどないという場合は、ぜひ本書を読んでほしい。**技術職**

以外の経験があり、アジャイルプラクティスの実用的な知識を身につけておきたいという場合も、ぜひ本書を読んでほしい（技術的な部分は読み飛ばしてかまわない）。そして、アジャイルプラクティスについては10～15年前にかなり勉強したものの、モダンなアジャイルの知識をまだ仕入れていないという場合も、ぜひ本書を読んでほしい。

　最も重要なのは、あなたの組織がアジャイル開発を採用していて、その結果に満足していない場合である。本書はあなたのためにある。

1.3 │ 他のアジャイル本との違い

　本書は、アジャイルを「正しく」行う方法ではなく、各自の業務に適したアジャイルプラクティスからできるだけ大きな価値を引き出す方法について書かれている。

　本書で取り上げるのは、ビジネスの場では意識されているものの、アジャイル主義者がおろそかにしがちなテーマである。アジャイルの実践に共通する課題、組織の一部でのみアジャイルを実践する方法、アジャイルによる予測可能性のサポート、地理的に分散しているチームでアジャイルを最も効果的に実践する方法、そして規制産業でのアジャイルの活用は、本書で取り上げるそうしたテーマのごく一部である。

　アジャイル開発に関するほとんどの書籍はエバンジェリストによって書かれている。エバンジェリストは特定のアジャイルプラクティスを提唱しているか、アジャイル全体を奨励している。筆者はアジャイルのエバンジェリストではない。筆者は「うまくいくもの」の提唱者であり、「何の根拠もなく大袈裟な約束をするもの」への反対者である。本書では、意識高い活動としてアジャイルを扱うのではなく、管理的なプラクティスと技術的なプラクティスの集まりとして扱う。ここで扱うプラクティスは、その効果や相互作用をビジネス用語や技術用語で理解できるものである。

　本書を2000年代の初めに書くことは不可能だっただろう。当時のソフトウェア業界では、アジャイル開発の現場での経験がまだ十分に蓄積されておらず、どのプラクティスがうまくいき、どれがうまくいかないのかを確実に知ることはできなかったからだ。現在では、最ももてはやされていたプラクティスの一部にそれほど効果がないことがわかった反面、それほど話題にされていなかったプラクティスがモダンなアジャイルの実践において効果的な即戦力となっている。本書では、どのプラクティスがそうなのかを明らかにする。

　アジャイルに熱心な人は最先端のアジャイル開発の説明がないことを批判するかもしれないが、それこそが本書のねらいである。本書は、うまくいくことが実証されているプラクティスに焦点を合わせている。アジャイル開発の歴史は、1人か2人の熱心なアジャイルファンによってひと握りの組織でうまく利用されていたものの、普遍的に有効なことが結局認められなかったアイデアでいっぱいだ。本書では、そうした用途の限られた

プラクティスをあれこれ説明しない。

　本書には、モダンなアジャイルプラクティスに対するロードマップに加えて、アジャイルにおいて回避すべきプラクティスやアイデアに関する注意点が盛り込まれている。本書はアジャイルのチュートリアルではなく、ソフトウェアリーダーがシグナルをノイズから切り離すためのガイドである。

1.4 ｜ 本書の構成

　本書は、**背景状況**から始まり、**個人とチーム**、個人とチームが用いる**作業プラクティス**、そしてチームがそれらの作業プラクティスを用いる**組織**へと進む。そして最後に**まとめと今後の展望**で終わる。

　各 Part の最初のページには、その Part を読むべきかどうか、どの順番に読むべきかを決めるのに役立つガイドラインがある。

1.5 ｜ あなたの意見をお聞かせください

　本書の内容は、大がかりなピアレビューなしには実現しなかっただろう。最初の原稿は Construx Software のスタッフに徹底的にチェックしてもらった。次の原稿のレビューは社外の有志に依頼し、300 人以上のソフトウェアリーダーから 10,000 件を超えるレビューコメントをいただいた。そうした方々からの惜しみない協力は本書に大きく活かされている。

　本書を読んであなたはどのように感じただろうか。あなたの経験と一致していただろうか。あなたが直面している問題に役立っただろうか。次のいずれかの方法で、あなたの意見をお待ちしている。

ワシントン州ベルビューにて

2019 年 7 月 4 日

 stevemcc@construx.com　　 @Stevemconstrux

 Linkedin.com/in/stevemcc　　 MoreEffectiveAgile.com

 SteveMcConnellConstrux

第2章

アジャイルの本当の違いは何か

　「アジャイルの本当の違いは何か」のようなタイトルの章を持つアジャイル本のほとんどは、2001年に宣言されたアジャイルマニフェストと、それに関連して20年前に作成されたアジャイル原則の歴史に関する説明をいきなり始めるだろう。

　20年前は、これらの文書は重要な目的を果たしていて、効果があった。だがそれ以来、アジャイルプラクティスは成熟を重ねてきた。結果として、金字塔とも言えるこれらの文書は、どちらも今日のアジャイルの最も価値ある部分を正確に描写するものではなくなっている。

　では、現在のアジャイルは何が違うのだろうか。アジャイルムーブメントは歴史的に自らをウォーターフォール開発と対比させてきた。ウォーターフォール開発は、プランニングの100パーセント、要求獲得の100パーセント、そして設計の100パーセントを事前に試みるものとされていた。これは文字どおり「ウォーターフォール」開発を正確に描写するものだったが、このような開発スタイルが実際に広く用いられることはなかった。広く用いられていたのは**工程による開発**であり、その種類はさまざまだった。

　紛れもなくウォーターフォール開発が行われていたのは主としてアメリカ国防総省のプロジェクトであり、そうした初期の荒削りな実践は、アジャイルマニフェストが書かれた頃にはすでにより洗練されたライフサイクルにその座を奪われていた❶。

　現在のアジャイル開発と対比させるとしたら、最も意味をなすのは**シーケンシャル開発**である。特徴の描写にあやしい部分があるが、それはさておき、それらを対比させた

---

❶ アメリカ国防総省のウォーターフォールソフトウェア開発標準 MIL-STD-2167A は、1994年の終わりに非ウォーターフォール標準 MIL-STD-498 に置き換えられている。

ものが表2-1になる。

▼表2-1：シーケンシャル開発とアジャイル開発の重点の違い

シーケンシャル開発	アジャイル開発
長いリリースサイクル	短いリリースサイクル
エンドツーエンドの（すべての層にまたがる）開発作業のほとんどを長いリリースサイクルにわたって大きなバッチで実行する	エンドツーエンドの開発作業のほとんどを短いリリースサイクルの中で小さなバッチで実行する
事前の詳細なプランニング	事前の大まかなプランニングとジャストインタイムの詳細なプランニング
事前の詳細な要求獲得	事前の大まかな要求獲得とジャストインタイムでの要求の詳細化
事前の設計	創発的な設計
最後にテストする（多くの場合は別の活動として実施する）	継続的な自動テスト（開発に統合される）
不定期の構造化コラボレーション	頻繁な構造化コラボレーション
アプローチ全体が理想主義的で、事前に取り決められていて、制御指向	アプローチ全体が実証主義的で、臨機応変で、改善指向

▊ 短いリリースサイクルか長いリリースサイクルか

　アジャイルプラクティスを用いるチームは、動くソフトウェアを数日または数週間のサイクルで開発する。シーケンシャルなプラクティスを用いるチームの開発サイクルは数か月または数四半期におよぶ。

▊ エンドツーエンドの開発作業を小さいバッチで実行するか大きいバッチで実行するか

　アジャイル開発では、開発全体 —— 詳細な要求獲得から、設計、コーディング、テスト、文書化まで —— を小さいバッチで実行することに重点を置いている。つまり、一度に取り組む機能や要求の数はほんのわずかである。シーケンシャル開発では、プロジェクト全体に相当する量の要求獲得、設計、コーディング、テストを大きなバッチとして開発パイプラインに同時に流し込むことに重点を置いている。

▊ ジャストインタイムのプランニングか事前のプランニングか

　一般に、アジャイル開発で事前に行うプライニングはほんのわずかであり、詳細なプランニングのほとんどはぎりぎりまで行わない（ジャストインタイム）。よくできたシー

ケンシャル開発でもプランニングの多くがジャストインタイムで行われるが、アーンドバリュー方式のプロジェクト管理❷ といったシーケンシャルなプラクティスでは、事前のより詳細なプランニングのほうに重点を置いている。

ジャストインタイムの要求獲得か事前の要求獲得か

アジャイル開発では、事前に行う要求獲得作業をできるだけ少なくすることに重点を置いている（詳細さよりも幅広さが重視される）。つまり、細かな要求獲得作業の大部分はプロジェクトの開始後に必要になるまで先送りされる。シーケンシャル開発では、ほとんどの要求の詳細を事前に定義する。

要求は、モダンなアジャイルプラクティスが2000年代初期のアジャイル開発よりも進歩している領域の1つである。これらの変化については、「第13章　より効果的なアジャイル：要求の作成」と「第14章　より効果的なアジャイル：要求の優先順位付け」で説明する。

創発的な設計か事前の設計か

プランニングや要求獲得と同様に、アジャイルは設計作業の細かな部分を必要になるまで先送りし、事前のアーキテクチャをほとんど重視しない。シーケンシャル開発では、かなり詳細な設計を事前に行うことにより重点を置いている。

また、事前の設計／アーキテクチャ作業の「一部」について価値を認めることに関しても、モダンなアジャイルは2000年代初期のアジャイル理論よりも進歩している。

開発に統合された継続的な自動テストか最後に独立して行われるテストか

アジャイル開発では、テストはコーディングと並行して行われるものとして掲げられ、場合によってはコーディングよりも先に行われる。テストは開発者とテストの専門家が両方とも含まれた統合開発チームによって実施される。シーケンシャル開発では、テストは開発とは別の作業として扱われ、通常は開発の後に行われる。アジャイル開発では、テストを自動化することで、より多くの人がより頻繁に実行できるようにすることに重点を置いている。

頻繁な構造化コラボレーションか不定期の構造化コラボレーションか

アジャイル開発では、構造化コラボレーションを頻繁に行うことが重視される。そうしたコラボレーションはたいてい短時間だが（15分間のデイリースタンドアップミーティ

---

❷［訳注］アーンドバリューマネジメントは、プロジェクトの進捗を管理する手法の1つであり、作業の到達度をコストなど何らかの価値に換算するという方法で把握する。

ング）、アジャイルの1日ごと、週ごとの作業リズムに合わせて構造化される。シーケンシャル開発ではコラボレーションが禁止されている、というわけではないが、特に奨励されているわけでもない。

■ 実証主義的な改善指向か理想主義的な制御指向か

　アジャイルチームは、実証主義的なアプローチに重点を置き、実体験から学ぶことに焦点を合わせる。シーケンシャルチームも経験から学ぼうとするが、現実を認識して絶えず適応することよりも、計画を立てて現実に秩序を与えることのほうを重視する。

アジャイル開発とシーケンシャル開発の共通点

　アジャイル開発とシーケンシャル開発の比較では、どちらか一方をよいものとし、もう一方をよくないものとする傾向がある。これは公平ではないし、そうしたところで得るものもない。順調に進むプロジェクトは、アジャイルアプローチとシーケンシャルアプローチのどちらを用いるかにかかわらず、管理をきちんと行うことと、顧客とのハイレベルなコラボレーションを重視している。そして、高品質な要求、設計、コーディング、テストに重点的に取り組んでいる。

　シーケンシャル開発は、ベストな状態ではうまくいくことがある。しかし、表2-1で示した相違点に照らして各自のプロジェクトを振り返ってみれば、多くの状況でシーケンシャル開発よりもアジャイル開発のほうがうまくいく理由がいくつか見えてくるはずだ。

2.1 ｜ アジャイルの恩恵の源は何か

　アジャイル開発の恩恵は、「アジャイル」という魔法の呪文を唱えることによってどこからともなく湧き出すものではない。それらの恩恵が、アジャイルが表2-1の内容を重視した結果であることは容易に説明がつく。

　リリースサイクルが短いと、欠陥を見つけたそばからコストをかけずに修正できるようになり、行き詰まって身動きがとれなくなる時間が少なくなり、顧客からすぐにフィードバックが得られるようになり、より迅速な軌道修正が可能になる。そして、収益の増加と経費の削減までの道のりが短くなる。

　小さいバッチで実行するエンドツーエンドの開発作業にも、同じような理由で恩恵がある。フィードバックループがよりタイトであるため、エラーの検出と修正をより迅速に、より低いコストで行えるようになるからだ。

ジャストインタイムのプランニングには、詳細な計画作成に費やす時間を減らす効果がある。詳細な計画は、あとで無視されたり、捨てられてしまったりすることがあるからだ。

ジャストインタイムの要求では、事前の要求獲得に費やす作業が少なくなる。せっかくの作業も、あとから要求が変更になれば結局は無駄になってしまう。

創発的な設計には、あとから変更される要求に対する事前の設計に費やす作業量が少なくなる効果がある。細かい部分が計画どおりにいかない設計については言うまでもない。事前の設計が功を奏することもあるが、不確かな要求に対する事前の設計は間違いのもとであり、経済的ではない。

開発チームに統合された継続的な自動テストは、欠陥が紛れ込んでから検出されるまでのフィードバックループを引き締めることで、欠陥の修正コストを削減し、初期のコード品質を重視することに貢献する。

頻繁な構造化コラボレーションは、コミュニケーションの行き違いを減らす。コミュニケーションの行き違いは、要求、設計、その他の活動の不備を引き起こすことがある。

実証主義的な改善モデルに焦点を合わせることは、チームが経験からすばやく学びながら徐々に改善していくのに役立つ。

どのアジャイルプラクティスに焦点を合わせるかは組織ごとに異なる。安全性が最優先のソフトウェアを開発している組織は一般に創発的な設計を採用しない。創発的な設計は経費の節約になるかもしれないが、この場合は安全性に配慮するほうが重要である。

同様に、ソフトウェアがアクセスしにくいデバイスに組み込まれるものであったり、法規制上の負担を伴ったりする場合は、ソフトウェアをリリースするたびにかなりコストがかかることがある。そうしたソフトウェアを開発している組織は、頻繁なリリースを避けるだろう。頻繁なリリースによって得られるフィードバックは経費の削減につながることがあるが、組織によってはかえって高くつくこともある。

「アジャイル」が不可分な概念で、「すべてを採用するか、まったく採用しないかのどちらかでなければならない」という考えから脱却すれば、アジャイルプラクティスをそれぞれ自由に採用できるようになる。アジャイルプラクティスのどれが適切であるかは状況次第であり、特定の状況により効果があるプラクティスがあることがわかってくる。あなたの組織がビジネスアジリティを必要としている場合は、モダンなアジャイルソフトウェア開発のプラクティスがすんなりなじむだろう。品質、予測可能性、生産性など、アジャイルと直接関連のない属性についても、モダンなアジャイルソフトウェア開発のプラクティスに価値がある。

2.2 │ アジャイルの境界

　ほとんどの組織は、エンドツーエンドのアジリティの実現には至らない。あなたの組織は、アジャイルを人事や調達に採用しても恩恵を見込めないだろうと考えるかもしれない。組織全体でアジャイルに取り組んでいたとしても、顧客やサプライヤにアジャイルがそれほど浸透していないことが判明することもある。

　そこで役立つのが、アジャイルの境界がどこにあるのかを理解しておくことである。あなたの組織のアジャイルな部分とアジャイルではない部分 ── 現在の境界と望ましい境界 ── はどこにあるのだろう。

　あなたがCレベルの責任者（CxO）である場合、組織全体がアジャイルの境界内に含まれている可能性はおおいにある。あなたが組織のトップテクニカルリーダーである場合は、技術系の組織全体がアジャイルの境界内に含まれているかもしれない。あなたが組織内のリーダーの1人である場合、アジャイルの境界内に含まれているのはあなたのチームだけかもしれない。アジャイルの境界の例として、図2-1を見てみよう。

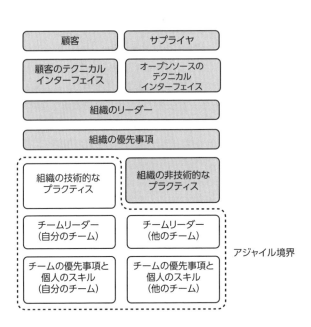

▲図2-1：アジャイルの境界の例（この例では、アジャイルプラクティスは技術系の組織にのみ適用される）

　アジャイルの境界を見誤ると、期待値のずれといった問題につながることがある。次のシナリオについて考えてみよう。

- アジャイルソフトウェア開発とアジャイルではない法規制
- アジャイルな営業とアジャイルではないソフトウェア開発
- アジャイルソフトウェア開発とアジャイルではない企業顧客

　すべての組織には境界がある。組織でのアジャイルの実装をどれくらい徹底したものにしたいだろうか。あなたのビジネスにとって何が一番効果的だろうか。

2.3 ｜ 推奨リーダーシップアクション

検査

- これまで「アジャイルはオールオアナッシングの命題である」とどれくらい思い込んでいたのかを振り返ってみる。そのことは管理的なプラクティスと技術的なプラクティスの改善方法にどれくらい影響を与えていただろうか。
- 組織内の少なくとも3人のテクニカルリーダーと話をし、彼らにとって「アジャイル」が何を意味するのかを尋ねてみる。具体的にどのような行為を言うのかを尋ねてみる。テクニカルリーダーたちはアジャイルの意味に関してどこまで合意しているだろうか。アジャイルではないものに関して意見が一致しているだろうか。
- 非テクニカルリーダーと話をし、彼らにとってアジャイルが何を意味するのかを尋ねてみる。彼らの仕事とあなたのソフトウェアチームの間の境界またはインターフェイスを彼らはどのように捉えているだろうか。
- 表2-1の各項目に照らしてプロジェクトポートフォリオを見直してみる。それぞれの項目について、あなたのプロジェクトを5段階で評価する。1を「完全なシーケンシャル」、5を「完全なアジャイル」とする。

適応

- 組織内で「アジャイルの境界線」を引くためのデッサンをしてみる。
- 本書の残り部分を読みながら答えるための質問リストを作成する。

2.4 ｜ 参考文献 ❸

- Stellman, Andrew and Jennifer Green. 2013. *Learning Agile: Understanding Scrum, XP, Lean, and Kanban.*
  アジャイル寄りの視点から見た、アジャイルのコンセプトに関する優れた入門書。

- Meyer, Bertrand, 2014. *Agile! The Good, the Hype and the Ugly.*
  行き過ぎたアジャイルムーブメントをおもしろおかしく批判することから始まり、アジャイル開発に最も役立つ原則とプラクティスを示す1冊。

---

❸［訳注］翻訳書がある場合は巻末の「参考文献」に追加している。

第3章

複雑さと不確実さという課題に対処する

　ソフトウェアプロジェクトは、低品質、プロジェクトの遅れ、完全な失敗を含め、多くの課題の要因となっている複雑さにどのように対処するかという問題とずっと戦ってきた。

　本章では、不確実さや複雑さを理解するためのフレームワークである **Cynefin** を取り上げ、シーケンシャル開発やアジャイル開発におけるソフトウェアの問題に Cynefin をどのように適用するのかについて説明する。続いて、不確実さや複雑さを前にして意思決定を行うためのモデルである **OODA** を取り上げ、OODA の意思決定が典型的な逐次方式の意思決定よりも有利となる状況について説明する。

3.1 │ Cynefin

　Cynefin フレームワークはIBM に在籍していたデビッド・スノーデンが1990年代の終わりに作成したもので❶、「クネビン」と読む。

　それ以来、Cynefin フレームワークはスノーデンらの手で進化を繰り返してきた❷。スノーデンはCynefin を「センスメイキングフレームワーク」と説明している。このフレームワークは、状況の複雑さや不確実さに応じて、効果が期待できる戦術の種類を理解するのに役立つ。

---

❶ Kurtz, 2003
❷ Snowden, 2007

Cynefin フレームワークは5つのドメイン（系）で構成される（図3-1）。ドメインの特性や推奨する対処法はドメインごとに異なる。

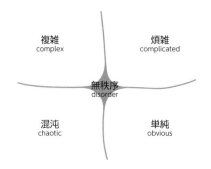

▲図3-1：Cynefin フレームワークはソフトウェア開発に適用できる有益なセンスメイキングフレームワーク

Cynefin は「生息地」または「近傍」を意味するウェールズ語である。各ドメインはカテゴリと見なすのではなく、むしろ「意味の群れ」と見なす。「生息地」を名前の由来とするのはそのためである。

ソフトウェア開発に最も関連があるのは、「複雑系」と「煩雑系」である。背景情報として、ここでは5つのドメインをすべて説明する。

単純系

単純系（obvious）では、問題は十分に理解されており、解決策はわかりきっている。文字どおり、全員が1つの正しい答えで合意している。因果関係は単純で、直接的である。単純系はパターン ―― プログラムされ、手順化された、機械的な振る舞い ―― が適用される領域である。

Cynefin フレームワークは、単純系の問題に対するアプローチを次のように説明している。

把握　　　分類　　　対処
sense　　categorize　respond

単純系に含まれる問題の例をいくつか挙げておく。

- レストランで注文を取る。

- ローンの支払いを済ませる。

- 車にガソリンを給油する。

細かいレベルで言えば、「この**if**文は1ではなく0をチェックすべきである」など、ソフトウェアチームが直面する単純系の問題はそれこそさまざまである。

　プロジェクトレベルでは、Cynefinで定義されているような単純系の問題の例を見つけるのはそう簡単ではない。どのような規模の問題でもよいが、正しい答えが1つだけで、全員がその解決策に納得している、というソフトウェアの問題を最後に見たのはいつだろうか。何人かの設計者に同じ設計問題を出すと、解決策を実装するのに必要なコードの量に10倍の開きがある、というソフトウェア関連のおもしろい調査結果もある❸。筆者の経験では、「この短いレポートを作成する」といった一見単純そうなタスクでさえ、これくらいの差が出る。「1つの正しい解決策」がこれほどの違いを生むことがあるのだ。このため、「hello world」を超えるプログラムに関しては、ソフトウェア開発に単純系の問題が存在するとは思えない。ソフトウェア開発全般に関して言えば、単純系は無視してもかまわないだろう。

煩雑系

　煩雑系（complicated）では、問題の全体像、質問すべき内容、そして答えを得る方法はわかっている。また、正しい答えは1つではなく複数存在する。因果関係は入り組んでいる —— 因果関係を理解するには、分析と調査を行い、専門知識を活用する必要がある。誰もが因果関係を調べたり理解したりできるわけではないため、煩雑系は専門家の領分である。

　Cynefinフレームワークは、煩雑系の問題に対するアプローチを次のように説明している。

把握　●　分析　●　対処
sense　　　analyze　　　respond

　このアプローチは、中間ステップにおいて問題を単に**分類**するのではなく**分析**し、1つの正しい対処法を選択しなければならないという点で、単純系のアプローチとは異なっている。

---

❸ McConnell, 2004

煩雑系に含まれる問題の例をいくつか挙げておく。

- エンジンのノッキング音の原因を突き止める。
- グルメ料理の支度をする。
- 特定の結果を得るためのデータベースクエリを書く。
- 不完全な更新によって生じる本番稼働システムのバグを修正する。
- 成熟したシステムのバージョン4.1に対するユーザー要求の優先順位を決める。

これらの例に共通するのは、まず問題とその問題に対するアプローチを明らかにし、その上で、問題解決に向かって突き進むことである。

ソフトウェア開発において煩雑系に分類されるプロジェクトや活動はさまざまである。これまでの実績で言うと、煩雑系はずっとシーケンシャル開発の領域だった。

プロジェクトの大部分がCynefinの煩雑系に含まれる場合は、事前のプランニングと分析に大きく依存する線形のシーケンシャルなアプローチがうまくいく可能性がある。ただし、問題を明確に定義できない場合は、いくつかの課題に直面することになる。

複雑系

複雑系（complex）の決定的な特徴は、専門家をもってしても因果関係がすぐにはわからないことである。煩雑系とは対照的に、質問すべき内容がすべてわかっているわけではない。このため、それらの質問を突き止めることも課題の1つとなる。事前にどれだけ分析を行ったとしても問題は解決せず、解決策に向かって前進するには実験が必要となる。実際には、ある程度の失敗は織り込み済みであり、不完全なデータに基づいて決定を下さなければならない場合が多々あるだろう。

複雑系の問題の因果関係は、あとから考えてみて初めてわかるものである　――　問題の特定の要素は、そのときになるまで判明しない。ただし、十分な実験を行っていれば、現実的な意思決定ができる程度には、因果関係がわかるようになる。スノーデンは複雑系の問題を「コラボレーション、根気、そして解決策が見つかる領域」であると述べている。

Cynefinフレームワークは、複雑系の問題に対して推奨するアプローチを次のように説明している。

調査　●　把握　●　対処
probe　　　sense　　　respond

3

　このアプローチは、問題の解決方法を分析できない点で、煩雑系の問題とは大きく異なっている。最初に必要なのは調査である。最終的には分析が意味を持つようになるが、すぐにそうなるわけではない。

　複雑系に含まれる問題の例をいくつか挙げておく。

- プレゼント選びが難しい相手のために何かを購入し、交換が必要になるとわかっていながらプレゼントを渡す。
- 本番稼働システムのバグを修正し、診断ツールによってバグは消えるが、本番稼働環境では発現する。
- 真新しいシステムのユーザー要求を引き出す。
- まだ進化の途上にあるハードウェアで稼働するソフトウェアを作成する。
- ライバル会社がソフトウェアを刷新しているときに自社のソフトウェアも刷新する。

　多くのソフトウェア開発のプロジェクトや活動は複雑系に分類される。そして、複雑系はアジャイル開発と反復型開発の領域である。プロジェクトの大部分が複雑系に含まれる場合、実際にうまくいくアプローチには実験が組み込まれていなければならず、問題を完全に定義するには調査が必要となる。

　筆者が見たところ、シーケンシャル開発が複雑系のプロジェクトでうまくいかないことが、アジャイル開発が生み出される大きなきっかけとなっている。

　場合によっては、十分に綿密な調査を行うことで、複雑系の要素が優位を占めるプロジェクトを煩雑系のプロジェクトに変換できることがある。この場合、そのプロジェクトは煩雑系のプロジェクトに適したアプローチを使って完成させることができる。一方で、複雑系のプロジェクトによっては、そのプロジェクトのライフサイクルに複雑系の要素がかなり残ったままになることがある。この場合、複雑系のプロジェクトを煩雑系のプロジェクトに変換しようとするのは時間の無駄である。その時間は、複雑系のプロジェクトに適したアプローチを使ってプロジェクトを完了させることに費やすほうがよいだろう。

混沌系

　混沌系（chaotic）は、最初の 3 つのドメインから予想されるようなパターンから少し外れている。混沌系では、因果関係は入り乱れていて流動的である。実験を繰り返したとしても、あとから考えてみても、因果関係はまるで見えてこない。何を質問すればよいのかはわからないし、調査や実験から導かれる対処法には一貫性がない。

混沌系には、他のドメインには存在しない時間的制約要素も含まれている。

Cynefin フレームワークでは、混沌系を決断と行動に基づくリーダーシップとして定義している。推奨するアプローチは、混沌に秩序をもたらし、それを迅速に行うアプローチである。

行動		把握		対処
act	●	sense	●	respond

混沌系に含まれる問題の例をいくつか挙げておく。

- 自然災害がまだ起きている間に救済する。
- 高校のカフェテリアでのいざこざを止める。
- 分析や調査をどれだけ行っても本番稼働システムのバグの原因が見つからないので、1つ前のバージョンに戻すことでバグを修正する。
- 政治的な圧力下にある環境でフィーチャーセットを定義する。そうした環境では、大きな影響力を持つステークホルダーの意向で新たな要求が出現したり変化したりする。

ソフトウェアの場合、プロジェクト規模の混沌系の問題を見つけるのは難しく、不可能ですらある。バグ修正の例は、「分析を行っている時間はなく、とにかく行動を起こす」要素が確認できるものの、プロジェクト規模の問題ではない。フィーチャーセットの例はプロジェクト規模の問題だが、極端な時間的圧力を表す要素はない。このため、Cynefin の観点からすると、混沌系を代表するような例ではない。

無秩序系

Cynefin フレームワークの図の中央部分は**無秩序**（disorder）と表現されている。この領域では、目の前の問題がどのドメインに当てはまるのかわからない。無秩序系に対してCynefin フレームワークが推奨するアプローチは、問題を個々の要素に分解し、各要素がどのドメインに属するかを評価する、というものである。

Cynefin には、それぞれの要素を識別して適切に処理するための方法がある。要求獲得、設計、プランニングに対するアプローチは、複雑系と煩雑系とで異なる。どの領域でもうまくいく1つのアプローチはない。

　プロジェクト規模のソフトウェアの問題のほとんどは、1つのドメインにきれいに収まるものではない。いくつかのドメインが「近傍」する、いろいろな意思の集まりであることを頭に入れておこう。問題やシステムの要素ごとに異なる属性を持つ可能性があり、一部の要素が煩雑系、残りの要素が複雑系に分類されることも考えられる。

Cynefin とソフトウェアの課題

　Cynefin は、興味深く有用なセンスメイキングフレームワークであり、5つのドメインのすべてがソフトウェア以外の問題にも適用される。ただし、前述の理由により、混沌系と単純系はプロジェクト全体には適用されない（図3-2）。つまり、実際上は、ソフトウェアプロジェクトはその大部分が煩雑系、複雑系、または無秩序系に分類されることになる（そして、無秩序系は最終的に煩雑系、複雑系、またはそれら2つの組み合わせとして解決される）。

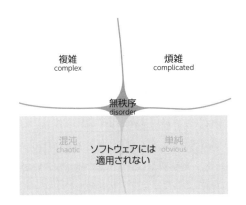

▲図3-2：Cynefin のドメインとソフトウェアの課題との関係

　Cynefin においてドメインの選択肢が2つしかないとなると、「プロジェクトのドメインについて見当違いをしてしまった場合はどうなるか」について考えたほうがよさそうである。
　次ページの図3-3に示すように、プロジェクトに関して不確実性が高ければ高いほど、煩雑系（シーケンシャル）のアプローチよりも複雑系（アジャイル）のアプローチのほうが有利になる。

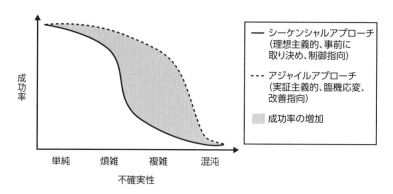

▲図3-3：シーケンシャルアプローチとアジャイルアプローチによるさまざまな問題での成功率

　プロジェクトの大部分が複雑系であると考えていたのが、実は煩雑系であることが判明した場合、そもそも必要のなかった調査や実験に時間を割いたことになる。この見当違いに対するペナルティがプロジェクトの効率性の低下であることは明白に思えるが、その点については議論の余地がある。なぜなら、あなたが行った実験によっておそらくプロジェクトに対する理解が深まっていて、プロジェクトへの取り組み方が改善されているからだ。

　プロジェクトの大部分が煩雑系であると考えていて、実は大部分が複雑系であることが判明した場合はどうだろうか。分析とプランニングに時間を割き、思っていたほど理解していたわけではなかったプロジェクトを少なくとも部分的に実行したことになるだろう。自分に与えられたミッションが実際には別のことだったと気付いたのが6か月のプロジェクトの1か月目だったとしたら、プロジェクトを最初からやり直したほうがよいかもしれない。6か月のプロジェクトの5か月目だったとしたら、プロジェクトがそこで中止になることも考えられる。

　この見当違いの重大さは、プロジェクトを煩雑系と推測していた場合のほうが、複雑系と推測していた場合よりも深刻である。このため、煩雑系であるという絶対的な確信がある場合以外は、プロジェクトを複雑系として扱い、アジャイルプラクティスに投資するほうが安全である（なお、プロジェクトを煩雑系として扱う場合は、シーケンシャルアプローチがうまくいくだろう）。

3.2 │ 複雑系のプロジェクトを成功させる：OODA

OODA は、複雑系のプロジェクトに対処するのに役立つモデルである。図3-4に示すように、「OODA」はObserve（観察）、Orient（方向付け）、Decide（意思決定）、Act（行動）を表し、通常は「OODA ループ」として説明される。

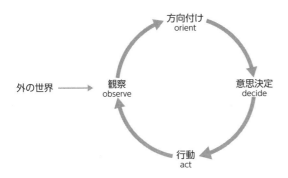

▲図3-4：基本的な OODA ループは観察から始まる4つのステップで構成される

OODA は、アメリカ空軍のジョン・ボイド大佐がアメリカ空軍の空中戦の結果に不満を抱いたことがきっかけで誕生した。ボイドは、意思決定を加速させ、敵よりもすばやく判断を下し、敵の意思決定を無効にする手段としてOODA ループを考案した。OODA は、コンテキストを確立し、作戦を立て、作戦を実行し、結果を観察し、そこから学んだ内容を次のサイクルに組み込むための系統的なアプローチである。

観察

OODA ループは**観察**（observe）から始まる。現在の状況を観察し、関連する外部情報を観察し、次々に明らかになる状況のさまざまな側面を観察し、そうした側面が環境とどのように関わり合うのかを観察する。OODA では観察が非常に重視されるため、観察と経験に焦点を合わせる実証主義的アプローチとしてOODAを捉えることができる。

方向付け

　方向付け（orient）ステップでは、観察の結果を自分が置かれている状況と関連付ける。ボイドによれば、私たちはそれらを「受け継がれた特質、文化的伝統、過去の経験、次々に明らかになる状況」と関連付ける ❹。もう少し単純に言うと、その情報があなたにとって何を意味するのかを判断し、それに応じて利用可能な選択肢を特定する。

　「方向付け」ステップは、自分が立てた前提を疑い、文化や企業文化の盲点を回避し、（一般的には）データと情報に対する先入観を取り除く機会を提供する。このステップでは、理解を深めることによって優先順位を変更する。そうすると、他の人が見逃している細かな部分の重要性に気付くことができる。Apple の iPhone は典型的な例である。Apple 以外の携帯電話業界がカメラのメガピクセル、RF 信号の品質、バッテリー寿命にばかり目を向けていたとき、まったく別の方向を見据えていた Apple は、これまでの常識を覆すようなユーザーエクスペリエンスを実現するモバイル情報家電に狙いを定めていた。iPhone は、「従来の携帯電話」としてはほぼすべての面で劣っていたが、それはたいした問題ではなかった。Apple が目指していたのは、結局はもっと重要な別の問題を解決することだったからだ。

意思決定

　意思決定（decide）ステップでは、「方向付け」ステップで特定された選択肢に基づいて決定を下す。軍隊では、敵の作戦を妨害する何かを行うという決定がよく下される。これを「敵の OODA ループに侵入する」と言う。OODA ループへの侵入は、「敵よりもすばやく作戦行動をとる」と解釈されることがあるが、「異なるテンポで行動する」と解釈するほうがより正確である。野球で言うと、打者が速いボールを予想しているときにチェンジアップ（球速の遅いボール）を投げる投手は、ボールの速度を落とすことで実質的に敵の OODA ループに侵入している。見方を変えれば、「相手を自分のペースに引き込む」、「ゲームの主導権を握る」とも言える（まさに Apple が iPhone で行ったことだ）。

行動

　最後に、意思決定を実行に移すことによって**行動**（act）する。その後は「観察」に戻り、行動の影響（明らかになった状況）を確認し、ループを再び開始することができる。

---

❹ Adolph, 2006

基本的な OODA を超えて

　基本的な OODA ループは線形サイクルのように見えるが、十分な OODA ループには暗黙の誘導と制御がある（図3-5）。

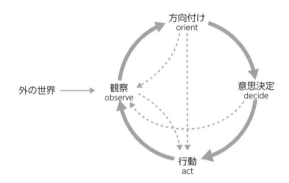

▲図3-5：十分な OODA ループでは、どのステップからでも行動または観察へのショートカット（破線）が可能

　熱いストーブから手を引っ込めるために基本的な OODA ループを通る必要はない —— 観察から行動に直接進めばよいからだ。観察または方向付けにおいて既知のパターンに出くわした場合は、行動に直接進むことができる（雨が降っているので、徒歩ではなく車で移動するようなものである）。

　別の意思決定アプローチでは、すべてのステップをきちんと通過することが要求されるかもしれないが、OODA では意思決定の速さが重視される。それにより、敵の判断を狂わせることができる。

OODA かシーケンシャル開発か

　現在企業が取り組んでいるソフトウェアの問題では、横断的な特性が次々に現れるため、シーケンシャルアプローチではそもそも対処できない。そうした問題には、アジャイルプラクティスのほうが適している。アジャイルアプローチのほうがリスクをうまく管理できるし、失敗モードもより穏やかである。

　表3-1は、OODA とシーケンシャルアプローチの主な違いをまとめたものである。決定的な違いは、OODA が環境の観察と観察結果への対処に焦点を合わせるのに対し、シーケンシャルアプローチが環境の制御に焦点を合わせることにある。

▼表3-1：シーケンシャルアプローチと OODA（アジャイル）アプローチの違い

シーケンシャル	OODA（アジャイル）
最初にプランニングを行う	最初に観察を行う
長期的な視点	短期的な視点
予測的	臨機応変
理想主義的	実証主義的
不確実性をリスクと見なす	不確実性をチャンスと見なす
制御指向	改善指向
煩雑系の問題に適している	煩雑系と複雑系の両方の問題に適している

　シーケンシャルアプローチでは、プランニングや設計などの大部分を事前に行う。OODA（アジャイル）では、プランニング、要求獲得、設計、実装を含め、作業のほとんどをジャストインタイムで行う。アジャイル開発では、シーケンシャル開発ほど先を見通そうとしない。シーケンシャル開発についてはより予測的、OODA についてはより反応的と考えることができる。

　シーケンシャル開発とアジャイル開発はどちらも長期的かつ短期的な視点に立つが、どちらを重視するかについては正反対の立場をとっている。シーケンシャル開発は長期的な計画を立て、長期的な計画の中に短期的な作業を収める。アジャイル開発は短期的な作業を重視し、短期的な作業にコンテキストを与えるために長期的な計画から目を離さないようにする。

　シーケンシャル開発では不確実性がリスクと見なされ、OODA では不確実性がチャンスと見なされる。つまり、シーケンシャル開発では、不確実性が削減または排除すべきものであるのに対し、OODA では、敵よりも優位に立つために利用できるものとなる。

　シーケンシャル開発とアジャイル開発の全体的な違いをまとめると、シーケンシャル開発が「プランニング、予測、制御」、アジャイル開発が「観察、対処、改善」となる。

3.3 ｜ 基本原則：検査と適応

　筆者が思うに、「検査と適応」は OODA の省略表現としてうってつけである。この表現はアジャイル開発の実質的な焦点でもある。アジャイルチームはプラクティスについて理想主義的であることを避けるべきであり、うまくいくことが証明されているものについての実証主義的な観察に基づいてプラクティスを調整すべきである。アジャイルチームは**すべてのもの**を定期的に検査し、適応させる必要がある。つまり、プランニングから設計、コード品質、テスト、プロセス、チーム内でのやり取り、組織内でのやり取り

まで、チームの有効性に影響する可能性がある要因のすべてで検査と適応が必要となる。検査なしの適応は決して認められない。変化は経験に基づくものでなければならない。

　前章でも示したように、各章の最後にある「推奨リーダーシップアクション」は、この基本原則の重要性を強調するものである。

3.4 ｜ 推奨リーダーシップアクション

検査

- 現在のプロジェクトを見直す。プロジェクトのどの要素を複雑系に分類し、どの要素を煩雑系に分類すればよいだろうか。

- 最近取り組んだプロジェクトを見直す。チームはプロジェクトの重要な要素を煩雑系または複雑系として扱っただろうか。そうしたプロジェクトの課題の中に、複雑系のプロジェクトを誤って煩雑系に分類した（またはその逆）ことに起因するように思えるものはあるだろうか。

- プロジェクトでは検査と適用をどれくらい活用しているだろうか。他に検査と適応をいつどこで活用できるだろうか。

- OODA の観点から、「敵」が誰であるかを**観察**する（特定のライバル会社、市場シェア、利益目標、官僚主義など）。

- 敵を出し抜くために利用できるかもしれない不確実性の領域を3〜5個ほど**観察**する。

適応

- あなたの組織において煩雑系ではなく複雑系として扱うべきプロジェクトをリストアップする。それらのプロジェクトを複雑系のプロジェクトとして扱うようにプロジェクトチームに働きかける。

- 不確実性の領域を使って敵よりも優位に立てるように**方向付ける**。

- 不確実性についてわかったことをどのように利用すればよいかを**意思決定**し、**行動**に移す。

3.5 ｜ 参考文献

- Snowden, David J. and Mary E. Boone. 2007. A Leader's Framework for Decision Making. *Harvard Business Review*. November 2007.
  Cynefin をわかりやすく紹介し、本章の説明よりもさらに詳しく解説している。

- Boehm, Barry W. 1988. A Spiral Model of Software Development and Enhancement. *IEEE Computer*, May 1988.
  Cynefin の観点から各プロジェクトを最初に複雑系として扱うアプローチを提案する論文。プロジェクトを煩雑系に分類できるほどプロジェクトのすべての課題が十分に理解されるまで、問題を調査していく。その時点で、プロジェクトはシーケンシャルプロジェクトとして完了する。

- Adolph, Steve. 2006. What Lessons Can the Agile Community Learn from a Maverick Fighter Pilot? *Proceedings of the Agile 2006 Conference.*
  アジャイルを背景とした OODA の概要。

- Boyd, John R. 2007. *Patterns of Conflict.* January 2007.
  ジョン・ボイドによる概要説明に修正を加えたもの。

- Coram, Robert. 2002. *Boyd: The Fighter Pilot Who Changed the Art of War.*
  ジョン・ボイドの詳細な伝記。

- Richards, Chet. 2004. *Certain to Win: The Strategy of John Boyd, Applied to Business.*
  OODA の起源とビジネス上の意思決定への応用をわかりやすく解説した1冊。

Part 2

より効果的なチーム

Part 2では、個人に関連する問題と、チームのまとめ方について説明する。まず、アジャイルの一般的なチーム構造であるスクラムについて説明する。続いて、アジャイルチームの概要、アジャイルチームの文化、地理的に分散したチーム、そして効果的なアジャイルでの作業を支える個人と対話のスキルについて説明する。

　チームの力関係よりも具体的なプラクティスに関心がある場合は「Part 3　より効果的な作業」、トップリーダーシップに関心がある場合は「Part 4　より効果的な組織」に進んでほしい。

第4章

より効果的なアジャイルの始まり：
スクラム

　35年かそれ以上にわたってソフトウェア業界に携わってきた中で、一番の難題は、「コード&フィックス開発」を避けることだった。コード&フィックス開発とは、事前の見通しや計画を立てずにコードを書き、そのコードが動くまでデバッグする手法のことである。この効果の上がらない開発モードでは、チームの作業量の半分以上が、自分たちが作った欠陥の修正に費やされることになる[1]。

　1980年代と1990年代を振り返ってみると、開発者は構造化プログラミングを行っていると言いながら、実際にはコード&フィックスを行っていることが多く、構造化プログラミングのせっかくの利点をすべて逃していた。1990年代と2000年代は、オブジェクト指向プログラミングを行っていると言いながら、その多くが依然としてコード&フィックスを行っていて、その結果に苦しんでいた。2000年代と2010年代は、多くの開発者やチームがアジャイル開発を行っていると言いながら、やはりコード&フィックスを行っている。何十年もの歴史があれほど警笛を鳴らしてきたというのに、このありさまである。「三つ子の魂百まで」とはよく言ったもので、物事がどれだけ変化しようと、開発者ってやつは変わらない。

　アジャイル開発には、見るからに短期集中型でコード中心であるために、チームがアジャイル開発のプラクティスを実践しているのか、それともコード&フィックスを行って

---

[1] McConnell, 2004

いるのかますます見分けがつかなくなる、という課題がある。壁に付箋紙がベタベタ貼ってあるからといって、チームがその作業に組織的かつ効果的に取り組んでいるとは限らない。シーケンシャルアプローチは官僚主義でつまずくが、アジャイルアプローチは無秩序でつまずく。

　より効果的なアジャイルのミッションの1つは、アジャイル劇場を防ぐことである。アジャイル劇場とは、チームがアジャイルという化粧でコード＆フィックスを覆い隠すことを指す。

　スクラムはそのためのよい出発点となる。

4.1 ｜ 基本原則：スクラムから始める

　アジャイルをまだ実践していない、あるいは実践しているが思ったほど効果が出ていないという場合は、出発点に戻ることをお勧めする。アジャイルでは、スクラムから始めることを指す。スクラムはアジャイルアプローチの中でも最も規律的である。書籍、トレーニングコース、ツールが最も揃っているのはスクラムであり、うまくいくことも実証済みである。デイビッド・リコの包括的な「研究の研究」による分析では、スクラムの実践の平均投資利益率（ROI）が580％だったことが報告されている❷。『State of Scrum 2017-2018』という報告書によれば、アジャイル導入の84％にスクラムが含まれていたことがわかっている❸。

4.2 ｜ スクラムとは何か

　スクラムはチームのワークフローを管理するための規律的な手法であり、軽量ながらきちんと組み立てられている。スクラムは技術的なプラクティスを具体的に指定するものではなく、チーム内での作業の流れを定義し、チームが用いる具体的な役割（ロール）と作業を調整するプラクティスを規定している。

4.3 ｜ スクラムの基本

　スクラムの基本についてすでによく知っている場合は、本節を読み飛ばして「4.5　スクラムの一般的な失敗モード」に進んでもかまわない。失敗モードについてもよく知っ

❷ Rico, 2009
❸ Scrum Alliance, 2017

ているという場合は、「4.7　スクラムの成功要因」に進んでほしい。また、スクラムの正典と言えば『The Scrum Guide』❹である。Construx Software のスクラムでの経験は、このガイドで説明されている内容とほぼ一致している。このため、特に明記されていなければ、以下の説明は2017年11月版の『The Scrum Guide』に従っている。

スクラムはよく、「イベント、役割（ロール）、作成物、そしてそれらを結び付けるルールで構成される」と言われる。イベントは「ミーティング」または「セレモニー」とも呼ばれる。

概念的には、スクラムは**プロダクトバックログ**で始まる。プロダクトバックログを作成するのは**プロダクトオーナー**（スクラムにおいて要求に対して責任を負う人物）である。プロダクトバックログは、スクラムチームが提供できるかもしれない一連の要求、仕掛かりの要求、フィーチャー、機能、ストーリー、機能拡張、修正をまとめたものとなる。プロダクトバックログでは、ありとあらゆる要求をすべてリストアップするのではなく、重要性と緊急性が最も高く、投資利益率（ROI）が最も高い要求に焦点を合わせる。

スクラムチームの作業は**スプリント**で行われる。スプリントは1〜4週間の時間ベースのサイクル（イテレーション）であり、通常は1〜3週間のスプリントが最も効果的である。スプリントの期間が長くなるとそれだけリスクが高くなり、改善の機会がより制限されることがわかっている。圧倒的に多いのは2週間のスプリントである。

開発サイクルのリズムに関連する用語は少しわかりにくいかもしれない。

スプリントは開発サイクルのことであり、通常は1〜3週間のリズムで行われる。

デプロイはユーザーまたは顧客に対する納期（デリバリー）のことであり、オンライン環境での1時間単位から、ハードウェアデバイスに組み込まれるソフトウェアでの年単位にまでおよぶことがある。デリバリーの単位が時、月、年のどれであっても、開発作業は1〜3週間のリズムにまとめることができる。

リリースの意味はコンテキストによって異なるが、ほとんどの場合は、より長時間または大きな機能単位など、スプリントよりも広いスコープの作業を表す。

スクラムプロジェクトでの作業の流れは次ページの図4-1のようになる。

各スプリントは**スプリントプランニングミーティング**❺で始まる。このミーティングでは、スクラムチームがプロダクトバックログを見直し、スプリントバックログに取り込む作業を選び出し、スプリントの終わりまでに提供するスプリントバックログのアイテムを確認する。その他、スプリントを進めるために必要な計画を立てる。

また、チームは**スプリントゴール**も定義する。スプリントゴールはスプリントの目標を簡単にまとめたものである。スプリントの途中で想定外の事態に陥った場合、チームに

---

❹ Schwaber and Sutherland, 2017
❺ ［監注］スクラムガイド2017年版では、名称が「スプリントプランニング」と改められたが、本書ではミーティングであることを示すため「スプリントプランニングミーティング」としている。

とって作業を終えた後に、スプリントゴールがスプリントでの細かな部分について再度話し合うための原則的な基準となる。

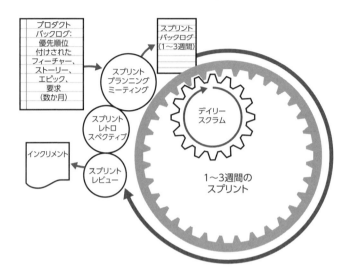

▲図4-1：スクラムでの作業の流れ

　スプリントプランニングミーティングでは、チーム全体が設計に取り組む。このようにするのが効果的なのは、チームが機能横断的で（つまり、職能上の枠を超えたメンバーで構成されていて）、設計について正しい判断を下すために必要な専門知識がすべて揃っているからだ。

　チームがスプリントプランニングミーティングに「手ぶら」で参加することはない。チームはこのミーティングを効率的なものにするために、ミーティングに先立って要求や設計を十分に細かく検討する。

　チームが各スプリントの終わりに提供する機能は**インクリメント**と呼ばれる。通常の会話では、「インクリメント」は各スプリントで提供される追加の機能のみを指す。これに対し、スクラムでは、期日までに開発された機能をまとめて「インクリメント」と呼ぶ。

　スプリントの期間中、スプリントバックログは「閉じた箱」として扱われる。要求の明確化はスプリント期間中も行われるが、プロダクトオーナーがスプリントを中止して最初からやり直すことに同意しない限り、スプリントゴールにぶれが生じるような要求の追加、削除、変更を行うことはできない。実際には、スプリントが中止になることは

ほとんどないが、優先順位が変化したときに、双方が合意の上でスプリントゴールとスプリントの詳細を変更することがある。

　スプリントの期間中は、スプリントの最初と最後の日を除いて毎日行われる**デイリースクラム**のためにチームが集まる（デイリースクラムは**デイリースタンドアップ**とも呼ばれる）。この15分間のミーティングは、スプリントゴールへの進捗の検査を目的としており、通常は次の「3つの質問」に答えるだけとなっている。

- 昨日は何をしたか

- 今日は何をするか

- 進行を阻んでいるのは何か

　これら3つの質問以外の話し合いは、通常はスタンドアップミーティングが終わった後に回されるが、話し合いのほうに重点を置いているチームもある。

　現時点の『The Scrum Guide』では、この「3つの質問」の役割は廃止される予定だが、筆者が思うに、これらの質問は重要な骨組みを提供しており、ミーティングの進行に役立つ。

　スクラムチームは、デイリースクラム、日次作業、デイリースクラム、日次作業という基本的なリズムをスプリント全体にわたって繰り返す。

　多くの場合、スクラムチームは図4-2に示すような**スプリントバーンダウンチャート**を使って各スプリントの進捗を追跡する。

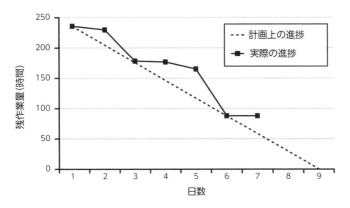

▲図4-2：計画上の時間と実際の残り時間を示すスプリントバーンダウンチャートの例。通常、スプリントバーンダウンはストーリーではなくタスク時間に基づいている

　スプリントバーンダウンチャートはタスクの見積もりに基づいており、完了済みのタスクに費やした時間ではなく、未完了のタスクに費やせる残り時間を示す。計画では8時間のタスクに実際には15時間かかったとしても、バーンダウンチャートの残作業量は当初の計画どおりの8時間しか減らない（基本的には、アーンドバリューマネジメントと同じである）。チームのスプリントプランニングが甘い場合は、残り時間が計画されていたペースで消化されていないことがスプリントバーンダウンチャートによって明らかとなる。

　チームによっては、時間ではなく**ストーリーポイント**を使って各スプリントの進捗を追跡することがある。ストーリーポイントは作業アイテムの規模と複雑さを数値化する手段である。スプリントバーンダウンの目的は、毎日の進捗の追跡をサポートすることにある。チームが通常は1日に少なくとも1つのストーリーを完成させる場合、ストーリーベースのバーンダウンは毎日の進捗を示すことになるため、進捗はストーリーを使って追跡するのがよいだろう。チームが通常は2〜3日かけて1つのストーリーを完成させる、あるいはストーリーのほとんどがスプリントの終わりのほうで完成する場合、ストーリーは毎日の進捗を表さない。このため、進捗は時間に換算したほうがよいだろう。

　組織が長期的な予測に価値を置いている場合は、**リリースバーンダウンチャート**を使って現在のリリースに向けた全体的な進捗を追跡してもよいだろう。リリースバーンダウンチャートは、通常、そのリリースで計画されたストーリーポイントの総数、現在までの進捗率、そしてリリースの完成予定日を示す（図4-3）。

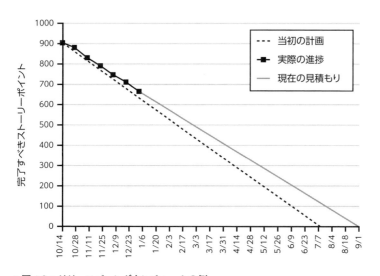

▲図4-3：リリースバーンダウンチャートの例

　より情報利得の高い精巧なバーンダウンチャートを作成することも可能である。そのようなチャートはバーンダウンまたはバーンアップとして表すことができる。バーンダウン／バーンアップチャートでは、そのリリースでの機能のビルド履歴、機能の縮小、完成予定日の範囲などを示すことができる。図4-4は、より精巧なバーンアップチャートの例を示している。

4

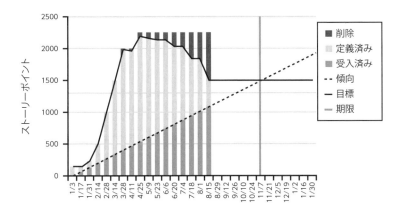

▲図4-4：より精巧なリリースバーンアップチャートの例

　アジャイルプロジェクトで予測可能性をサポートする方法については、「第20章　より効果的なアジャイル：予測可能性」でさらに詳しく説明する。

　チームはスプリント全体にわたって高い作業品質を維持する。チームの作業品質は、スプリントが終了するまでに、チームの**完成の定義**（Definition of Done）を満たす「リリース可能な」水準に達していなければならない❻。各スプリントの終わりにソフトウェアを実際にリリースする必要はないが、それ以上何も変更しなくても、各スプリントで実装されたものをリリースできるくらいの品質でなければならない。

　スクラムチームはスプリントの終わりに作業の具体的な成果をデモする。このミーティングは**スプリントレビュー**または**スプリントデモ**と呼ばれる。チームは、共通の視点に立った上でフィードバックを提供してもらうために、プロジェクトのステークホルダーをデモに招く。プロダクトオーナーは、合意済みの受け入れ基準とステークホルダーのフィードバックに基づいてそれらのアイテムを受け入れるかどうかを決めるが、この作業はスプリントレビューが始まる前に行ったほうがよいだろう。チームはスプリントレビューで得られたフィードバックに基づいてプロダクトを改善するだけでなく、そのプロ

---

❻ 完成の定義については、4.5節の「不確かな完成の定義」を含め、本章のこれ以降の部分を参照。

セスやプラクティスも改善する。

　各スプリントの最後のイベントは**スプリントレトロスペクティブ（ふりかえり）**である。スプリントレトロスペクティブでは、チームがスプリントの成功と失敗を確認する。チームにとって、スプリントレトロスペクティブは検査と適応を用いてソフトウェア開発のプロセスを改善する機会となる。チームは以前に行われた変更をすべて検討し、それぞれの変更を維持するのか、元に戻すのかを判断する。また、次のスプリントで実施するプロセスの新たな変更点についても合意する。

4.4 ｜ スクラムロール

　スクラムでは、プロジェクトのワークフローをサポートする役割（ロール）を3つ定義している。

　プロダクトオーナー（PO）は、スクラムチームとステークホルダーとの橋渡し役を務める。この場合、ステークホルダーにはビジネス側や顧客などが含まれる。プロダクトオーナーが主に担当するのはプロダクトバックログの定義とプロダクトバックログアイテムの優先順位付けであり、スクラムチームによって提供される価値が最大になるような方法でプロダクトを定義するという重要な役割を担っている。プロダクトオーナーはチームと協力してプロダクトバックログのリファインメントを定期的に行うことで、現在のスプリントのバックログ以外にリファインメント済みの（完全に定義された）バックログアイテムをだいたいスプリント2つ分用意しておく。

　スクラムの実施に責任を負うのは**スクラムマスター**である。スクラムマスターはチームやそれよりも大きな組織がスクラムの理論、プラクティス、全般的なアプローチを理解できるように手助けをする。スクラムマスターはプロセスを管理し、必要に応じてプロセスを実行に移し、妨害を取り除き、スクラムチームの他の役割の指導と支援を行う。スクラムマスターの役割を果たすのに十分な時間が確保されていれば、スクラムマスターはチームに技術的に貢献できる。

　開発チームは、機能横断的なメンバーで構成される。メンバーはそれぞれバックログアイテムを実装するために作業を行う（図4-5）。

　一般的なスクラムチームは、3〜9人の開発チームのメンバーと、スクラムマスターとプロダクトオーナーで構成される。

　スクラムロールはあくまでも**役割**であり、必ずしも肩書き（職位）を表すとは限らない。あるシニアリーダーが筆者に次のように言ったことがある。「私たちの肩書きはスクラムロールに基づいていない。人事制度が技術的な方法論に左右されるのはおかしいからね。」

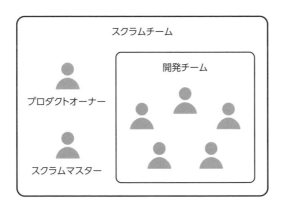

▲図4-5：スクラムチームの構成。スクラムマスターは開発チームのメンバーのこともあれば、そうではないこともある

4.5 | スクラムの一般的な失敗モード

　Construx Software がこれまで見てきた中では、効果的なスクラムの実践よりも非効果的なスクラムの実践のほうが多くあった。最も効果のない実践は**スクラムバット**（Scrum-but）であり、「スクラムを実践していると言いながら、肝心なプラクティスの一部を省略している」ことを意味する。例を挙げると、「スクラムを実践しているが、デイリースタンドアップを行っていない」、「スクラムを実践しているが、レトロスペクティブを行っていない」、「スクラムを実践しているが、プロダクトオーナーのポストが空いたままである」などがある。効果が期待できないスクラムの実践では、たいていスクラムの基本的な特性が少なくとも1つ欠けている。傑作だったのは、「スクラムを検討してみたが、そのプラクティスのほとんどは私たちの組織でうまくいかないようだった。私たちはスクラムを実践しているが、主に導入しているのはデイリースタンドアップで、毎週金曜日に行っている」というものだった。

　いわゆる「アジャイル」に括られる膨大な数のプラクティスとは異なり、スクラムはワークフローを管理するための最小限のプロセスである。すでに最小限であるため、スクラムではいかなる部分も省くことはできない。もし省いてしまったとしたら、スクラムの恩恵は受けられなくなる。

> 「完璧とは、付け加えるものがなくなったときではなく、削るものがなくなったときのことである。」
>
> ——アントワーヌ・ド・サン＝テグジュペリ

　組織がスクラムを導入していて、大きなメリットを実感していないとしたら、「本当にスクラムを導入しているのか、それともスクラムの一部を導入しているだけなのか」を最初に問うべきである。

　高度なスクラムの実践では、検査と適応をスクラムプロセスに厳格に適用した結果、スクラムの特定の部分を省くことになるかもしれない。しかし、それはあくまでも一歩先を行くものであり、未経験者が行うことではない。未経験者はスクラムを「型どおり」に導入するほうがよい結果になる。

　ここでは、スクラムの実践で目にする最も一般的な課題について見ていく。

無能なプロダクトオーナー

　アジャイル開発が登場する前の数十年間、プロジェクトの問題や失敗の原因として最もよく報告されていたのは、要求が十分に獲得されていないことだった。アジャイルが登場して以来、スクラムプロジェクトで最も問題となる役割が、要求に対して責任を負うものであることは驚くにあたらないはずだ。

　プロダクトオーナーの問題は次のような形で表面化する。

- **プロダクトオーナーがいない**
  この役割がスクラムチームのメンバーに割り当てられることが期待される。

- **プロダクトオーナーが手を広げすぎている**
  スクラムチームに与える要求が不足している。プロダクトオーナーが担当できるのは1つか2つのチームで、それ以上になることは滅多にない。

- **プロダクトオーナーがビジネス状況を十分に理解していない**
  結果として、低品質の要求がスクラムチームに与えられたり、要求の優先順位がおかしくなったりする。

- **プロダクトオーナーがソフトウェア要求の特定方法を理解していない**
  この場合も、低品質の要求がスクラムチームに与えられることになる。

- **プロダクトオーナーが開発チームの技術的課題を理解していない**
  結果として、技術的な作業の優先順位がおかしくなるか、「とにかく終わらせる」アプローチを強行して技術的負債を増やすことになる。

- **プロダクトオーナーがスクラムチームの他のメンバーと同じ場所にいない**
  チームメンバーは要求に関する質問への回答をすぐに得られない。

- **プロダクトオーナーにプロダクトの意思決定を行う権限がない**

- **プロダクトオーナーと会社の方針が異なる**
  プロダクトオーナーがチームに与えた指示があとから会社によって退けられる。

- **プロダクトオーナーが典型的なユーザーを代表していない**
  プロダクトオーナーがパワーユーザーで、細かすぎるなど。

- **プロダクトオーナーがスクラムのルールに従うことを拒否する**
  スプリントの途中で要求の変更を余儀なくされたり、スクラムプロジェクトが中断されたりする。

4

　こうした問題の多くは、企業がプロダクトオーナーの役割を開発チームやスクラムマスターの役割ほど重要視していないことに起因している。プロダクトオーナーをスクラムチームにおいて最も大きな影響力を持つ役割として扱い、この役割をそれ相応に任命すべきである。適切な訓練を受ければ、ビジネスアナリスト、カスタマーサポート、テスト技術者も優秀なプロダクトオーナーになれるはずである。有能なプロダクトオーナーになるための秘訣については、「第14章　より効果的なアジャイル：要求の優先順位付け」で説明する。

不十分なプロダクトバックログのリファインメント

　プロダクトバックログはスクラムにおいて開発チームに作業を割り当てるために用いられる。プロダクトバックログを管理する責任はプロダクトオーナーにあり、バックログリファインメントを継続的に行うことで、開発チームに常に作業が割り当てられている状態にする必要がある。
　バックログリファインメントには、次の作業が含まれる（バックログリファインメントは**バックロググルーミング**とも呼ばれる）。

- ストーリーの実装をサポートするためにストーリーの詳細を十分に詰める。
- 大きすぎて1つのスプリントに収まらないストーリーを小さく分割する。
- 新しいストーリーを追加する。
- さまざまなバックログアイテムの相対的な優先順位を更新する。
- ストーリーを（再）見積もりする。

　要するに、スクラムチームが次のスプリントで1スプリント分のバックログアイテムの実装に取りかかるために必要な情報を補う。そこで役立つのが**準備完了の定義**（Definition of Ready）である。この定義については、「第13章　より効果的なアジャイル：要求の作成」で説明する。
　不十分なバックログリファインメントは、スクラムチームにとってさまざまな問題の原因になることがある。プロダクトバックログの十分なリファインメントは、アジャイルプ

ロジェクトの成否にかかわる問題であるため、第13章と第14章でかなり詳しく説明している。

　バックログリファインメントは、本来はチーム全体で取り組むものだ。しかし、プロダクトバックログに責任を持つのはプロダクトオーナーである。このため、前述のプロダクトオーナーの役割がきちんと割り当てられていないという落とし穴にはまったプロジェクトは、たいてい不十分なバックログリファインメントの犠牲者になる。

大きすぎるストーリー

　各スプリントの終わりまでに作業をリリース可能な状態に持っていくには、それらのストーリーが1つのスプリントの中で完成できるものでなければならない。この点に関して厳格な決まりはないが、有益なガイドラインが2つある。

- チームがストーリーを分解し、スプリント期間の半分にわたってチームの半分以上が1つのストーリーにかかりきりになる、という状態を作らないようにする必要がある。ほとんどのストーリーはそれよりも小さいはずである。
- チームはスプリントごとに6〜12個のストーリーを完成させることを目指すべきである（推奨するチームサイズを前提とする）。

　全体目標は、チームがスプリント期間中にいくつかのストーリーを完成させることである。つまり、最後の数日だけでなく、全日程にわたってストーリーを完成させることが目標となる。

毎日開催されないデイリースクラム

　デイリースクラムは繰り返しになることがあるため、チームによっては週に3回、場合によっては週に1回しか行われないことがある。しかし、チームメンバーが作業を調整したり、助けを求めたり、互いの責任分担を確認したりするには、デイリースクラムを**毎日**行うことが重要である。

　デイリースクラムを毎日行わない理由として最もよく耳にするのは、「ミーティングに時間がかかりすぎる」というものだ。問題があることは火を見るよりも明らかである。ミーティングは15分のタイムボックスに収めることになっている。先の3つの質問に集中すれば、その時間で完了できるはずである。時間がかかりすぎるデイリースクラムへの対処法は、ミーティングの数を減らすことではなく、ミーティングを15分のタイムボックスに収め、3つの質問に集中することである。デイリースクラムについては、「4.12　ス

クラムでの検査と適応：デイリースクラム」でさらに詳しく取り上げる。

長すぎるスプリント

　現在のベストプラクティスは 1 ～ 3 週間のスプリントであり、ほとんどのチームは 2 週間のスプリントである。スプリントの長さが 3 週間を超える場合は、計画ミス、楽観的すぎるスプリントゴールの設定、先延ばしなどが生じる余地が非常に大きくなる。

バーティカルスライスよりもホリゾンタルスライスを重視

　「バーティカルスライス」とは、技術スタック全体にまたがるエンドツーエンドの機能のことである。「ホリゾンタルスライス」とは、イネーブリングケイパビリティ❼のことであり、実際にデモすることが可能なビジネスレベルの機能は直接生成されない。作業をバーティカルスライスで行うと、フィードバックループがよりタイトになり、ビジネス価値の提供を早めることができる。バーティカルスライスとホリゾンタルスライスは重要なテーマであり、「第 9 章　より効果的なアジャイル：プロジェクト」で詳しく説明する。

分断された開発チームとテストチーム

　開発チームとテストチームが別々に分かれているのは、シーケンシャル開発の名残としてよくあることである。この体制では、機能横断的な知識は得られない。スクラムチームの効果的な活動には、そうした知識が不可欠である。

不確かな完成の定義

　厳格な**完成の定義**は、高い品質を保つための重要な柱の 1 つである（アジャイルの説明では、よく DoD と略される）。完成の定義は、個人またはチームがアイテムを「完成した」と宣言したときに、そのアイテムに対する作業がもう残っていないことをチームまたは組織が確信するのに役立つ。完成の定義は、実質的には終了基準である。つまり、アイテムを本番稼働環境にリリースする、あるいは下流の次の統合／テストフェーズに進むために満たされていなければならない基準を定義する。この点については、「第 11 章　より効果的なアジャイル：品質」で詳しく説明する。

---

❼ ［訳注］一般に、プロジェクトを軌道に乗せる手助けをするが、確実に成功させるとは限らないもの。第 13 章では、ユーザー要求を実装しない開発指向の作業をイネーブラーと呼んでいる。

リリース可能な品質を満たせないスプリント

　スケジュールに過剰な圧力がかかると、チームや個人が実際の進捗よりも進んでいるかのように見せかけることがある。品質は基本的な機能よりも見えにくいため、切迫した状況にあるチームが質よりも量を重視することがある。そうしたチームは、スプリントバックログに含まれている機能を実装しても、テストを実行したり、自動テストを作成したり、はたまた開発したソフトウェアがリリース基準を満たしていることを確認したりしないかもしれない。このため、まだ完了していないタスクがいくつか残っている状態で、作業の「完成」が宣言されることになる。

　より成果を上げているアジャイルチームは、スプリントの終了を待たずにリリース可能な品質を達成することがわかっている。そうしたチームは、各ストーリーを実際に使用できる品質にしてから次のストーリーに進んでいる。

開催されないレトロスペクティブ

　担当する作業の量が多すぎて身動きがとれなくなったチームが、レトロスペクティブ（ふりかえり）を省くことがある。これは大きな間違いであり、過大なゴール設定と疲労の悪循環から抜け出せなくなるだろう。この悪循環を止めるには、そもそもの発端であるプランニングとゴール設定の過ちから学ぶ機会を得るしかない。

　アジャイル開発は検査と適応のサイクルに基づいており、スクラムは検査と適応の機会をチームに定期的に与える。

次のスプリントに活かせないレトロスペクティブの学び

　最もよく見られる最後の失敗モードは、スプリントレトロスペクティブは行われるものの、そこからの学びを次のスプリントで実践しないことである。それらの学びが「あとで」実践するものとして山積みになっていたり、是正措置に焦点を合わせるはずのレトロスペクティブが愚痴り合いの場になってしまったりする。

　問題を抱えたまま我慢するのではなく、何らかの対策を講じよう。私たちがこれまで見てきた中で、チームの生産力に影響を与えていた問題のほとんどは、チームが対処できるものだった。レトロスペクティブを通じて、是正措置を講じるチームをサポートしよう。そうすれば、チームの状況はあっという間に改善されるだろう。レトロスペクティブについては、「第19章　より効果的なアジャイル：プロセス改善」でさらに詳しく説明する。

スクラムアンド（Scrum-and）

　最初は、スクラムの他には何も必要ない。チームによっては、必要もないのに余計な
プラクティスを増やそうとすることがある。かつて一緒に仕事をした企業は、「最初にス
クラムを導入したチームはとてもうまくいったが、その後は、ペアプログラミングを試し
てみようというチームや、既存の環境で継続的インテグレーションを行う方法を考え出
せるチームは出てこなかった」と言っていた。ペアプログラミングも継続的インテグレー
ションもスクラムには必要ではない。ペアプログラミングや継続的インテグレーションを
導入しなくてもチームがスクラムを導入できることを知った後、その組織はスクラムの
用途を広げることができた。

無能なスクラムマスター

　これらの失敗モードの回避に対して最も大きな責任を担うのはスクラムマスターであ
る。スクラムマスターの問題には、プロダクトオーナーの問題に通じる部分がある。

- **スクラムマスターがいない**
  スクラムマスターが任命されていない状態でスクラムを実践することがチームに求
  められる。
- **スクラムマスターが手を広げすぎている**
  スクラムマスターが担当するチームの数が多すぎる。
- **スクラムマスターが開発者を兼任している**
  スクラムマスターがスクラムマスターの仕事よりも自分の開発作業を優先する。
- **スクラムマスターがスクラムをよく理解していない**
  スクラムマスターがチームやプロジェクトステークホルダーを指導できるほどスク
  ラムを理解していない。

　効果的なスクラムの実践にとってスクラムマスターがなくてはならない存在であること
はわかりきったことに思えるかもしれないが、組織がこの役割を不当に扱っているのを
よく見かける。本節で説明した問題の多くは、有能なスクラムマスターがいれば回避で
きる。

4.6 | スクラムの失敗モードの共通点

前節で説明した失敗モードはすべて「スクラムバット」の一例である。アジャイル開発を導入しているチームや組織がまずやるべきことは、スクラムをきわめて忠実に実践することである。

こうした失敗モードのほとんどに共通することがもう1つある。プラクティスを原理原則に従って正しく実践するということが徹底されていないのである。規律正しいプラクティスが確実に実践されるような社会的または構造的な支えがなければ、人々はすぐに流されてしまう。

スクラムマスターには、スクラムにおいて規律正しいプラクティス（および他のプラクティス）をチームに確実に実践させる責任がある。スクラムでのミーティング —— スプリントプランニング、デイリースクラム、スプリントレビュー、スプリントレトロスペクティブ —— は規律正しいプラクティスの実践を社会的および構造的に支援する。

4.7 | スクラムの成功要因

失敗モードはそれぞれ次のようにして成功要因に変えることができる。

- 有能なプロダクトオーナーを割り当てる。
- バックログのリファインメントを行う。
- ストーリーを小さく保つ。
- デイリースクラムを毎日行う。
- スプリント期間を1〜3週間にする。
- 作業をバーティカルスライスにまとめる。
- テスト、テスト技術者、品質保証（QA）を開発チームに組み入れる。
- 完成の定義を明確化する。
- 各スプリントでリリース可能な品質水準を達成する。
- 毎スプリントでレトロスペクティブを行う。
- レトロスペクティブからの学びを活かす。
- 有能なスクラムマスターを割り当てる。

これらの成功要因については以降の章で詳しく説明する。

4.8 ┃ 成功するスプリント

成功するスプリントは、スクラムの一番の目標である「できるだけ価値の高いプロダクトを提供する」に向かって進む。スプリントレベルの目標には、次の5つが含まれる。

- スプリントにおいて、実際に使用できる有益なインクリメント（そのスプリントでの最終的な機能）を提供する。このインクリメントは完成の定義を完全に満たしたものとなる。
- スプリントごとにインクリメントの価値が1つ前のスプリントよりも高くなる。
- スクラムチームのプロセスが1つ前のスプリントよりも改善される。
- スクラムチームが自分たちのチーム、仕事、プロダクト、または顧客について何かを学ぶ。
- スクラムチームのモティベーションが1つ前のスプリントの終わりと同じか、それよりも高くなっている。

4.9 ┃ 一般的なスプリントの時間配分

本章では、スクラムでのあらゆる活動を取り上げていることもあり、スクラムで行われるソフトウェア開発はそれほど多くないだろうと結論付けるのは簡単だろう。表4-1は、2週間のスプリントにおいてスクラムチームの開発者に割り当てられる作業量がだいたいどれくらいかを示している。

▼表4-1：スプリント期間中に割り当てられる作業量の例（2週間のスプリントの場合）

スプリントプランニングのパラメーター	
スプリント期間（営業日）	10
1日あたりの理想時間（プロジェクトに専念する時間）	×6
開発者1人あたりの1スプリントの合計理想時間	＝60

開発者1人あたりの1スプリントのスクラムでの活動	時間
開発作業（テストを含む）	48
デイリースクラム（スタンドアップ）	2
プロダクトバックログリファインメント（5%）	3
スプリントプランニング	4
スプリントレビュー	2
スプリントレトロスペクティブ	1
合計	**60**

　表中の「理想時間」とは、プロジェクトに専念できる時間（事務作業など以外に使える時間）の長さのことである。よく知られている大企業では、1日あたり5～6時間が一般的である。小規模な企業では平均6～7時間、スタートアップでは平均するとそれよりも長くなることがある。

　1スプリントあたり60時間の理想時間のうち、約20%はプランニングとプロセスの改善に充てられる。開発作業に充てられるのは残りの約80%である。

4.10 ｜ スクラムへの移行の問題

　チームは現実的な実践上の問題に対処する方法を学ぶ必要がある。現実的な実践上の問題とは、地理的な分散、レガシーシステム、プロダクトサポート、新しい役割への割り当てなどのことである。

　最初のスクラムの実践では、チームがスピードの低下を感じることがある。実のところは、そもそももっと頻繁に行っていたとしてもおかしくない作業（シーケンシャルプロジェクトの終わりに溜まっていたような作業、あるいは単に見えていなかった作業）に直面するタイミングが一気に早まったためにそう感じるのである。スクラムに少しずつ慣れていけば、ペースが上がっていることを実感するだろう。

4.11 ｜ スクラムのスコアカード

　スクラムの実践の忠実度を評価するために、スクラムの最も重要な成功要因に基づいてスクラムプロジェクトを採点すると有益であることがわかっている。第1章で示したスクラムのレーダーチャートの例をもう一度見てみよう（図4-6）。

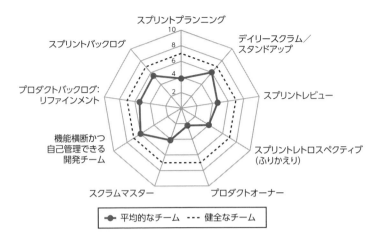

▲図4-6：スクラムの主要な成功要因に照らしてスクラムチームのパフォーマンスを示す診断ツール

このグラフでは、次の採点基準を使用している。

0　使用されていない
2　使用頻度が低く、効果がない
4　たまに使用され、効果がまちまち
7　一貫して効果的に使用されている
10　最大限に活用されている

灰色の線は、過去2年間に観測した結果を重視した上で、2010年以降、Construx
Software がコンサルティングとトレーニングを通して見てきた1,000あまりのスクラム
チームの平均的なプラクティスを反映したものとなっている。

破線は健全なチームを表している。すでに述べたように、平均的なスクラムチームは
スクラムをあまりうまく活用していない。スクラムチームが健全で、効果的であれば、
すべての成功要因のスコアが7以上になるはずだ。

4.12 | スクラムでの検査と適応：デイリースクラム

効果的なチームは、スクラムの実践に対して検査と適応を行うようになるだろう。最初の実践は型どおりのものでなければならず、適応は現場での経験に基づくものになる。

チームによるカスタマイズが最もよく行われるのはデイリースクラムである。その理由はおそらく、デイリースクラムが最も頻繁に実施され、内省や改善の機会が最も頻繁に得られるからだ。

私たちは3つの質問をさまざまな方法でカスタマイズしているチームを見てきた。そうしたチームは、最初の質問を次のように変更している。

- 昨日は何をしたか（名目上の質問）
- 昨日は何を**達成したか**
- 昨日は**完成の定義に照らして何を完成させたか**
- 昨日は**スプリントゴールに向かってどれだけ前進したか**
- 昨日は**スプリントプランをどれだけ前進させたか**

これらのチームはデイリースクラムのやり方を見直す。モニターに3つの質問を映し出し、それらの質問から脱線しないようにしているチームもあれば、トーキングスティック❽を使って話が脱線するのを制限しているチームもある。また、3つの質問から離れて、話し合うことのほうを重視しているチームもある。こうした変更が健全と言えるかどうかは、それぞれの変更が改善につながるかどうかにチームが目を光らせているかどうかによる。

---

❽［訳注］北米の先住民族が話し合いに使用している道具で、基本的には、トーキングスティックを持っている人だけが発言する。

4.13 │ その他の検討課題

　アジャイル開発の1つの特徴は、名前の付いたプラクティスが雨後の筍のように増えていることである。それらのプラクティスはどれも聡明なコンサルタントや実践者によってそれなりの理由があって考え出されたもので、どれも少なくとも1つの組織で一度はうまくいったものである。これらのプラクティスにはそれぞれ支持者がいる。

　本書では、多くの組織で広く有効であることが実証されているプラクティスに焦点を合わせている。本書のこれ以降の章には、「その他の検討課題」という節がある。この節では、どこかで聞いたことがあるものの、Construx Software の経験では、幅広く適用できる実証されたプラクティスの域に達していないものの中から、代表的なプラクティスを取り上げる。

■ エクストリームプログラミング（XP）

　初期のアジャイル開発では、焦点の大部分がエクストリームプログラミング（XP）に向けられていた[9]。XP は、初期のアジャイル原則を具現化する技術的なプラクティス、プロセス、原理原則を集めたものだった。最初のうちは、XPは触れ込みどおりの「極端な」注目を集めたが、総合的な開発アプローチとしてのより長期的な使用は結局よい結果につながらなかった。XP のバージョン1では、12のプラクティスがすべて実践しなければならないものとして説明されていたが、その模範的なプロジェクトとされていたものですら、それらのプラクティスを半分しか実践していなかった[10]。

　2000年代に入ると、XP の本格的な導入はそれほど重視されなくなっていった。XP は現在、継続的インテグレーション、リファクタリング、テスト駆動開発、継続的テストなど、モダンなアジャイル開発に不可欠な技術的プラクティスの原点と位置付けられている。

■ カンバン

　カンバンは、開発を段階的に進めるものとして作業をスケジューリングし管理する仕組みである。カンバンでは、作業を前の段階から「プッシュする」ことよりも、後の段階から「プルする」ことを重視する。カンバンは、作業の見える化、仕掛かり作業の削減、そして仕組みを通じたフローの最適化を後押しする。

　Cynefin の観点から言うと、カンバンが煩雑系の作業に適しているのに対し、スクラムは複雑系の作業に適している。というのも、煩雑系の作業では、優先順位とスループッ

---

[9] Beck, 2000; Beck, 2005
[10] Grenning, 2001; Schuh, 2001; Poole, 2001

トが最優先の課題となるが、複雑系の作業では、全体目標に向かう小さなステップの繰り返しに焦点を合わせるからである。どちらのアプローチでも、プロセスを改善するためのしっかりとした基盤を築くことができる。

小さなチーム（1〜4人のメンバー）か、プロジェクト指向というよりもプロダクション指向の作業には、スクラムよりもカンバンのほうが適している可能性がある。

アジャイルプラクティスを使いこなすようになったスクラムチームが、スクラムの実践にカンバンを取り入れることもよくある。また、カンバンを大規模なプロジェクトポートフォリオマネジメント（PPM）ツールとしてうまく利用している組織もある。

また、カンバンから始めることでアジャイルの実践に成功しているグループやチームもある。ただし、スクラムのほうがより構造的で、より規範的で、よりチーム指向であるため、通常はアジャイル開発を始めるのに最も適している。

カンバンについては、「第19章　より効果的なアジャイル：プロセス改善」でもう少し詳しく説明する。

4.14 | 推奨リーダーシップアクション

検査

- スクラムの実践に関してチームにヒアリングする。スクラムのスコアカードで自分たちを採点してもらう。チームはスクラムをどれくらい効果的に実践しているだろうか。
- 本章で説明したスクラムの失敗モードについてチームの主要なメンバーと話し合い、改善すべき点を洗い出す。
- チームでのスクラムマスターの割り当てについて再検討する。現在のスクラムマスターは、スクラムの失敗モードに関連する規律正しいプラクティスを含め、チームによるスクラムプラクティスの実践にうまく貢献しているだろうか。

適応

- チームに対してスクラムを型どおりに実践することを求める。ただし、何か別のことを行う根拠を数字で示せる場合を除く（アジャイルプロセスの変化を数値化する方法については、第19章で詳しく説明する）。
- スクラムマスターの能力に問題がある場合は、育成するか更迭する。

4.15 ┃ 参考文献

- Schwaber, Ken and Jeff Sutherland. 2017. *The Scrum Guide: The Definitive Guide to Scrum: The Rules of the Game.* 2017.
  スクラムの簡潔な手引きであり、多くの人によって最も信頼できるプラクティスの説明と見なされている。

- Rubin, Kenneth, 2012. *Essential Scrum: A Practical Guide to the Most Popular Agile Process.*
  スクラムの導入に関連する一般的な問題に対処するスクラムの総合的な手引き。

- Lacey, Mitch, 2016. *The Scrum Field Guide: Agile Advice for Your First Year and Beyond, 2d Ed.*
  スクラムの実践時に起きる実務的な問題に着目するスクラム実践ガイド。

- Cohn, Mike. 2010. *Succeeding with Agile: Software Development Using Scrum.*
  ［Rubin, 2012］または［Lacey, 2016］に代わる良書の1つ。

- Sutherland, Jeff, 2014. *Scrum: The Art of Doing Twice the Work in Half the Time.*
  スクラムについてのエピソードが盛り込まれたビジネス書。

- Stuart, Jenny, et al. "Six Things Every Software Executive Should Know about Scrum." Construx White Paper, July 2018.
  管理職向けにスクラムとは何かを短くまとめたホワイトペーパー。

- Stuart, Jenny, et al. "Staffing Scrum Roles," Construx White Paper, August 2017.
  スクラムロールの割り当てにまつわる一般的な問題について解説するホワイトペーパー。

第5章

より効果的なアジャイル：チーム構造

アジャイル開発における生産性の基本単位はチームである —— 仕事のできる個人ではなく、仕事のできるチームが単位となる。これは鍵となる考え方であり、私たちはこれまで、アジャイルチームが成功するために何が必要かを理解しようとしておらず、サポートすべき方法でサポートしていないことで、多くの組織が最初からアジャイルの導入を妨害しているのを見てきた。

本章では、アジャイルチームに関連する構造的な問題を取り上げる。次章では、アジャイルチームの文化について説明する。

5.1 | 基本原則：機能横断的チームの結成

『2018 Accelerate: State of DevOps』レポートによれば、「仕事のできるチームがソフトウェアの開発とデリバリーを1つの**機能横断的チーム**（職能上の枠を超えたチーム）で行う傾向は2倍になっており……仕事のできないチームがソフトウェアの開発とデリバリーを**サイロ化したチーム**で行う傾向は仕事のできるチームの2倍になっている」ことがわかっている ❶。

---

❶ 強調部分は筆者によるもの。
DORA, 2018

　効果的なアジャイルチームは、チームが独立して（つまり、十分な自己管理のもとで）作業を行うために必要な役割や原理原則を採用している。Cynefin の複雑系の作業に関しては、チームの作業の大半が**調査・把握・対処**で構成される。調査や把握のたびにチームの外部に頼らなければならないとしたら、時機を逃さずに対処することは不可能だろう。プロダクトの詳細（要求）、技術的な詳細、プロセスの詳細を含め、チームはその作業のほとんどについて自力で判断を下せなければならない。本番稼働用のコードを記述する人の大半は、自動テストコードの大部分を作成し、要求の細かい部分を詰める必要もある。このようなチームは、複雑な環境ですばやく行動しながら、ビジネスのニーズを確実にサポートすることができる。

　自己管理できる機能横断的チームでは、通常は少なくとも次の専門性が求められる。

- アプリケーションのさまざまなレイヤー（フロントエンド、バックエンドなど）を経験していて、異なる専門知識（アーキテクチャ、ユーザーエクスペリエンス、セキュリティなど）を持つ開発者
- アプリケーションのさまざまなレイヤーのテスト技術者
- テクニカルライター
- 実践している開発プロセスのエキスパート（スクラムマスター）
- 特定分野のエキスパート
- ビジネス理解、ビジョン、ROI をチームにもたらすビジネスエキスパート（プロダクトオーナー）

　1つのチームの推奨人数は5〜9人だが、このサイズを保った上で、必要なスキルをすべて備えたチームを編成するのは容易なことではない。同じ人が複数の役割をこなす必要があるし、ほとんどの組織ではメンバーに新たなスキルを習得させる必要がある。具体的な方法については、「第8章　より効果的なアジャイル：個人および対話」で説明する。

　スキル以外にも、仕事のできる機能横断的チームには、時宜にかなった拘束力のある決定を下す**能力**と**権限**の両方がなければならない。

決定を下す能力

　決定を下す能力はチームの構成に大きく左右される。そのチームには、効果的な意思決定を行うのに必要な専門知識がすべて揃っているだろうか。アーキテクチャ、品質、ユーザビリティ、プロダクト、顧客、ビジネスに関する専門知識はあるだろうか。それ

とも、そうした分野の専門知識を外部に求める必要があるだろうか。

　専門知識が足りない分野が1つでもあるとしたら、そのチームには効果的な機能横断的チームになる能力はない、ということになる。このようなチームは、決定を下すのに必要な専門知識がない領域にたびたび遭遇することになるだろう。そして、専門知識を得るためにチーム外の人に頼る必要に迫られ、結果として、物事が思うようにはかどらなくなる。誰に頼ればよいかわからない場合は、ふさわしい人物を突き止めるのに時間がかかる。外部の人間がすぐに対応できるとは限らないし、チームが置かれている状況を相手に説明するのにも時間がかかる。外部からの情報をチームが解釈し、その解釈について意見を必要としている場合も、同じような遅延の多くが生じることが考えられる。チームも外部の人間もあれこれ憶測を立て、見当違いをしてしまうこともある。そうした誤りに気付いて修正するのにもさらに時間がかかる。

　どのチームも外部との接触を余儀なくされることがあるが、ほとんどの決定を自分たちだけで下せる専門知識があるチームは、その専門知識がなければ数日がかりだった問題に数分で決着をつけることができる。チームはできるだけ多くの問題を自分たちだけで解決できるような構成にすべきである。

　5〜9人編成のチームでは、専門知識の数に限りがある。一般的な適応策は、2〜3回のスプリントごとに、ユーザーエクスペリエンスやアーキテクチャといった分野の専門家に臨時メンバーとしてチームに加わってもらうことである。

　アジャイルの実践の成否は、意思決定のほとんどを自分たちだけで下すのに必要な人材をアジャイルチームに積極的に配属するかどうかにかかっている。

決定を下す権限

　決定を下す権限は、重要なステークホルダー全員がチームに参加していることや、組織から適切な許可を取り付けることによって得られる。チームが効果的であるためには、組織の他の誰かが覆すことのできない**拘束力のある決定**を下す能力が必要である。

　チームに十分な権限がないことはさまざまな力関係を引き起こし、どれも望ましくない結果をもたらす。

- チームの決定が組織の他の人によって覆され、作業のやり直しに時間がかかってしまう。
- 決定をあとから批判されたり覆されたりすることに怯えるあまり、チームの作業ペースが異常に遅くなってしまう。
- 組織の他の人に決定の承認を求める際、チームが待機状態を余儀なくされる。

　権限と能力はひとまとめにして考慮しなければならない。組織が決定を下す権限をチームに与えたとしても、チームが決定する能力を得る状況を作らなければ、効力はない。ステークホルダーのすべての利害がチーム内で正確に体現されていれば、どの決定も関連するすべての視点から考慮されることになる。だからといって、チームが決して間違いを犯さない、というわけではない。ここで言いたいのは、チームには決定を下すための健全な基盤があり、組織にはチームの決定を信頼するための健全な基盤がある、ということだ。

　拘束力のある決定を下す権限をチームに委ねることに消極的な組織は、アジャイルチームとアジャイルの実践にとってやはり命取りとなる。

自己管理できるチームの立ち上げ

　きちんと自己管理できるチームは単純にインスタンス化できない —— チームはそうなるように成長していかなければならない。チームが初めから自己管理できる状態にあるとは限らない。チームの成熟度を理解し、統率力、管理能力、指導力を提供しながらチームの自己管理能力を養うこともリーダーの役割の1つとなる。

失敗の役割

　どのような種類のチームも間違いを犯す。その点では、自己管理できるアジャイルチームも例外ではない。とはいえ、組織に効果的な学びの文化があれば、間違いを犯しても大丈夫だろう。その理由の1つは、チームが失敗から学び、改善するはずだからである。もう1つの理由は、組織がチームを十分に信頼していて、失敗を許すことがわかっていれば、チームにとって大きな励みになるからだ。

5.2 ｜ テスト技術者の組織化

　テスト技術者の組織化は、筆者のこれまでのキャリアにわたってずっと関心の対象であり続けた。ひと昔前までは、テスト技術者は開発マネージャーの部下として開発チームに配属されていた。しかし、この方法には問題があることがわかっている。開発マネージャーが「欠陥をあまり見つけ出さないように」テスト技術者に圧力をかけ、代わりに顧客がそれらの欠陥を発見するという結果になっていたからだ。

　その後の数年間は、テスト技術者は独自のグループに分けられ、多くの場合は別の場所にいて、開発マネージャーの部下ではなくなった。つまり、テスト技術者のグループは、通常はディレクターやバイスプレジデントまでいかないと開発者の管轄と合流しない別の

管轄に属していた。この構造は新たな問題を生み出した。開発部隊とテスト部隊の敵対
関係はその1つだった。低品質のリリースを阻止する責任は暗黙的または明示的にテス
ト技術者の肩にかかっており、「門番としてのテスト技術者」というイメージがこの対立
をさらに悪化させた。開発とテストの責務の分離は、開発者が自分のコードをテストす
る責任を放棄する誘因となった。

　テスト技術者の組織化の次なる段階では、テスト技術者は引き続き別の管轄下に置か
れたが、開発者との協力関係を深めるために同じ場所に席が設けられた。開発者はテス
トの対象となる非公開のビルドをテスト技術者に渡し、テスト技術者はテストケースを
書き、開発者と共有した。開発者はそれらのテストケースに対して自分のコードを実行し、
多くの欠陥を修正してからコードを正式にチェックイン（コミット）していた。当時は、
欠陥が紛れ込んでから検出されるまでの時間をできるだけ短縮するにあたって、このや
り方がとてもうまくいった。

5.3 ｜ 基本原則：テスト技術者を開発チームに統合する

　現在、テスト技術者の組織化に影響をおよぼしているのは、アジャイル開発の台頭と
自動テストの台頭という2つの要因である。

　アジャイル開発では、開発者が自分の作業を自分でテストすることを重視する。これ
は欠陥が紛れ込んでから検出されるまでの時間を最短化する前向きで重要なステップで
ある。残念ながら、結果としてテストの専門化を完全にやめてしまっている組織がある。
そうした措置は的外れである。ソフトウェアのテストは非常に深い知識が要求される領
域である。ほとんどの開発者はテストツールにこだわるが、テストの基本的な考え方を
理解していないため、高度なテストプラクティスはおろか、基本的なテストプラクティス
すら適用しない。

　テストの専門家は依然としてさまざまな役割を担っている。

- テストの自動化に対する最大の責任者。
- ストレステスト、性能テスト、負荷テストなど、より高度なテストを作成し、管
  理する。
- 入力ドメインカバレッジ、同値クラス分析、境界値カバレッジ、状態遷移カバレッ
  ジ、リスクベースドテストなど、開発者よりも高度なテストプラクティスを適用する。
- 自分のコードをテストする開発者からは死角となるために開発者が作成しないよう
  なテストを作成する。

　開発者によるテストはアジャイル開発におけるテストの基盤だが、テスト技術者が付加価値を与えることは依然として変わらない。テスト技術者の役割を廃止している組織では、本来ならテスト技術者に分類されていたはずのメンバーが統合テスト、負荷テスト、およびその他の横断的なテストに重点的に取り組むことがわかっている。また、そうしたメンバーが背負い込むテスト自動化作業の負担は、より開発寄りのチームメンバーよりも大きいこともわかっている。アジャイルのいわゆる「スリーアミーゴス」は、テストを（開発、ビジネスとともに）スリーアミーゴスの1つに加えている。組織図にテスト技術者の肩書きがなかったとしても、現場には変わらずに存在している。テスト技術者もたらす価値は暗黙的に認識されているのである。

　本章で説明しているように、効果的なアジャイル開発は機能横断的チームの編成にかかっており、テストもそうした専門知識の1つである。テスト技術者はソフトウェアの開発／デリバリープロセス全体を通じて開発者と一緒に作業すべきである。

5.4 │ プロダクションサポートの組織化

　私たちがこれまで一緒に仕事をしてきた中で、プロダクションサポート❷の組織化に100%満足していた企業は1つもなかったように思える。各企業は次のパターンのいくつか、またはすべてを試している。

- プロダクションサポートをシステムを構築した人がすべて担当する。
- プロダクションサポートを別のチームがすべて担当する。
- 別のチームが第1レベルと第2レベルのサポートを担当し、技術系の組織が第3レベルの問題をサポートする。

　最後のアプローチが最も一般的であり、その取り組み方はさまざまである。1つの方法は、別のサポートチームが第3レベルのサポートを担当する、というものだ（このチームは第1レベルと第2レベルのサポートチームよりも専門性の高いチームである）。このチームの主要な責務はプロダクションサポートである。もう1つの方法では、システムを最初に構築したものの、現在はほぼ別のシステムに従事しているメンバーが第3レベルのサポートを担当する。

　開発チームがエスカレートされたサポート案件に二次的な責務として対処する（つまり、以前に従事したシステムをサポートする）場合、サポートの体制はさまざまである。

---

❷［訳注］プロダクションサポートは、一般に、現在エンドユーザーによって使用されている本番稼働環境のシステムやソフトウェアをサポートするためのプラクティスや原理原則をまとめたもの。

- エスカレートされたサポート案件はラウンドロビン方式で各チームメンバーに割り当てられる。
- エスカレートされたサポート案件はすべて 1 人のチームメンバーによって処理される。担当するメンバーは毎日または毎週交代する。
- エスカレートされたサポート案件は、その問題の解決に最も適任なチームメンバーに割り当てられる。

ほとんどの企業は、時間をかけてこれらのパターンのいくつかを試し、問題がまったくない方法は 1 つもないという結論に達する。完璧な解決策を見つけ出すことよりも、できるだけ「ノミのいないイヌ」を見つけ出すことが目標となる。

スクラムチームによるプロダクションサポート

アジャイル開発に特化したプロダクションサポートに関しては、スクラムのスプリントを中断させることなくサポート案件に対処することが課題となる。チームはエスカレートされたサポート案件の時間を見積もり、その時間を計画に盛り込む必要がある。次のガイドラインを参考にしてほしい。

サポート時間をスプリントに盛り込む

プロダクションサポートにチームの現在の作業量の 20% を費やす場合、スプリントプランニングにおいてスプリント関連の作業量を 80% にとどめる。

スプリントへの割り込みが許される作業の種類に関してポリシーを定める

将来のスプリントのプロダクトバックログに追加してもよい通常の作業と、スプリントに割り込むことになってもやむを得ないほど緊急性と重要性が高い問題とを区別する。最もよいのは、「優先度 1、重大度 1、SLA 関連の欠陥はスプリントゴールよりも優先してよい」といった明確な規定があることだ。

スプリントレトロスペクティブを使ってプロダクションサポート計画を見直す

ベロシティベース ❸ のスプリントプランニングとスプリントレトロスペクティブは、各スプリントでこの作業に割ける時間をチームが数量化するのに役立つ可能性がある。スプリントゴールに向かう途中で遭遇した問題について検討する際、チームはプロダクションサポートに割り当てた時間と実際に費やした時間を確認し、その結果に応じて今後の計画を立てるべきである。

---

❸ ベロシティについては、9.3 節を参照。

プロダクションサポートの構造はチームごとに異なっていてよい

エスカレートされるサポート案件の数はチームごとに異なる。新たに行う作業の優先度と緊急性は作業ごとに異なる。そして、以前に担当したシステムのサポート問題に対処するための経験値や能力はチームメンバーごとに異なる。これらすべての要因が、サポート案件への最も効果的な対処法がチームごとに異なることを示唆している。

5.5 | ブラックボックスとしてのアジャイルチーム

スクラムのアジャイルプラクティスは、スクラムチームを「ブラックボックス」として扱う。組織のリーダーであるあなたには、チームへのインプットとチームからのアウトプットを見ることができるが、チームの内部事情にあまり首をつっこむべきではない。

この考えはどのように実践されるのだろうか。スクラムでは、チームが各スプリントの最初に既定量の作業（スプリントゴール）を担当する。チームはスプリントの最後に ―― たとえ何があろうと ―― 作業を完成させることに全力を注ぐ。そして、スプリントの期間中、チームはブラックボックスとして扱われる。誰もその中を覗き見ることはできないし、スプリントの途中で作業が追加されることもない。スプリントの最後に、チームは最初に決定した機能を提供する。スプリントは短いため、チームが成果を出せているかどうかを確認するために長く待つ必要はない。

このようにチームをブラックボックスとして説明することは、要点を理解してもらうために多少誇張されているものの、肝心なのはその本質である。マネージャーやその他のリーダーと話し合いを重ねてきた筆者は、チームをブラックボックスとして扱うことがより健全で、より効果的な運営につながることを確信している。マネージャーは技術的な詳細やプロセスの詳細をいちいちチェックすべきではない。マネージャーがやるべきことは、チームの方向性が明確であることを確認し、チームが責任をもってその方向に向かうように働きかけることである。チームがその目標に向かって進む中で、刻々と変化する決定や誤りをいちいち把握する必要はない。細部を気にしすぎることは、ミスを大目に見たり、チームの裁量を最大限に尊重したりといった、さまざまな基本原則の対極にある。

リーダーとして「ブラックボックス」に配慮すべき点は次のようになる。

- 妨害（進行の妨げとなるもの）を取り除く
- 回避可能なスプリントの中断からチームを保護する
- 紛争解決を通じてチームを指導する

- ■ プロジェクト間で優先順位が競合する場合は調整する
- ■ チームメンバーの育成を支援する
- ■ 新しいチームメンバーを採用する
- ■ 組織の官僚主義的な部分を合理化する
- ■ チームが経験を振り返り、そこから学習するように働きかける

5.6 ｜ 組織はアジャイルのチームづくりに前向きか

アジャイルのアンチパターンの1つは、本当の意味で自己管理できるチームを立ち上げずにスクラムを導入することである。マネジメントが口では自己管理に賛成すると言いながら、あいかわらずチームの指揮や管理に細かく口出しするとしたら、そのアジャイルの実践は失敗に終わるだろう。組織が自己管理できるチームの確立とサポートに協力的で、その準備ができていて、全力を傾けるのではない限り、アジャイルを導入すべきではない。

5.7 ｜ その他の検討課題

▌ 地理的に分散したチーム

チームの実効力を高める上で、地理的な分散は大きな課題となる。これらの問題については、「第7章　より効果的なアジャイル：分散チーム」で詳しく説明する。

▌ オープンフロアオフィス

いくつかのアジャイルの実践に見られる特徴として、共同作業を促進するために、個室やブースからオープンフロアオフィスへの切り替えが行われている。筆者はオープンフロアオフィスをお勧めしない。

ハーバード大学の調査では、期待とは裏腹に、オープンフロアオフィスでは対面でのコミュニケーションがブースと比べて約70％も減少することがわかっている[4]。数年がかりの調査では、従業員の満足度の低下、ストレスの増加、業績の低下、創造力の低下、集中力の低下、集中力の持続時間の減少、モティベーションの低下など、オープンフロアオフィスにさまざまな問題があることが判明している[5]。

---

[4] Jarrett, 2018
[5] Konnikova, 2014

オープンフロアオフィスを好むチームもあるが（それならそれで問題ない）、そうではないチームがほとんどである。現に、オープンフロアオフィスに対して激しい逆風が吹き荒れている[6]。最近の記事の見出しに「オープンフロアオフィスは今や史上最悪のマネジメントブーム」というのもあった[7]。

1996年の拙著『Rapid Development』では、生産性が最も高まるのは個室か2人部屋であるとする当時の調査結果を簡単に取り上げた[8]。現在の調査でも、その結果に変化がないことが示されている。

筆者が推奨する作業環境を効果が期待できるものから順に挙げておく。

- 1人または2人用の個室の他に、チーム用のオープンスペースがある。
- チーム用のブースとオープンスペースがあり、共用の集中できる部屋（小さな個室）が別にある。
- チーム用のブースと集中部屋がある。
- オープンスペースと集中部屋がある。

1つ目以外のレイアウトでは、ほとんどの人がヘッドホンを付けていて、在宅勤務の頻度が増えることがわかっている。ヘッドホンも在宅勤務も、オフィスにいるときは作業になかなか集中できないことの現れである。

5.8 | 推奨リーダーシップアクション

検査

- チームの構成を見直す。決定の大部分を自分たちだけで下せるだけの専門知識がチームにあるだろうか。
- チームメンバーにインタビューを行い、チームの**事実上の**（組織図に示されているものとは別の）テストの組織を理解する。あなたのチームは実質的に自己完結型のチームと言えるだろうか。テストの専門家が含まれているかどうかに関係なくテストを自分たちで行っているだろうか。

---

[6] Jarrett, 2013
[7] James, 2018
[8] McConnell, 1996

適応

- 上記のチーム構成の見直しに基づき、ギャップ分析を行う。自己管理できるチームになるためにはどのようなスキルを養う必要があるだろうか。

- 各チームが自分たちだけで決定を下せるようになり、本当の「自己管理できるチーム」になるための呼び水として、チームの構成を見直したり、足りないスキルを養ったりするための計画を立てる。

- テストの役割が開発チームにとって不可欠な部分として組み込まれるような計画を立てる。

5.9 │ 参考文献

- Aghina, Wouter, et al. 2019. *How to select and develop individuals for successful agile teams: A practical guide.* McKinsey & Company.
アジャイルチームの多様性の価値に関するホワイトペーパー。「ビッグファイブ」パーソナリティモデルに基づく多様性と、アジャイルの価値観を含んだワークバリューモデルに基づく多様性が含まれている。

第**6**章

6

より効果的なアジャイル：チーム文化

アジャイル組織は、アジャイルチームの構造とアジャイルチームの文化の間に関連性を見出す。自己管理できるチームへの転換には、チーム文化の転換が必要である。チーム文化への転換は、チームの自己管理能力を補い、支援するものとなる。

本章では、アジャイル文化のチームレベルの要素を取り上げる。組織レベルのアジャイル文化については、「第17章　より効果的なアジャイル：組織文化」で詳しく取り上げる。

6.1 ┃ 基本原則：自律、熟達、目的によるチームの動機付け

生産性に関するほとんどの調査では、生産性を他の何よりも大きく左右するのはモティベーション（動機付け）であることが確認されている ❶。そのうち、ソフトウェア開発作業にとって重要となるのは**内発的な**モティベーション ❷だけである。企業は事実上、人々の脳内のスペースを借り上げ、企業が従業員に考えさせたいことを考えてもらうために賃金を支払う。外発的なモティベーションがうまくいかないのは、何かについて考えることを人に強制するのは無理だからだ。あなたにできるのは、企業の問題について自主的に考えたくなるような状況を整えることくらいである。

---

❶ Boehm, 1981
❷ ［訳注］賃金や昇進といった外発的な報酬ではなく、達成感や充足感といった内部から湧き出る感覚が報酬となるモティベーション。

2009年の著書『Drive』❸において、ダニエル・ピンクは自律、熟達、目的の3つの要因に基づく内発的モティベーションという理論を提唱した。ピンクのモティベーション理論は、アジャイルチームが効果的であるために必要とされるサポートと符合している。

自律

自律とは、人生や仕事を直接管理する能力のことである —— 何をするのか、それをいつするのか、誰とするのかを決めるのはあなたである。自律は信頼と結び付いている。自分たちが下す決定を組織が信頼していないと感じるとしたら、人は本当に自律しているとは考えない。自分たちの意志で決定を下す能力と権限を有する機能横断的チームを築き上げるための作業は、チームの自律心をも養う（表6-1）。

▼表6-1：自律性を養うプラクティスと損ねるプラクティス

自律性を養う方法	自律性を損ねる方法
方向性を定めることでリードする（より大きな組織のビジョンやミッションに合わせる）	作業の実行方法の細かな点にリーダーが関心を持つ
方向性に確約する	方向性を頻繁に変える
自主的な行動を取るために必要なスキルをチームに取り入れる	作業を独自に行うために必要な専門知識をチームに与えない
	高度にマトリックス化された個人を集めただけで、本物のチームになっていない
スプリントレトロスペクティブによりチームがプラクティスの変更を試みることを許可する	チームの経験に関係なく、あらかじめ決められたプロセスを強制する
チームが自分たちで決めたペースで作業をプルできる	チームに作業をプッシュするペースを指図する
合意した要求獲得プロセスを通じて要求を与える	チームまたはチームメンバー個人に要求を直接プッシュする
仕事のできるチームはそのままにする（人ありきで仕事を割り当てる）	チームの解散と再編成を頻繁に行う（仕事ありきで、そこに人を割り当てる）
チームが間違いを犯しても、それらの間違いから学ぶことが許される	間違いを罪と見なし、チームを罰する

❸ Pink, 2009

熟達

　熟達とは、学習と改善を強く願うことを指す。つまり、事前に決められたコンピテンスの基準を満たすことに甘んじるのではなく、絶えず「上達していく」という考え方である。開発者にとって、これは特に重要なことである。拙著『Rapid Development』❹において何年も前に指摘したように、開発者にとって成長の機会は他のどの要因よりも強力なモティベーションになることがわかっている。つまり、成長の機会は、昇進、評価、給与、地位、責任の重さ、あるいはあなたが重要であると考えている他のどの要因にも勝るのである。アジャイルにおいて経験からの学習が重視されることは、チームの熟達感を養うのに貢献するだろう（表6-2）。

▼表6-2：熟達を支援するプラクティスと阻むプラクティス

熟達を支援する方法	熟達を阻む方法
スプリントレトロスペクティブの時間を設ける	スプリントレトロスペクティブに反対する
学習と改善を目的としてスプリントごとに変更を奨励する	変更を許可しないか、面倒な変更承認プロセスを要求する
開発者に新しい技術分野の調査を許可する	開発者の作業を当面のビジネスニーズに限定する
トレーニングやプロフェッショナルデベロップメント❺を養うための時間を設ける	すべての時間を短期的なプロジェクト目標の達成に割り当てることを要求し、トレーニングに時間を割くことを許可しない
イノベーションデイを支援する❻	実験に反対する
Coding Kata などのデリバレートプラクティス❼を支援する	ひたすらタスクに集中することを強要し、個人の上達のために時間を使うことを許可しない
新しい分野への進出をメンバーに許可する	最も経験がある領域にとどまることをメンバーに要求する

目的

　目的とは、あなたが取り組んでいる問題がなぜ重要なのかを理解することである。全体像はどうなっているだろうか。あなたが取り組んでいるタスクはあなた自身よりもど

---

❹ McConnell, 1996

❺ ［訳注］プロフェッショナルデベロップメント（professional development）は専門職としての知識や能力を養うことを意味する。

❻ ［訳注］イノベーションデイ（innovation day）は、一般に、24時間限定の小さなチームを結成してビジネスに関連する問題の新たな解決法を調査することを示す。

❼ ［訳注］デリバレートプラクティス（deliberate practice）は、通常の訓練のようにただ繰り返すのではなく、集中力を持続するために具体的な改善目標を立てた上で訓練を行うことを示す。

れくらい大きく、どれくらい重要だろうか。そのタスクはあなたの会社や世界全体にどのように貢献するだろうか。アジャイルにおいて顧客との直接の交流を重視することは、チームの目的意識を養うのに貢献するだろう。アジャイルでは、チームの責務と説明責任を強調することで、仲間意識が強くなり、チームの目的意識が養われる（表6-3）。

▼表6-3：目的意識を養うプラクティスと損ねるプラクティス

目的意識を養う方法	目的意識を損ねる方法
開発者を実際の顧客と定期的に接触させる	開発者が顧客と直接やり取りすることを制限する
開発者を社内のビジネス担当者と定期的に接触させる	開発者と社内のビジネス担当者を「サイロ化」し、滅多にやり取りしないようにする
チームの仕事を取り巻く全体像を定期的に伝える	不定期に行われる全社ミーティングでのみ全体像を伝える
コミュニケーションを現実に根差したものにする	現実から切り離された月並みな情報しか伝えない
チームの仕事が現実世界にどのような影響をおよぼすのかを説明する（例：私たちの除細動器は昨年 xyz 人の命を救った）	全体像に関する事柄はあくまでもリーダーのみが知り得る情報であり、チームが「知る必要のない情報」であると断言する
組織にとって質の高い作業に価値があることを強調する	会社にとっての目先の財政面での利益や短期的なデリバリー目標だけを説明する

自律、熟達、目的の好循環

　ダニエル・ピンクの調査では、自主的に仕事をしていて、その仕事を行っている理由を理解しており、着実に改善しているチームは、モティベーションも高くなることがわかっている。チームを効果的なものにする要因は、チームのモティベーションも高める。この有益な相互作用において、有効性とモティベーションは互いに支え合う関係にある。

6.2 ｜ 基本原則：成長マインドセットを培う

　「より効果的な」アジャイルのあり方は絶えず変化している。今年どれだけ成果を上げたとしても、次の年には「もっと高い成果」を出せる可能性がある。しかし、チームが成長するためには、改善に時間を使うことが許可されていなければならない。そうした改善は、スプリントレトロスペクティブやスプリントプランニングの規則的なサイクルで発生することもあれば、スプリントの途中で発生することもある。

　より効果的なチームになるには、**成長マインドセット**が必要である。成長マインドセットとは、「時間が経つほどよくなっていく」という考え方のことだが、すべてのリーダー

が持ち合わせているというわけではない。

　一部のソフトウェアリーダーは、ソフトウェアプロジェクトのインプットとアウトプットは次に示すような基本的なものだけだと考えている。

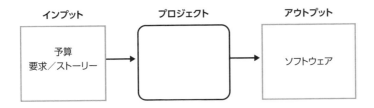

　この考え方からすると、プロジェクトの目的はソフトウェアを作成することだけで、プロジェクトにおいて意味を持つアウトプットはソフトウェアだけ、ということになる。

　プロジェクトのインプットとアウトプットをより全体的な視点で捉えると、プロジェクトの前と後のチームの状態が考慮される。もっぱらタスクのことだけを考えている —— 通常はスケジュールの圧力にさらされている —— プロジェクトでは、次のようなインプットとアウトプットが生成されるかもしれない。

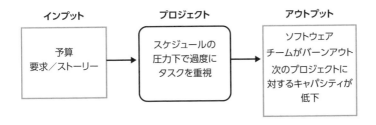

　リーダーがチームの成長に目を向けていないと、プロジェクトが進行する過程でチームがバーンアウトし（燃え尽き症候群に陥り）、プロジェクトの開始時点よりも**キャパシティ（生産力）が低下する**という事態が容易に起きてしまう。スプリントとリリースにも同じ論理が当てはまる。スプリントが持続可能なペースで進行していないと、スクラムチームが「スプリント疲れ」を起こすことがある。

　チームがプロジェクトを開始したときの状態と終了したときの状態との差は、組織の効果性に大きな影響を与える。多くの組織では、プロジェクトはどれも「急ぎ」のプロジェクトである。それらのプロジェクトは目の前にあるタスクに集中するのが精一杯で、個人やチームの作業を改善するための時間はまったくない。常にスケジュールの圧力に

さらされているため、自律心、熟達感、（そして突き詰めれば）モティベーションのどの点から見ても、文字どおり成果が上がらなくなってしまう。

その結果、チームがバーンアウトしてしまい、最も優秀なチームメンバーが他の組織へ去ってしまい、組織のキャパシティ（生産力）が徐々に低下していくことが予想される。

より効果的であることをモットーとしている組織は、ソフトウェアプロジェクトの目的を「成長マインドセット」というより大局的な視点で捉えるだろう。動くソフトウェアを作ることはもちろんプロジェクトの目的の1つだが、そのソフトウェアを作るチームの能力を向上させることも目的の1つである ——「私たちは徐々に能力を上げていくことができるし、そのための時間を設けている。」

成長マインドセットは組織にさまざまな恩恵をもたらす。

- 個人の活力が高まる
- 個人とチームがより意欲的になる
- チームの結束が高まる
- 会社への忠誠心が高まる（在職率の向上）
- 技術的なスキルと非技術的なスキルが拡大する（コードと品質の向上）

成長マインドセットがどれだけの恩恵をもたらすのかを理解している企業は、プロジェクトを次のように進めるだろう。

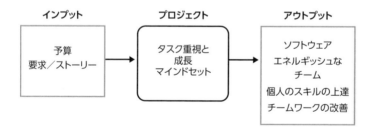

従来のアジャイルのスローガンである「持続可能なペース」は、より効果的なアジャイルに欠かせない要素の1つである。しかし、「持続可能なペース」はチームがバーンアウトしないことを意味するだけで、絶えずよくなっていくことを意味するわけではない。成長マインドセットを支援することは、持続可能なペースで作業することによって築かれた基盤をうまく利用することで、組織と個人にさらなる利益を提供することを意味する。

チームのキャパシティを向上させることはソフトウェアリーダーの中心的な責務の1つである。メンバーのキャパシティを向上させる体系的なアプローチについては、「第8章　より効果的なアジャイル：個人および対話」で説明する。

6.3 ｜ 基本原則：ビジネスフォーカスを培う

ソフトウェア開発に銀の弾丸はないが、それに近いビジネス指向のプラクティスが1つある。そして、このプラクティスを取り入れている組織はとても少ない。このプラクティスはシンプルで、そのメリットはいかなる実装上の困難をも補って余りあるものである。

その銀の弾丸に近いものとは何だろうか。シンプルに、1人1人の開発者が実際の顧客であるシステムの実際のユーザーと直接交流するのである。

開発者がユーザーと交流することに抵抗する企業もある。衆愚のごとき開発者が文字どおり「愚」であることを危惧しているのである。そうした組織はプロダクトオーナー（または営業担当者、ビジネスアナリスト）を開発者とユーザーの間の盾にする。これは間違いであり、重大な機会の損失である。

ユーザーと直接交流することで開発者は人生が変わるような体験をすることがよくある。これまで技術的な純粋さ（と称するものが何であれ）を唱え、ユーザーを不合理な機能要求をしてくる目障りな存在と決めつけていた開発者が、使いやすさとユーザーの満足度の番人になるのである。

開発者を現実のユーザーと対面させるビジネスリーダーは決まって次のように言う。ユーザーの視点を理解することによる利益は、懸念されていたリスクが何であれ、それらを大きく上回る。開発者は、自分たちの仕事が現場でどう使われているのか、どれだけのユーザーがそれを頼りにしているのか、ユーザーがどのような不満を抱いているのか、そしてユーザーのニーズにきちんと対処したときに自分たちの仕事がどれだけの影響力を持ち得るのかを理解するようになる。開発者とユーザーとの触れ合いと、「自律、熟達、目的」の「目的」部分との間には、強い相互作用がある。このプラクティスはプロダクトの品質という恩恵とモチベーションという恩恵の両方をもたらす。

開発者をユーザーに引き合わせる方法はさまざまである。

- 開発者にサポートセンターの電話を数時間ほど定期的に聞かせる。
- 開発者をサポートセンターの電話に数時間ほど応対させる。
- 実際にソフトウェアを使っているユーザーを開発者に視察させる。
- マジックミラーやテレビモニター越しにUXラボにいるユーザーを開発者に観察させる。

■ 営業担当者の顧客訪問に開発者を同行させるか、営業の電話を開発者に聞かせる。

これらのプラクティスは報酬やペナルティとして扱われるのではなく、健全なビジネスを維持する一環として扱われる。これらのプラクティスは、シニア開発者、ジュニア開発者、チームに参加したばかりの開発者 —— つまり、全員が対象である。

ここで重要となるのは、ユーザーとの交流が1回限りの体験ではなく、継続的なプログラムとして実施されることである。そうしないと、ユーザーとの1回の交流で目撃した問題に開発者が固執するようになる可能性がある。ユーザーの問題をバランスの取れた視点で捉えるには、ユーザーとの継続的な触れ合いが必要である。

プロダクトオーナーの役割は多くの組織において弱点となる。開発者にビジネスマインドセットを培わせても、よいプロダクトオーナーの代わりにはならないが、パッとしないプロダクトオーナーを抱えるという失敗モードについては多少埋め合わせることができる。

開発者をユーザーと直接交流させるという考え方は、あまりにも単純すぎて実行に移されることが滅多にないほどだが、実践されれば常に大きな成果を生む。

6.4 | その他の検討課題

■ 対人スキル

チームでうまくやっていく能力は、それぞれの対人スキルに左右される。この点については、第8章で詳しく説明する。

■ 自己実現と役割

チームの能力は自己実現と役割のバランスが取れている場合に最も発揮される傾向にある。ベルビンのチームロール理論は、チームにおける各役割の存在を評価するための興味深く有益な方法である。この理論では、チームにおいて人々がどのように行動するか、人々がどれくらい協力して作業を行うと考えられるか、そして各役割の候補者をどのように選択するかを評価する。ベルビンが提唱している役割は次の9つである。

- Plant（高い創造力を持ち、難題を解決する）
- Monitor/Evaluator（すべての選択肢を公正かつ論理的に評価する）
- Specialist（専門知識を提供する）
- Shaper（障害を精力的に克服しながら目標を追求する）

- ■ Company Worker/Implementer（アイデアを積極的に実践する）
- ■ Completer/Finisher（正確な作業を期日どおりに行う）
- ■ Co-ordinator/Chairman（目標を明確化し、意思決定を促進する）
- ■ Team Worker（潤滑油としてチームの共同作業を支援する）
- ■ Resource Investigator（チームの外で機会を発掘する）

　IT チームに関する調査では、チームの役割のバランスが取れていることとチームのパフォーマンスとの間に高い相関があることがわかっている [8]。

6.5 ｜ 推奨リーダーシップアクション

検査

- ■ 表6-1、表6-2、表6-3のリストを再確認する。それらの表の項目に照らして、あなたの対人スキルはどのように評価されるだろうか。
- ■ 表6-1、表6-2、表6-3のリストに照らして、組織の他の人はどのように評価されるだろうか。
- ■ 各プロジェクトまたはリリースサイクルの最初と最後に、チームに自身のモティベーションとモラルを数値化してもらう。それらの数値から、チームが持続可能なペースで作業を行いながら成長していること、あるいはバーンアウトしていることがわかるだろうか。

適応

- ■ チームに自律性を与えるために、必要であればあなた自身の行動を変える。
- ■ 表6-1、表6-2、表6-3で確認した内容に基づいて他の変更を行う。
- ■ プロジェクトの終了時にチームがより健全化され、プロジェクトの開始時よりも能力が向上するような計画を立てる。サイクルごとに学習の時間を少し設けることをチームに伝える。
- ■ 開発者を顧客と直接交流させる計画を立てる。

[8] Twardochleb, 2017

6.6 | 参考文献

- Pink, Daniel H. 2009. *Drive: The Surprising Truth About What Motivates Us.*
  本章で説明した自律、熟達、目的に基づくモティベーションの理論を提案する、よく読まれているビジネス書。

- McConnell, Steve. 1996. *Rapid Development: Taming Wild Software Schedules.*
  モティベーションを明示的または暗黙的にいくつかの章で説明している。

- Twardochleb, Michal. 2017. "Optimal selection of team members according to Belbin's theory." *Scientific Journals of the Maritime University of Szczecin.* September 15, 2017.
  ベルビンのチームロール理論をまとめた学術論文。この理論を学生のプロジェクトで実際に応用し、役割が1つでも欠けているとチームがタスクを完了できなくなることを確認している。

- Dweck, Carol S. 2006. *Mindset: The New Psychology of Success.*
  成長マインドセットの古典的な説明。成長マインドセットが学生、親、リーダー、恋人、その他の役割にどのように適用されるのかに関する説明が含まれている。

第7章

より効果的なアジャイル：分散チーム

　私たちは20年以上にわたり、地理的に分散している開発チームを持つ企業と仕事をしてきたが、同じ場所にいるチームに匹敵するような生産性が示されたケースは数えるほどしかなかった。地理的に分散しているアジャイルチームが同じ場所にいるチームに引けをとらない実効力を持つという兆候はまったく認められなかった。とはいえ、分散チームの存在は現在のほとんどの大企業にとって避けがたい事実である。そこで本章では、そうしたチームをできるだけうまく機能させる方法について説明する。

7.1 ｜ 基本原則：よりタイトなフィードバックループ

　効果的なソフトウェア開発の原則の1つは、フィードバックループをできるだけタイトにすることである。本書の内容の多くは、この原則から推測できるものだ。アジャイルチームにプロダクトオーナーが必要なのはなぜだろうか。要求に関連するフィードバックループをタイトにするためである。機能横断的チームであるのはなぜだろうか。意思決定に必要なフィードバックループをタイトにするためである。要求の定義とデリバリーを小さなバッチで行うのはなぜだろうか。要求を定義してから実際に動くデモ可能なソフトウェアまでのフィードバックループをタイトにするためである。テストファースト開発を実施するのはなぜだろうか。コードとテストの間のフィードバックループをタイトにするためである。

　タイトなフィードバックループがさらに重要となるのは、Cynefin の複雑系で作業を行っているときである。というのも、この作業は事前に計画できるものではなく、さまざまな「調査・把握・対処」のサイクルで発見しなければならないものだからだ。そのためのサイクルは、できるだけタイトにすべきフィードバックループである。

　地理的に分散しているチーム（分散チーム）では、フィードバックループがルーズになってしまう。それにより、意思決定が遅くなり、エラー率が高くなり、作業の手戻りが増え、スループットが低下し、最終的にプロジェクトが遅れることになる。顔を突き合わせてのコミュニケーションは難しいため、誤解が生じる可能性が高くなり、結果としてフィードバックループがタイトではなくなる。時差によっても反応が遅くなり、やはりフィードバックループがタイトではなくなる。また、対面でのコミュニケーションを支援するためにプロダクトオーナーがオフショアチームを訪問することもあるだろう。スケジュールに合わせて事前に大きなバッチで行われた作業がオフショアに送られる場合も、やはりフィードバックループがタイトではなくなる。言語や国の文化、現場の文化に違いがあったり、眠い目をこすりながらリモートミーティングに参加しているうちに時差ボケがひどくなったりすると、フィードバックループがタイトではなくなり、ミスがさらに増えることになる。

　過去に、オンショアチームに比べてオフショアチームのパフォーマンスが著しく悪い企業と仕事をしたことがある。オフショアチームのメンバーの一部をオンショアに移動させたところ、それらのメンバーの生産性は劇的によくなったのだが、それは一時的なことで、オフショアに帰った後は元に戻ってしまった。このことは、パフォーマンスの問題が個人のせいではないことを物語ってる。12,000マイルも離れていたらいやでもコミュニケーションギャップや遅延が生じるものだ。そのせいでオフショアチームが効率よく作業を行うことが不可能になっていたのである。

　フィードバックループがタイトではないことは、分散チームに見られる最大の問題である。このようなフィードバックループはさまざまな形で現れる（図7-1）。本書では、それらすべてを「典型的な間違い」と呼びたいと思う。

- 開発とテストが別の場所で行われる。
- プロダクトオーナーと開発チームが別の場所にいる。
- 共通の機能を2つの拠点（サイト）で半分ずつ開発する。

　これらの形態はどれもうまくいかない。どの場合も、本来ならば頻繁にコミュニケーションを取らなければならない人々のコミュニケーションに遅れが生じることになる。

▲図7-1：分散チームに責務を割り当てる方法の悪い例

　2000年代の初め、企業はフォローザサン体制❶をサポートするために開発チームとテストチームを別々の場所に配置していた。開発チームが寝ている間にテストチームがバグを検出できるため、ターンアラウンドタイム（循環時間）が短くなるはずだった。理論的にはそうだったが、実際には、開発チームが欠陥レポートを理解しなかったり、開発チームが行った変更内容をテストチームが理解しなかったりして、同じ場所にいるチームどうしなら数時間で済むようなやり取りに1日半も費やすことになっていた。

　この領域でのベストプラクティスは、できるだけ自律的に活動できるチームをそれぞれの場所に配置することである（図7-2）。ソフトウェアの用語で言うと、それらのチームを凝集性が高く、結合性が低いものとして考える。

▲図7-2：分散チームに責務を割り当てる方法の例

　また、「拘束力のある決定をその場で下す能力と権限を持つ、自律した機能横断的チームを結成する」という分散チームのベストプラクティスが、アジャイルチーム全般のベストプラクティスと同じであることは偶然の一致ではない。

---

❶［訳注］フォローザサン（follow-the-sun）とは、一般に、拠点（サイト）を地理的に分散させることで24時間体制のシステムサポートを提供すること。

7.2 | 分散アジャイルチームの成功を目指して

分散チームを成功させるために必要なものは次のとおりである。

- 対面でのコミュニケーションを定期的にスケジュールする
- 分散チームの後方支援を強化する
- 自律、熟達、目的を活用する
- コンウェイの法則に従う
- アジャイルチームをブラックボックスとして扱う
- 高い品質を維持する
- 文化の違いを意識する
- 検査と適応

対面でのコミュニケーションを定期的にスケジュールする

複数拠点での開発における問題のほとんどは技術的なものではなく、人と人とのコミュニケーションに関するものである。物理的な距離、タイムゾーンの違い（時差）、言語の違い、国の文化の違い、拠点間の文化の違い、拠点間の立場の違いにより、コミュニケーションの信頼性が低下し、コミュニケーションを取るのが難しくなる。

ここで重要となるのは、定期的に直接会ってコミュニケーションを取ることである。あるグローバル企業の最高幹部は、「信頼の半減期は6週間だ」と言っていた。ミスが増えてきたと感じたら、メンバーを飛行機に乗せ、一緒にゲームをさせ、一緒に食事をさせることで、人間関係が築かれるようにしよう。

チームメンバーを6週間以内に一度の割合で他の拠点に派遣し、数年かけてチームメンバーの100%が他の拠点を訪問している状態にすることが目標となる。

分散チームの後方支援を強化する

分散チームを成功させたい場合は、この労働スタイルを支援するために資金、労力、時間を投資する必要がある。

定期的なコミュニケーション

全員が出席しなければならないミーティングを設定する。特定の拠点にとって都合の悪い時間帯を順番に入れ替えることで、1つの拠点だけが時差ボケにな

らないようにする。リモートミーティング用の効果的なツールとそのツールに
必要なネットワーク回線と帯域を準備する。議題を用意し、成果を定義し、話が
脱線しないようにし、時間どおりに終了するなど、よいミーティングプラクティ
スにこだわる。

アドホックコミュニケーション

拠点間の自発的なコミュニケーションを支援する。高品質のマイク、Web カ
メラ、十分なネットワーク回線帯域などの通信技術をチームメンバーに提供す
る。即時性が要求されるテキストベースのストリーミング通信や、オンライン
チャットのツール (Slack、Microsoft Teams など) を準備する。

リモート代理人

リモート拠点にいる人をプロダクトオーナーやエンジニアリングマネージャー
の代理人に任命する。別拠点にいるプロダクトオーナーやエンジニアリングマ
ネージャーから回答が得られない場合、チームは代理人に連絡を取ることがで
きる。代理人は定期的に別拠点にいるプロダクトオーナーやエンジニアリング
マネージャーと 1 対 1 で話し合うことで、常に意見をすり合わせておく。

メンバーの異動

メンバーの恒久的または長期的な配置転換を検討する。多くのソフトウェア
チームは国際的な構成になっているため、母国に戻りたがっているメンバーが
いるのは珍しいことではない。Microsoft が初めてインドにオフィスを構えた
とき、Microsoft のレドモンド本社に勤務していたインド国籍の社員を異動さ
せたことはあまり知られていない。この対応はインドの地に Microsoft の社風
と深い知識を定着させるのに役立った。

新人研修とトレーニング

新しいメンバーの新人研修活動としてリモート拠点の訪問をスケジュールす
る。そして、効果的な複数拠点での作業プラクティスを新人に教える。

自律、熟達、目的を活用する

企業によっては、チームを複数の拠点に均等に分散させ、各拠点の立場を平等にして
いるところがある。しかし、複数の拠点を持つ企業では、オンショアとオフショア、イ
ンハウスとアウトソース、親会社と買収された会社、本社と支社のように、拠点間の立
場が異なるほうが一般的である。そうした企業は、重要度の低い仕事など、異なる種類
の作業を二次的な拠点に割り当てる。そうした拠点では、自由裁量の余地は限られてい
る。

　立場の違いや自律性の低さは各拠点のモティベーションを損なう。二次的な拠点のチームはその立場や責任の度合いをそういうものだと自覚していることが多いようだ。二次的なチームのマネージャーからは、チームが自律性と主体性をより求めていて、成長の機会（熟達）を模索しており、自分たちが行っている作業をより大局的に理解したいと考えている（目的）という報告がたびたび上がっている。

　複数拠点での開発を成功させるには、アジャイルかどうかにかかわらず、自律的に取り組める作業をそれぞれの拠点に与え、それぞれの拠点が仕事の上で成長できる方法を見つけ出す必要がある。それぞれの拠点の作業が組織または世界全体にとってなぜ重要なのかを積極的に伝えるようにしよう。

コンウェイの法則に従う

　コンウェイの法則とは、大ざっぱに言うと、システムの技術的な構造にはそのシステムを構築した人間組織の構造が反映される、というものである❷。この構造には、組織の正式な管理構造や非公式な人脈構造が含まれる。これらの構造間の相互作用は地理的に分散された作業に大きな影響をおよぼす。

　コンウェイの法則は双方向に作用する。つまり、技術的な設計も人間組織の設計に影響を与える。チームが3つの拠点に分散していても、技術的なアーキテクチャが3つの独立した拠点での作業を支援するようになっていない場合、それらのチームは苦戦を強いられるだろう。なぜなら、それぞれのチームは地理的な境界を越えて互いの作業に技術的に依存することになるからだ。

　チームが長年にわたって地理的に分散しているとしたら、技術的なアーキテクチャはおそらくチームの構造をすでに反映しているはずである。チームを再編成して地理的に分散させる場合は、技術的なアーキテクチャと人間組織を比較し、一致していない部分を探すようにしよう。

アジャイルチームをブラックボックスとして扱う

　同じ場所にいるチームと同様に、チームをブラックボックスとして扱うという運営規範は、マネージャーが細かい部分にあまり首をつっこまず、方向性を定めるリーダーとして行動することを後押しする。マネージャーが管理するのはチームへのインプットとチームからのアウトプットである。チームの作業の進め方を細かく注視しないようにしよう。

---

❷ Conway, 1968
　Conway による正確な言葉は次のとおり。「システム（ここで使用している広い意味での）を設計する組織は、そうした組織のコミュニケーション構造にそっくりの設計を生み出すことを余儀なくされる。」

高い品質を維持する

　ソフトウェアを常にリリース可能に近い状態に保つというアジャイルの規範は、異なる場所にいるチームどうしが大きく乖離した状態になるのを防ぐのに役立つ。

　チームをブラックボックスとして扱うことには、ブラックボックスからのアウトプットを高品質に保つことが含まれる。コードベースの品質をリリース可能な水準に保つことは、同じ場所にいるチームでさえ苦労する規律性の高いプラクティスである。

　チームが分散していると、リリース可能な状態に収束する頻度は自然と低くなりがちである。これは間違いである。地理的に分散しているチームは知らないうちに違う方向に進んでしまう危険と隣り合わせである。つまり、リスク管理の観点からすると、収束の頻度はむしろ高くなければならない。分散チームをうまく収束させるには、それらのチームが「完成の定義」に特別な注意を払う必要がある。

　ソフトウェアをリリース可能な品質に保つために必要な作業は、地理的な分散のコストを浮き彫りにする。分散チームはリリース可能な水準への収束を頻繁に繰り返すあまり、途方もない時間を費やしているかもしれない。そうした状況に気付いたときの解決策は、収束の頻度を下げることではない。そんなことをすれば、チームがまったく収束できなくなる危険が高くなってしまう。この場合の解決策は、頻繁かつ確実な収束に必要な作業を合理化するために、プラクティスのほうを修正することである。場合によっては、収束に必要な作業を明らかにすることが、開発拠点の数を減らす決断につながることもある。

文化の違いを意識する

　一般的な文化の違いは次のようなものである。

- 単純な質問に「いいえ」と答えるなど、悪い知らせを積極的に伝える姿勢
- 権威への反応
- 個人とチームの成果に対する倫理観
- 仕事時間に対する期待値と、仕事と私生活の優先順位

　これらの点についてはすでに多くの文献が書かれている。これらの問題についての認識が不足していると感じている場合は、ぜひそれらの文献を読んでほしい。

検査と適応

地理的に分散しているチームでの開発は容易ではない。開発作業における課題は、次の点によっても違ってくる。

- 拠点の数
- 各拠点の場所
- ソフトウェアのアーキテクチャ
- 拠点間の作業の分配方法
- 各拠点のチームと個人の能力

地理的な分散をうまく機能させるには、スプリントレトロスペクティブを定期的に行って、うまくいくもの、必要以上に時間がかかっているもの、そして分散チームでの作業に関連する事柄が問題や効率の低下を招いているかどうかをざっと評価してみる必要がある。そうしたレトロスペクティブにとって文化の違いが課題になるかもしれないし、率直な議論を促すための工夫が必要になるかもしれない。

また、組織は仕組みレベルのレトロスペクティブについても支援すべきである。仕組みレベルのレトロスペクティブでは、複数拠点での開発の合理化に重点的に取り組む。チームはそうした知見をもとに、明らかとなった課題に対処するための変更を行わなければならない。そして、チームにはそうした変更を行うための権限がなければならない。チームにそうした権限がない場合、その組織は地理的に分散した開発による効果を期待できないというリスクにさらされることになる。

地理的に分散した開発の進め方に問題がある場合、メインの拠点とその他の拠点の両方でメンバーのモティベーションが低下し、モラルの低下や離職率の増加を招く可能性がある。

多くの組織は —— ひょっとしたらほとんどの組織がそうかもしれないが —— 地理的に分散したチームを発足させるきっかけとなったそもそもの目的を達成できていない。地理的に分散したチームを成功させるには多くのことを正しく行わなければならない。この期におよんで近道をするのは禁物である。

7.3 │ 基本原則：人ではなく仕組みを修正する

　地理的に分散した開発では、意思の疎通がうまくいかないことが増え、結果として間違いが増える。地理的に分散しているチームでは、同じ場所にいるチームよりも欠陥の修正に時間がかかる。というのも、欠陥の数が増えることに加えて、チーム間の距離のせいで欠陥の修正にかかる時間が長くなるからだ。エラーが増えればそれだけストレスも増え、名指しでの批判や責任転嫁が起きやすくなる。

　地理的に分散しているチームを成功させるには、間違いがあっても許されるという原則を強調することが重要となる。それらの間違いを人の問題として扱うのではなく、「仕組み（システム）」の問題として扱うのである。次のように問いかけてみよう —— 今の仕組みのどこにこのような誤りが起きる余地があるだろうか。これは一般的によいプラクティスだが、地理的に分散している環境では特に重要となる。

7.4 │ その他の検討課題

　地理的に分散しているチームの効率が低下しているのは決定を独自に下せないためである、という場合は、メインの拠点でもチームが同じような課題に直面しているかどうか調べてみよう。それらのチームも同じような効率の問題に直面している可能性が十分にある。単に、地理的に近い場所にいる人々と仕事をしていると自律性が不足していても埋め合わせるのが容易であるため、そのことに気付いていないだけかもしれない。

7.5 │ 推奨リーダーシップアクション

検査

- 分散チームのフィードバックループはどれくらいタイトだろうか。本章で確認した典型的な間違いの中に、身に覚えがあるものはないだろうか。
- 各拠点の言語、国の文化、拠点の文化の違いを確認する。そうした違いが意思の疎通をどれくらい損なうのかを評価する。
- 各チームは自律心、熟達感、目的意識を養えるような方法で構成されているだろうか。
- 同じ場所にいたときと「少なくとも同じ頻度」でリリース可能な品質水準に収束することに関して、分散チームの規律は守られているだろうか。

■ 分散チームでの検査と適応の活用を体系化し、この困難な構成でのより効果的な作業方法を学習できるようにしているだろうか。

適応

■ 必要であれば、フィードバックループをよりタイトにするために、チームとコミュニケーションパターンを再編成する。

■ 拠点間のコミュニケーションと理解を改善する計画を立てる。

■ 分散チームの自律心、熟達感、目的意識を高める計画を立てる。

■ 常にリリース可能な品質水準を保つことの重要性をチームに伝え、適切な完成の定義を徹底させる。

■ スプリントレトロスペクティブの気付きに基づいて変更を行うための権限をチームに与える。

7.6 │ 参考文献

本章の内容のほとんどは、Construx Software の直接の経験をまとめたものである。このため、追加の参考文献は次の3つである。

■ Conway, Melvin E. 1968. How do Committees Invent? *Datamation*. April 1968.
コンウェイの法則に関する原論文。

■ Hooker, John, 2003. *Working Across Cultures*. Stanford University Press.
文化をまたいで仕事することについての一般論をまとめた1冊。中国、インド、アメリカ、およびその他の国についての具体的な解説を含んでいる。

■ Stuart, Jenny, et al. "Succeeding with Geographically Distributed Scrum," Construx White Paper, March 2018.
スクラムに特化した分散チームに対する提案をまとめたホワイトペーパー。本章で説明したものと同じ経験の多くが盛り込まれている。

第 **8** 章

より効果的なアジャイル：個人および対話

アジャイルマニフェストでは、アジャイルがプロセスやツールよりも個人と対話に価値を置いていることを宣言している。しかし、アジャイルがこれまで広く注視してきたのは個人よりもプロセスのほうであり、個人に関する視点は、特定の構造化されたコラボレーションを取り巻く対話に限定されていた。

「成長マインドセットを培う」という原則は、全体的な学習傾向を後押しするが、その傾向が一般的な向上心にとどまるとしたら、学習はその場しのぎのものとなり、大きく実を結ぶことはないだろう。チームはプロジェクトを終了するたびにプロジェクトの開始時よりも有能になっているべきである、という考えに賛成なら、そうした学習のための時間を設ける必要があり、そのための計画が必要だ。

本章では、技術職に対する体系的なアプローチを紹介し、技術職にとって最も重要であるか、技術職にとって最も不足しがちな学習領域を取り上げる。本章では広く浅くというスタイルを取っているため、章末の「参考文献」で追加の参考資料を幅広く紹介したい。

8.1 │ 個人重視のポテンシャル

個人の効果性をとことん追求することは、組織の効果性を高めることを目的としたあらゆる計画の礎となるべきである。数十年にわたる調査では、経験レベルが似ていても

個人間の生産性に少なくとも10倍の開きがあることがわかっている [1]。また、同じ業界内であってもチーム間の生産性に10倍あるいはそれ以上の開きがあることもわかっている [2]。

　個人的な効果性の差は、ある程度はおそらく先天的なものであり、ある程度は後天的なものである。Netflix のクラウドアーキテクトだったエイドリアン・コックロフトは、すばらしい人材をどこで集めたのかと聞かれたときに、そのフォーチュン500社のリーダーにこう答えている。「あなたたちのところから雇ったのですよ！」[3]　もちろん、ここで言いたいのは、優秀な人が一夜にして優秀になるわけではない、ということである。優秀になるにはそれなりに時間がかかる。つまり、効果的でありたいと考える組織には、メンバーの育成を支援するチャンスがある。最近では、次のようなインターネットミームもあった。

> CFO：メンバーに投資して、彼らが辞めてしまったらどうするんだ。
>
> CEO：メンバーに投資せずにいて、彼らがいつまでも辞めなかったらどうするんだ。

　メンバーの育成を支援することには、さまざまな相乗効果がある。メンバーの育成を支援する理由として真っ先に挙げられるのは、組織に貢献するメンバーの能力が向上することである。また、プロジェクトレベルでの「検査と適応による成長マインドセット」と、プロフェッショナルデベロップメントレベルでの個人的な「成長マインドセット」の間にも相乗効果がある。さらに、メンバーの育成を支援することは「熟達」の原動力となる。

　フォースグレン、ハンブル、キムによるハイパフォーマンスな技術組織に関する広範な調査には、次のような報告が含まれている。

> 「目まぐるしく変化する今日の競争社会において、プロダクト、企業、従業員に対してできる最善のことは、実験と学習の文化を育み、それを可能にする技術力とマネジメント力に投資することである。」[4]

[1] McConnell, 2011
[2] McConnell, 2019
[3] Forsgren, 2018
[4] Forsgren, 2018

　フォースグレン、ハンブル、キムは、ソフトウェアデリバリーのパフォーマンスとの相関が高い 3 つの要因の 1 つが学習の環境であったことも報告している。

　新たな知識の獲得と既存の知識の応用との間に緊張関係が存在する組織もある。よくあるパターンは、メンバーが学習の機会をとことん追求するために新しい分野への進出を望んでいるのに対し、組織はすでに獲得している専門知識を活かすために現在の分野にとどまることを望んでいる、というものである。新しい分野への移行は非常に難しいため、最も意欲的なメンバーはプロフェッショナルデベロップメントを追求するために他の企業に移る。

　個人の能力を伸ばしたいと考えている組織は、そのための明確なガイドラインを提供するだろう。たとえば、ジュニアエンジニアからシニアエンジニアに昇格する方法、開発からマネジメントへ異動する方法、技術リーダーからアーキテクトになる方法などに関するガイドラインが提供される。

8.2 ｜ 基本原則：個人のキャパシティを向上させることでチームのキャパシティを向上させる

　ほとんどのソフトウェア専門職のキャリアはピンボールのように転がっていくものとして説明できる。開発者はプロジェクトごとにさまざまなテクノロジや開発手法の間をバウンドしながら転がっていく。プロとしての経験はどのようなものでも貴重だが、このパターンは、凝集性のある専門知識や能力を体系的に築いていくための取り組みというよりも、その場その場のとりとめのない経験を寄せ集めるための処方箋にすぎない。

役割の密度を上げる

　機能横断的なアジャイルチームは、それぞれの専門分野に精通していて、必要とあらば他の分野に手を広げることもいとわない技術職の存在にかかっている。**役割の密度**とは、1 人で担うことができる役割の数のことである。次ページの図は、役割の密度の違いを比較したものだ。

　メンバーの離職率が高いのはどちらのチームだろうか。仕事の割り当て方により柔軟性があるのはどちらのチームだろうか。より適応性が高いのはどちらのチームだろうか。

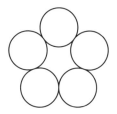

それぞれの専門分野の訓練しか
受けていない専門家
（役割の密度が低い）

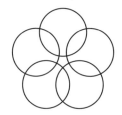

専門分野の枠を超えて訓練を
積んでいる専門家
（役割の密度が高い）

○ ロールカバレッジ

　より効果的でありたいと考えるソフトウェア組織は、ソフトウェア専門職のプロフェッショナルデベロップメント経験を**何かに結実させる**という方法で彼らを支援するだろう。メンバーはそのようにして熟達度をさらに向上させることができる。

3 種類の専門的な能力を開発する

　技術的な組織は、ソフトウェア専門職にとって最も重要な種類の知識として技術的な知識に固執する傾向にあるが、これは短絡的な考えである。非常に有能なソフトウェア専門職は次の3種類の知識に精通しているものだ。

- **テクノロジに関する知識**
  プログラミング言語やプログラミングツールといった特定のテクノロジに関する知識

- **ソフトウェア開発プラクティス**
  設計、コーディング、テスト、要求、マネジメントといった分野のプラクティスに関する知識

- **専門分野に関する知識**
  特定のビジネスまたは科学分野の専門知識

　技術職には、程度の差はあれ、こうした種類の知識が必要である。ソフトウェア開発者にはテクノロジとソフトウェア開発プラクティスに関する深い知識が必要であり、ビジネスや科学の分野の知識はそれほど重要ではない。プロダクトオーナーには専門分野に関する深い知識が必要であり、テクノロジやソフトウェア開発プラクティスの知識はそれほど重要ではない。具体的な知識は役割ごとに定義できる。

PDL を使ってキャリアパス制度を導入する

　20年前、Construx Software と筆者はあることに気付いた。それは、ソフトウェア専門職のキャリアパスがきちんと定義されておらず、キャリアアップが十分に支援されているとは言えないことだった。そこで、全体的な方向性を明らかにし、ソフトウェア専門職のプロフェッショナルデベロップメントのきめ細かなサポートを提供するために、詳細な PDL（Professional Development Ladder）を開発した。それ以来、私たちは PDL のメンテナンス、更新、進化に取り組んでおり、ソフトウェア専門職やその組織がキャリアパスの形成に利用できるようにその内容の多くを公開している。

　Construx Software の PDL は、さまざまなソフトウェア専門職の長期的なキャリアパスの形成を支援する。対象となるソフトウェア専門職には、開発者、テスト技術者、スクラムマスター、プロダクトオーナー、アーキテクト、ビジネスアナリスト、テクニカルマネージャーなど、ソフトウェア関連の一般的な職務が含まれる。この PDL により、方向性と構造が提供されるだけでなく、個人の関心に基づいてそれぞれのキャリアパスを決定できるようになる。

　この PDL は次の4つの基本要素で構成されている。

- 標準に基づくソフトウェア開発の知識領域（要求、設計、テスト、品質、マネジメントなど）
- 明確に定義された能力レベル（入門者：Introductory、有能者：Competence、指導者：Leadership）
- 各知識領域の能力を獲得するために必要なプロフェッショナルデベロップメント活動（文献、トレーニング、実務経験）
- 上記の知識領域、能力レベル、プロフェッショナルデベロップメント活動によって形成される役割ごとのキャリアパス

　Construx Software の PDL の中心には、11列3行の PDM（Professional Development Matrix）がある ❺。この PDM は11の知識領域と3つの能力レベルの組み合わせで構成されている（次ページの図8-1）。

---

❺ McConnell, 2018

能力レベル	知識領域										
	構成管理	構築	設計	基礎	保守	マネジメント	モデルおよび手法	プロセス	品質	要求	テスト
入門者	●	●	●	●	●	●	●	●	●	●	●
有能者	●	●	●								●
指導者		●									

▲図8-1：11行3列のPDM

　図8-1の例では、黒丸を含んでいるボックスはシニア開発者を務める人に対してPDLが推奨するケイパビリティを表している。シニア開発者は、構築では指導者の能力を獲得する必要があり、構成管理、設計、テストでは有能者の能力を獲得する必要がある。PDLには、PDMの黒丸ごとに、そのレベルの能力を獲得するのに必要な文献、トレーニング、実務経験からなる具体的なリストが含まれている。

　PDMは、見た目こそ単純だが、驚くほど効果的である。キャリアゴールはボックスにチェックを付けることで定義できる。色の付いたボックスでキャリアパスをグラフ化すると、進捗が明らかになる。プロフェッショナルデベロップメント活動は、PDMにおいてそれらの活動が支援するセルに基づいて定義できる。

　標準に基づく11の知識領域と3つの能力レベルの組み合わせで構成されたPDMはキャリア開発のフレームワークを提供する。このフレームワークは高度に構造化されており、柔軟性とカスタマイズ性に優れている。最も重要なのは、熟達度を着実に向上させるための明確なキャリアパスを各ソフトウェア専門職に示すことである。

　プロフェッショナルデベロップメントを行う状況、プロフェッショナルデベロップメントを支援するためのアドバイス、実装にあたっての質問を含め、PDLの詳細については『Career Pathing for Software Professionals』というホワイトペーパー❻を参照してほしい。

❻ McConnell, 2018

8.3 | より効果的な対話（チーム）

　個人のソフトウェア開発の能力が向上すれば、どのようなチームも改善に向かうはず
だが、多くのチームは対話がうまくいかないために悪戦苦闘している。アジャイル開発
では対面でのコラボレーションが求められるため、摩擦の少ない対話がシーケンシャル
開発のときよりもさらに重要となる。ここでは、20 年以上にわたって多くの企業のリー
ダーと仕事をしてきた中で、アジャイルチームのメンバーにとって最も役立つと筆者が
確信している対話のソフトスキルをまとめてみたいと思う。

▐ EQ

　2 人の開発者が技術上の些細なことでメールで口論になっているのを見たことがあ
るだろうか。見たことがあるとしたら、それはソフトウェアチームの EQ（感情知性、
Emotional Intelligence）を向上させる必要があるという証拠である。

　EQ の価値については、リーダー向けにさまざまな文献が書かれている。ダニエル・ゴー
ルマンの Harvard Business Review での記事によれば、スターパフォーマーと平均的
なパフォーマーの違いの 90% は EQ に起因する可能性がある [7]。500 人の経営者を対象
とした調査では、就職の成功を予測する判断材料として知性や経験よりも EQ がはるか
に重要であることがわかっている [8]。

　自分の感情の状態と他者の感情の状態によく注意し、感情をうまくコントロールし、
他者との良好な関係を築くことは、技術職メンバーにとってプラスに働く可能性がある。

　この分野では、イェール大学の Yale Center for Emotional Intelligence の RULER
モデルが参考になる [9]。RULER は以下の略である。

- **R**ecognizing：自身と他者の感情を認識する
- **U**nderstanding：感情の原因と結果を理解する
- **L**abeling：感情を正確に表す言葉を選ぶ
- **E**xpressing：感情を適切に表現する
- **R**egulating：感情を効果的にコントロールする

　RULER モデルはもともと思春期の子供に対応するために開発されたもので、その後、
大人（特にグループで作業する大人）に用いるために改良された。

---

[7] Goleman, 2004
[8] Cherniss, 1999
[9] Yale, 2019

■ さまざまなタイプの人とのコミュニケーション

　営業職は、感情の伝え方が人によって異なることを直観的に理解しており、それに合わせてコミュニケーションの取り方を調整する。技術職が相手に合わせてコミュニケーションスタイルを調整するには、明確な指導や励ましがしばしば必要になる。

　性格タイプを学ぶことは、意思決定において重視される要因（データ、人々の気持ちなど）が人によって異なることを技術職が理解する上で参考になる。意思表示の仕方は人それぞれであり、ストレスにさらされた状態での反応の仕方も人それぞれである。それぞれの性格タイプに名前を付け、それらの性格タイプが他の人にどのように当てはまるのかを確認し、自分にも当てはめてみることは、技術職にとって目から鱗の体験になることも少なくない。

　ソーシャルスタイルモデルは性格タイプを理解するための直観的なツールであると筆者は考えている❿。ソーシャルスタイルは目に見える振る舞いに基づいている。つまり、相手の検査結果を知らなくても、その相手との付き合い方を理解できる。DISC、MBTI、カラーコードも同じように役立つ。

　ソーシャルスタイルの違いを正しく理解することの価値は、何と言っても、性格タイプの異なるメンバー間のやり取りが改善することにある。図8-2に示すように、ソーシャルスタイルモデルでは、技術職はアナリティカル、営業職はエクスプレッシブ、経営陣はドライバーに分類される傾向にある（これらはもちろん一般論であり、さまざまな例外がある）。

　ソーシャルスタイルを学べば、技術職が営業職とより効果的にコミュニケーションを取れるようになり、上司によい印象を与えられるようになる。また、さまざまな性格タイプで構成されるチーム内のコミュニケーションの改善にも役立つことが考えられる。技術職の中には、相手に合わせてコミュニケーションの取り方を変えることを不誠実と捉える人もいるが、そのように考えるのは自分のキャリアに自分で足かせをはめるようなものである。コミュニケーションの取り方を覚えることはとても勉強になるし、そうした足かせを外すのに役立つ可能性がある。

❿ Mulqueen, 2014

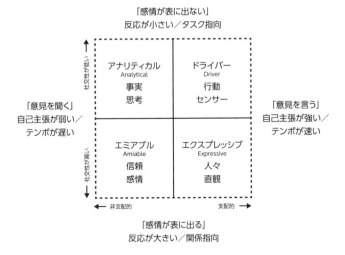

▲図8-2：ソーシャルスタイルモデルのオーバービュー

　こうしたよく知られているモデルの科学的妥当性は疑問視されている。最も科学的なアプローチに関心がある場合は、ビッグファイブ（Big Five Personality Traits/OCEAN）モデルを調べてみるとよいだろう。実践的な見地から言えば、筆者は「すべてのモデルは間違っているが、役立つモデルもある」という考え方に同意する。そして、ソーシャルスタイルモデルは特に役立つと感じている。

■ クルーシャルカンバセーション

　構造化されたアプローチは、タスクをどのように実行すればよいかが直観的にわからない人々にとって大きな支えになることがある。クルーシャルカンバセーションは難しい話し合いに対するアプローチであり、次の状況で適用される効果的なモデルである[11]。

- リスクが高い
- 意見がばらばら
- ひどく感情的になる

　技術的な状況では、パフォーマンスの問題についてメンバーと向き合わなければならないときや、設計上のアプローチを決定するとき、そしてステークホルダーに悪い知らせを伝えるときなどにクルーシャルカンバセーションが発生することがある。

---

[11] Patterson, 2002

■ 経営陣とのコミュニケーション

　さまざまな性格タイプを理解することは、コミュニケーション全般の改善、特に経営陣とのより円滑なコミュニケーションにとって有益な土台となる。

　本書の原稿をレビューしてくれた人の1人は次のように書いていた。「あなたの頭の中にはあなたの問題しかなく、あなたにはその問題を解決するための時間がたっぷりある。あなたの上司はというと、都合できる時間は7分だけで、ワーキングメモリには3つの項目に対処する分しか空きがない。」

　経営陣の性格タイプを（ソーシャルスタイルモデルに従って）識別し、経営陣の意思決定スタイルを理解し、ストレスにさらされている経営陣の反応を予測する ── これらはどれも技術職がコミュニケーションを成功させる心構えをする上で役立つ可能性がある。

■ チームがたどる4つの成長段階

　グループの成長に関するタックマンモデルは、マネジメントの世界では定番とも言える。ソフトウェア開発はチームで行われることが多く、多くの組織ではチームが頻繁に変化するため、チームメンバーがタックマンの4つのフェーズを理解しておくと効果的である。タックマンの4つのフェーズは、形成期、混乱期、統一期、機能期である（図8-3）。

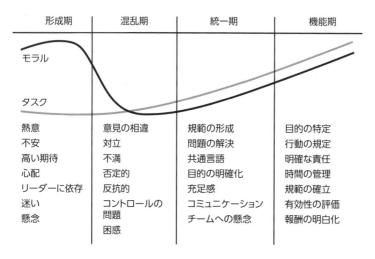

▲図8-3：タックマンモデルにおいてチームがたどる4つの成長段階

　形成期または混乱期にあるチームは、チームが経験している状況が普通のことだとわかると安心する、ということがわかっている。さらに、そうした認識は統一期や機能期への速やかな移行を促す。

　このように進行するのはいたって正常なことで、予測されるものである、ということをリーダーが理解しておく必要もある。また、チームの解散と再招集のコストの1つとして、チームが各段階を経て再び機能期を迎えるまでにかかる時間も考慮に入れておくべきだろう。

■ 合理的な意思決定モデル

　ソフトウェアチームはさまざまな決定を下す必要がある。要求の優先順位、設計手法、作業の割り当て、プロセスの変更など、例を挙げればきりがない。このため、チームの視点に立った意思決定モデルを知っておくと役立つだろう。サムズアップ投票、フィストトゥファイブ、ドット投票、決定権者による意思決定など、筆者はこれまで合理的な意思決定プラクティスをうまく利用してきた。

■ 効果的なミーティングを実施する

　スクラムの標準的なミーティングはうまく構成されている。ミーティングの役割、目的、基本的な議題はすべてスクラムによって定義されており、ミーティングが順調に進行し、時間が有効に活用されるようになっている。

　多くの組織では、他の種類のミーティングによって時間が浪費されている。一般的なミーティングについては、ミーティングを効果的に行うためのガイドラインを設けておくとよいだろう。このガイドラインには、最低でも、標準的なアドバイスが含まれていなければならない。つまり、次の事柄などが盛り込まれている必要がある。

- ミーティングの目的を明確にする。
- そのミーティングで決定されることやそのミーティングの成果に関する期待値を明確に定義する。
- ミーティングを（長すぎるくらいなら）短すぎるくらいにスケジュールする。
- ミーティングの目的を達成するのに必要な人だけを招集する。
- 目的が達成されたらすぐにミーティングを終了する

この分野については、『How to Make Meetings Work!』[12] が参考になるだろう。

---

[12] Doyle, 1993

■▌ ウィンウィン（Win-Win）な対話観

他者の成功をどのように手助けすればよいかについて考えるという発想の転換は、チーム内に道徳的な力を育むのに役立つ。Rotary Internationalの「4つのテスト（Four-Way Test）」は、筆者が知る中で最良のモデルである[13]。

- ■ それは事実か
- ■ それはみんなにとって公平か
- ■ それは好意と友情を深めるか
- ■ それはみんなのためになるか

4つのテストにパスする決定や対話はどれもチーム全体の強化につながる可能性がある。

■▌ 個人的な対話のスキル

個人的な対話のスキルを定期的に確認することは、誰にとってもメリットがある。デール・カーネギーが効果的な対話に関する調査を行ったのは100年近く前のことだが、その手引書である『How to Win Friends and Influence People』は変わらぬ価値を保ち続けている[14]。

8.4 ｜ 推奨リーダーシップアクション

検査

- ■ 個人の能力を最大化するための組織のアプローチについてじっくり検討する。そのアプローチには採用後の継続的な人材育成が含まれているだろうか。
- ■ 組織がプロフェッショナルデベロップメントのために設けている時間を確認する。与えられた時間からすると、現実的にどれだけのプロフェッショナルデベロップメントが可能だろうか。
- ■ メンバーにヒアリングする。プロフェッショナルデベロップメントの機会が明確に定義されていることは彼らにとってどれくらい重要だろうか。現在組織が提供している支援に彼らはどれくらい満足しているだろうか。

---

[13] Rotary International

[14] Carnegie, 1936

- 組織内での非技術的な対話を確認する。メンバーが実施するミーティング、共同作業、経営陣とのコミュニケーション、その他のソフトスキルはどれくらいうまく機能しているだろうか。
- チーム内で目にする技術的またはそれ以外の衝突についてじっくり検討する。メンバーのEQに点数を付けるとしたら何点になるだろうか。

適応

- プロフェッショナルデベロップメントの時間を定期的に設けるための計画を立てる。
- ConstruxのPDL（またはその他のアプローチ）を使って、メンバーごとに意味のあるプロフェッショナルデベロップメントプログラムを定義する。
- チームメンバーの対人スキルを向上させる計画を立てる。この計画には、性格タイプについて学習する、組織全体のコミュニケーションを促進する、対立を解消する、ウィンウィンの成果を出すことが含まれる。

8.5 ｜ 参考文献

- Carnegie, Dale. 1936. *How to Win Friends and Influence People.*
  この本を読んだのは数年前である、という場合は、必ずもう一度読んでほしい。これだけの月日が経ってもそれらの教訓が今でも通用することに驚くだろう。

- Doyle, Michael and David Strauss. 1993. *How to Make Meetings Work!*
  ミーティングをうまく実施する方法について説明する傑作。

- Fisher, Roger and William Ury. 2011. *Getting to Yes: Negotiating Agreement Without Giving In, 3rd Ed.*
  ウィンウィンの成果を達成することに関する傑作。名目上は交渉術に関する本だが、実際にはグループの問題を解決することに関する本である。

- Goleman, Daniel, 2005. *Emotional Intelligence, 10th Anniversary Edition.*
  EQがIQと同じくらい重要であることを初めて説いた本。

- Lencioni, Patrick. 2002. *The Five Dysfunctions of a Team.*
  混迷するチームの始まりから終わりまでを追跡した物語と、健全なチームを作成して維持するためのモデルで構成される短いビジネス書。

- Lipmanowicz, Henri and Keith McCandless. 2013. *The Surprising Power of Liberating Structures.*
  グループの対話の仕方に対するさまざまなパターン、すなわち「解放の構造」について説明する革新的な1冊。

- McConnell, Steve and Jenny Stuart. 2018. *Career Pathing for Software Professionals.*
Construx の PDL（Professional Development Ladder）の背景と構造について説明するホワイトペーパー。実装に関する付属資料では、アーキテクト、QA マネージャー、プロダクトオーナー、品質マネージャー、テクニカルマネージャーへのキャリアパスについて説明している。

- Patterson, Kerry, et al. 2002. *Crucial Conversations: Tools for talking when the stakes are high.*
誰もがクルーシャルカンバセーションのスキルを身につけていれば、世界がもっとよい場所になることを強く訴えかける、非常におもしろい本。

- Rotary International, 2019. *The Four-Way Test.*
オンラインで検索すると 4 つのテスト（Four-Way Test）の歴史や現代の活用例についてのさまざまな説明が見つかる。Wikipedia の記事もよくまとまっている。

- TRACOM Group, 2019.
TRACOM の Web サイトには、ソーシャルスタイル（Social Style、Style に's' がない）モデルに関するさまざまな資料が掲載されている。これには、ソーシャルスタイルモデルの概要、ソーシャルスタイルモデルの有効性に関する報告、Myers-Briggs などのよく知られている他のモデルとの比較が含まれている。

- Wilson Learning, 2019.
Wilson Learnings の Web サイトには、主に営業活動に応用する方法を含め、ソーシャルスタイル（Social Styles、Style に's' が付いている）モデルに関する記事が掲載されている。ざっくり言えば、TRACOM の Social Style モデルと Wilson の Social Styles モデルは実際には同じである。

- Yale Center for Emotional Intelligence. 2019. *The RULER Model. 2019.*
RULER モデルとその応用について説明しており、教育の場でのモデルの使用に重点が置かれている。

Part3

より効果的な作業

Part 3では、アジャイルプロジェクトにおいて作業がどのように行われるのかを詳しく見ていく。作業を組織化する方法と、大規模なプロジェクトでの作業の進め方に関する問題を取り上げる。続いて、品質管理、テスト、要求、デリバリーを含め、具体的な作業についても説明する。

　作業の詳細よりもトップレベルのリーダーシップに関心がある場合は、「Part 4　より効果的な組織」に進んでほしい。組織として大規模なプロジェクトで苦戦している場合は、Part 4に進む前に「第10章　より効果的なアジャイル：大規模なプロジェクト」を読むことを検討しよう。

第**9**章

より効果的なアジャイル：プロジェクト

　前章では、アジャイル開発において人々をどのように組織化し、どのように支援すればよいかについて説明した。本章では、アジャイルでの開発作業をどのように組織化し、どのように支援すればよいかについて説明する。

　ほとんどのソフトウェア開発作業は「プロジェクト」にまとめられる。組織はプロジェクトを説明するために、「プロダクト」、「プログラム」、「リリース」、「リリースサイクル」、「フィーチャー」、「バリューストリーム」、「ワークストリーム」などの用語やフレーズを使用する。

　用語は組織ごとに大きく異なる。「リリース」を「プロジェクト」に代わる現代の用語と考えている組織もあれば、「リリース」とはシーケンシャル開発のことであるとして、この用語を使用しないようにしている組織もある。ある組織では、「フィーチャー」を期間が1～2年の3～9人でのイニシアティブ[1]として定義している。本章では、これらの作業をすべて「プロジェクト」と呼ぶことにする。つまり、プロジェクトとは、複数の人々が協力しながら長期間にわたって成果物に取り組むことを指す。

9.1 ｜ 基本原則：プロジェクトを小さく保つ

　この20年間を振り返ってみて、最も話題となったアジャイルの成功例は、アジャイルを小規模なプロジェクトで実践するものだった。アジャイル開発の初期の10年間は、プロジェクトを小さく保つことが強く打ち出されており、チームを5～10人で構成するこ

---

[1] イニシアティブについては、13.5節を参照。

とが重視されていた（3〜9人の開発チームメンバーと、プロダクトオーナー、スクラム
マスターなど）。小さなプロジェクトにこだわることが重要とされていたのは、小さなプ
ロジェクトのほうが大きなプロジェクトよりもうまく完了させるのがずっと簡単だからで
ある（図9-1）。

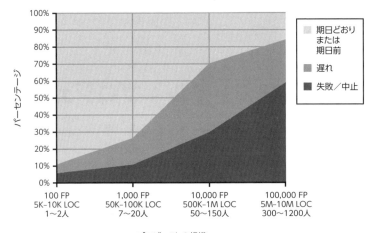

プロジェクトの規模

▲図9-1：プロジェクトの規模が大きくなるに従い、期限までに予算内でデリバリーする確率が低
　下し、失敗するリスクが高くなっていく❷。「FP」はファンクションポイント、「KLOC」はコー
　ドの行数（千単位）を表す。ファンクションポイント、コードの行数、チームサイズの比較は概
　算による

　ケイパース・ジョーンズは、小規模なプロジェクトが大規模なプロジェクトよりも
成功しやすいことを20年以上にわたって報告し続けている❸。拙著では、プロジェク
トの規模の効果に関する調査結果を『Code Complete, 2nd Edition』❹と『Software
Estimation: Demystifying the Black Art』❺にまとめてある。

　小規模なプロジェクトの成功には、たいてい多くの理由がある。より大きなプロジェ
クトにはより多くの人が関与するため、チーム内やチーム間での人々のやり取りが非線
形的に増えることになる。対話の複雑さが増していけば、それだけコミュニケーション
の行き違いも増える。コミュニケーションの行き違いは、要求、設計、コーディングの
誤りにつながる。とにかく、ミスにつながるのである。

❷ Jones, 2012

❸ Jones, 1991; Jones, 2012

❹ McConnell, 2004

❺ McConnell, 2006

　さらに、プロジェクトの規模が大きくなればなるほど、エラー率も高くなっていく（図9-2）。これは単にエラーの総数が増えるということではない。プロジェクトが大きくなればなるほど、エラーの数が不釣り合いに増えていくのである。

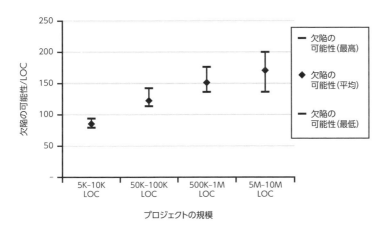

▲図9-2：プロジェクトの規模が大きくになるに従い、エラー率（欠陥の可能性）が高くなる❻

　エラーの割合とエラーの総数が上昇すると、欠陥を検出する戦略の有効性は**低下**する。つまり、ソフトウェアの中に潜んだままになっている欠陥の数が不釣り合いに増えていく。
　また、エラーを修正するのに必要な作業量も増えていく。結論として、次ページの図9-3に示すように、1人あたりの生産性が最も高いのは小規模なプロジェクトであり、生産性はプロジェクトの規模が大きくになるに従って低下していく。これを**規模の不経済**と言う。
　規模と生産性の逆相関は40年以上にわたって幅広く研究され、実証されてきた。フレデリック・ブルックスは『The Mythical Man-Month』❼の初版でソフトウェアの規模の不経済を取り上げている。ソフトウェア開発の見積もりに関するラリー・パトナムの調査では、ブルックスの見解が正しいことが立証されている❽。見積もりモデルの1つであるCOCOMO（COnstructive COst MOdel）では、1970年代の終わりに実施されたCOCOMOの最初の調査と、1990年代の終わりに実施されたより厳格な最新の調査において、規模の不経済が実験的に裏付けられている❾。

---

❻ Jones, 2012

❼ Brooks, 1975

❽ Putnam, 1992

❾ Boehm, 1981; Boehm, 2000

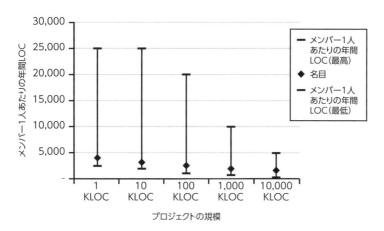

▲図9-3：プロジェクトの規模が大きくなるほど1人あたりの生産性が低下する[⑩]

　要するに、アジャイルプロジェクトの成功の可能性を最大限に高めるには、**プロジェクト（およびチーム）をできるだけ小さく保つこと**が肝心である。

　もちろん、すべてのプロジェクトを小さくするのは無理な話である。大きなプロジェクトをどのようにして小さなプロジェクトのようにするのかに関する提案を含め、大規模なプロジェクトに対するアプローチについては、「第10章　より効果的なアジャイル：大規模なプロジェクト」で説明している。

9.2 │ 基本原則：スプリントを短く保つ

　プロジェクトを小さく保とうとすれば、必然的に、スプリントを短く保つことになる。プロジェクト自体を小さく保てばそれで十分なのでは、と考える人もいるだろう。しかし、後ほど説明するように、1～3週間の短いスプリントは、さまざまな形でプロジェクトの成功を後押しする。

■ 短いスプリントは途中で追加される要求を減らし、新しい要求に対する応答性を高める

　スクラムでは、スプリントとスプリントの間で新しい要求を追加することが許可される。ただし、スプリントが一度開始されたら、要求の追加は次のスプリントまで不可能となる。スプリントの長さが1～3週間足らずであれば、要求を追加できなくても問題はない。

[⑩] McConnell, 2006

これに対し、開発サイクルがそれよりも長い場合は、要求の追加に対する圧力が高まり、ステークホルダーに要求の依頼を次のサイクルまで待ってもらうことの妥当性が問われることになる。シーケンシャル開発のサイクルが6か月間である場合、ステークホルダーに新しい要求の実装を次のサイクルまで待ってもらうことは何を意味するだろうか。次のサイクルが始まるまでその要求を保留にし、そのタイミングで要求を追加した後、そのサイクルの終わりにデリバリーするまで待ってもらうことになる。その期間は平均で1.5サイクル —— つまり、9か月である。

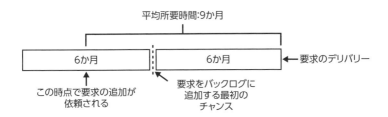

対照的に、スクラムの一般的なスプリントの長さは2週間であるため、新しい要求を追加したいと考えているステークホルダーは平均で3週間待つだけである。

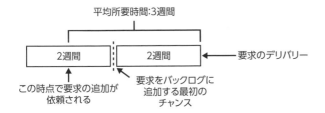

ステークホルダーに新しい要求をデリバリーするまで9か月待ってくれと頼むのはたいてい無茶な話である。3週間ならほぼ待ってもらえるだろう。つまり、スクラムチームはスプリントの途中で新しい要求が追加される心配をせずに作業に取り組むことができる。

■ 短いスプリントでは顧客やステークホルダーへの対応がより機敏になる

各スプリントでは、実際に動くソフトウェアをデモし、要求を検証し、ステークホルダーのフィードバックを取り込む新たな機会を得る。一般的な2週間のスプリントでは、チームは機敏に対応する機会を年間で26回も得ることになる。3か月の開発サイクルでは、その機会は4回しかない。15年前は、3か月のスケジュールは短期プロジェクトと見な

されていた。現在では、そのスケジュールはステークホルダー、顧客、市場に機敏に対応する機会を逃すことを意味する。

▮▮ 短いスプリントはステークホルダーとの間に信頼を築く

チームの進捗がより頻繁に示されれば、それだけ透明性が増すことになる。ステークホルダーに対して進捗が順調であるというエビデンスが示されれば、ステークホルダーと技術チーム間の信頼が高まる。

▮▮ 短いスプリントは頻繁な検査と適応のサイクルを作り、迅速な改善を後押しする

サイクルの繰り返しが頻繁であればあるほど、チームがその経験を振り返り、経験から学び、学んだことを作業プラクティスに取り入れる機会が増えていく。顧客への機敏な対応に関する頻度の論理は、この領域にも当てはまる。チームに検査と適応（および改善）の機会を年に26回与えるのと4回しか与えないのとでは、どちらがよいだろうか。短いスプリントはチームの改善のペースを速めるのに役立つ。

▮▮ 短いスプリントは実験を短期化する

Cynefinの複雑系では、作業の全容を理解するために問題を調査しなければならない。こうした調査は、「特定の質問への答えをできるだけ少ない量の作業で見つけ出す」ものとして定義すべきである。残念ながら、「作業量は与えられた時間をすべて使い切るまで膨張する」というパーキンソンの法則が実情を物語っている。チームの自制心が異常に高いというならともかく、質問に答えるための猶予が1か月であるとしたら、実際にはまるまるひと月かかるだろう。しかし、期限が2週間と区切られていれば、たいてい2週間で終わるものだ。

▮▮ 短いスプリントはコストとスケジュールのリスクを顕在化する

短いスプリントでは、進捗を確認する機会も頻繁になる。新しいイニシアティブを開始するときには、作業を開始してからほんの数スプリントでチームのベロシティ、または進行のペースが明らかになるだろう。進捗を観察すれば、リリース全体の所要時間を簡単に予測できるようになる。当初の計画よりも作業に時間がかかるとしたら、ほんの数週間後にはそのことが明らかになるはずだ。ここまでの予測が可能になるのも、スプリントの期間が短いおかげである。この点については、「第20章　より効果的なアジャイル：予測可能性」でさらに詳しく説明する。

■ 短いスプリントではチームの説明責任がより明確になる

動くソフトウェアを 2 週間おきにデリバリーする責任がチームにあるとしたら、延々と「雲隠れ」するチャンスはない。チームはスプリントレビューミーティングで作業の結果を披露し、2 週間おきにステークホルダーの前でデモを行う。プロダクトオーナーにはもっと頻繁に確認してもらうことになる。作業の結果をプロダクトオーナーが受け入れるにせよ受け入れないにせよ、進捗を確認するのは簡単であり、チームは作業の結果により責任を持つようになる。

■ 短いスプリントでは個人の説明責任がより明確になる

何世代にもわたり、ソフトウェアチームは「プリマドンナ」開発者に悩まされてきた。プリマドンナ開発者とは、進捗の気配がないまま何か月も暗い部屋にこもって作業する気難しい開発者のことである。スクラムには、もうこのような問題はない。スプリントゴールに向かって前進するチームの同調圧力に加えて、毎日スタンドアップミーティングで「昨日は何を達成したか」を説明しなければならないため、そのような振る舞いは認められないからだ。開発者は協力的な姿勢を見せ始めるか、圧力に耐えきれずにチームを去るかのどちらかになる。どちらになるにせよ、問題は解決とあいなる。筆者の経験では、どちらに転んでも、数週間あるいは数か月もの間、何の責任も取らせずに誰かに作業をさせ、結局何も進んでいなかったことが判明するよりはましである。

■ 短いスプリントは自動化を促進する

短いスプリントでは、チームが頻繁に集合するため、本来なら繰り返しが多く時間がかかるタスクの自動化が促進される。一般的には、ビルド、統合、テスト、静的コード解析などが自動化の対象となる。

■ 短いスプリントでは達成感が頻繁に得られる

動くソフトウェアを 2 週間おきにデリバリーするチームは、達成感を頻繁に味わい、その達成を称える機会に繰り返し恵まれる。このことは熟達感につながり、モティベーションを向上させる。

短いスプリント：まとめ

短いスプリントの全体的な価値は、「デリバリーの広さはいかなる点においてもデリバリーのスピードにはかなわない」と要約できる。少量の機能を軽快なテンポでデリバリーすることには、大量の機能を重々しいテンポでデリバリーすることに比べて、さまざま

な利点がある。

9.3 | ベロシティベースのプランニング

ストーリーポイントは作業アイテムのサイズと複雑さを計測する手段である。**ベロシティ**は進捗の目安となる指標であり、ストーリーポイントで設定された作業が完了するペースに基づいている。**ベロシティベースのプランニング**は、ストーリーポイントとベロシティに基づいて作業計画を立て（プランニング）、追跡すること（トラッキング）を意味する。

ベロシティベースのプランニングとトラッキングは、スクラムの教科書にはないものだが、筆者の経験では、スクラムにあって当然のものだ。ストーリーポイントとベロシティは次の方法で活用すべきである。

プロダクトバックログのサイジング

ストーリーポイントによる見積もりは、プロダクトバックログのサイズを決定するために用いられる。プロダクトバックログのアイテムのサイズをストーリーポイントで見積もり、バックログ全体のサイズについてはそれらのストーリーポイントを合計する。この作業は、リリースサイクルの早い段階で、バックログに作業を追加したりバックログから作業を削除したりするときに行われる。この作業をどの程度まで行うかは、チームの予測可能性に対するニーズによる。この点については、第20章で説明する。

ベロシティの算出

チームが各スプリントで取り組む作業の量は、ストーリーポイントを使って数える。各スプリントでチームがデリバリーできるストーリーポイントの数が、そのチームのベロシティになる。ベロシティはスプリントごとに計算され、平均ベロシティも計算される。

スプリントプランニング

チームは1スプリントで設定できる作業量を見積もるための基準としてストーリーポイントを用いる。ストーリーポイントの数は実際に観測されたベロシティに基づいて決定する。

チームの1スプリントあたりのストーリーポイントが平均すると20で、40ストーリーポイントを完了するスプリントゴールが提案されている場合、チームはその計画を縮小

すべきである。チームメンバーの1人が休暇を取ったり、複数のチームメンバーが研修に参加したりする場合、そのスプリントでチームが設定すべきストーリーポイントは平均よりも少なくなるはずである。残業や休日出勤の末に20ストーリーポイントという平均値を達成していて、このペースを維持するのが不可能である場合、チームはストーリーポイントを減らす計画を立てるべきである。チームがスプリントゴールを楽々と達成している場合は、ベロシティの平均値（平均ベロシティ）よりも高いストーリーポイントに設定するかもしれない。どのケースでも、チームは平均ベロシティをスプリントプランニングのリアリティチェック❿ として使用する。

リリーストラッキング

　平均ベロシティは、プロダクトバックログ内の作業を完了させるのに必要な時間を見積もったり予測したりするために活用できる。プロダクトバックログが200ストーリーポイント分で構成されていて、チームのベロシティが1スプリントあたり20ストーリーポイントであるとしたら、チームはだいたい10スプリントでバックログ内の作業を完了できるはずである。具体的な仕組みについては、第20章で取り上げる。

プロセス、メンバー、その他の変更による影響の把握

　ベロシティは、プロセス、メンバー、およびその他の変更による影響を数値化するために活用できる。詳細については、「第19章　より効果的なアジャイル：プロセスの改善」で説明する。

9.4 ｜ 基本原則：バーティカルスライスでのデリバリー

　短いスプリントがうまくいくには、動く機能を少しずつ頻繁にデリバリーする能力をチームが養わなければならない。こうした活動をサポートするために用いられる設計アプローチは**バーティカルスライス**と呼ばれる。バーティカルスライスは、増分的に機能または価値をデリバリーするために各アーキテクチャ層で変更を行う、というものである。
　バーティカルスライスは、「この項目を銀行の取引明細に追加する」、「取引の確認をユーザーに1秒早く表示する」といったフルスタックの機能を表す。通常は、どのケースでもテクノロジスタック全体にわたる作業が必要となる（次ページの図9-4）。

---

❿ ［訳注］現実を客観的に意識するための仕掛け。

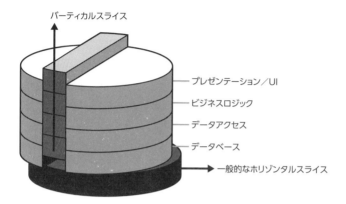

▲図9-4：バーティカルスライスとホリゾンタルスライス。バーディカルスライスには増分的に機能をデリバリーするのに必要なすべてのアーキテクチャ層での作業が含まれる

　非技術系のステークホルダーにとって、バーティカルスライスは一般に理解したり確認したりするのが容易で、ビジネス価値を評価しやすいものである。バーティカルスライスはチームにとって、リリースを早め、実際のビジネス価値とリアルなユーザーフィードバックを実現するための選択肢を増やすものとなる。

　ホリゾンタルスライスに焦点を合わせているチームは数スプリントにわたって姿を消してしまうことになる。ある意味「生産的」なのかもしれないが、目に見えるビジネス価値を生み出さないストーリーにせっせと取り組んでいる可能性がないとは言えない。

　場合によっては、チームがバーティカルスライスに反対することがある。たいていその根拠となるのは効率性である。そうしたチームはたとえば、ビジネスロジック層でもっと多くの作業を完了させてからユーザーエクスペリエンス層に移るほうが効率的だと反論するだろう。このアプローチは**ホリゾンタルスライス**と呼ばれる。

　ホリゾンタルスライスで作業すると技術的な効率性がよくなる場合があると言われれば確かにそうかもしれない。しかし、その技術的な効率化は局所的で不十分な最適化であることが多く、それよりもビジネス価値の提供について考えることのほうが重要である。ホリゾンタルスライスは効率性の向上につながるという主張とは裏腹に、Construx Software の経験では、多くのチームがホリゾンタルスライスでのデリバリーで大幅な手戻りを余儀なくされることがわかっている。

バーティカルスライスはフィードバックループをよりタイトにする

バーティカルスライスで作業すると、ビジネスユーザーによる機能の確認が早まるため、機能の正しさに関するフィードバックの提供も早まる。

バーティカルスライスでは、エンドツーエンドの（すべての層にまたがる）開発が要求されるため、チームは設計と実装の前提条件に協力して取り組まざるを得ない。結果として、チームはすべての層にまたがる有益な技術的フィードバックを手に入れる。

また、バーティカルスライスでは、すべての層をカバーするテストも可能になる。それにより、テストのフィードバックループがタイトになる。

バーティカルスライスはより高いビジネス価値を提供する

バーティカルスライスは非技術系のステークホルダーにとって理解しやすいため、新しい機能や修正される機能の優先順位に関するビジネス上の意思決定の質がよくなる。

バーティカルスライスは完成した機能を少しずつ増やしていくため、動く機能をユーザーが手にする機会も増え、結果としてビジネス価値が高くなる。

ホリゾンタルスライスは、プロダクトをプロダクトとして捉えるのではなく、アーキテクチャをプロダクトとして捉える開発心理を生むことがある。こうした心理は、デリバリーされた機能をサポートするにあたって必要であるとは言えない技術的な作業など、ビジネス価値を低下させるその他のプラクティスを助長することがある。

バーティカルスライスの実装に必要なのは何か

バーティカルスライスでのデリバリーでは簡単にはいかないことがある。バーティカルスライスがうまくいくかどうかは、ビジネス、開発、テストの能力と、テクノロジスタック全体をカバーするスキルがチームにあるかどうかにかかっている。

また、設計や実装に対する考え方を、コンポーネントやホリゾンタルスライスから、バーティカルスライスに転換する必要もあるだろう。バーティカルスライスに転換するには設計のスキルが不足しているというチームは、そうしたスキルを磨く（そしてそのための支援を受ける）必要があるだろう。

さらに、チームの作業がバーティカルスライスとして指定される必要もある。プロダクトオーナーと開発チームは、バーティカルスライスになるような方法でバックログリファインメントを行う必要がある。

9.5 | 基本原則：技術的負債を管理する

　技術的負債とは、過去に行った低品質な作業の蓄積が原因で、現在の作業が失速することを表す。典型的な例は、脆弱なコードベースでバグを1つ修正しようとするたびに1つ以上のバグが新たに露呈する、というものである。単純なバグフィックスのはずが複数のバグを修正するはめになるため、かなり時間がかかってしまう。

　技術的負債は、低品質なコード、低品質な設計、脆弱なテストスイート、取り組むのが難しい設計手法、重いビルド環境、時間のかかる手動プロセスなど、目先の利益のために長期的な生産性を犠牲にするその他の要素で構成されることがある。

技術的負債の影響

　技術的負債は、一般に、品質を犠牲にして目先のリリースを優先させる圧力の結果として蓄積される。プロジェクトのインプットとアウトプットの全体像には、徐々に蓄積される技術的負債の影響を考慮することが含まれる。

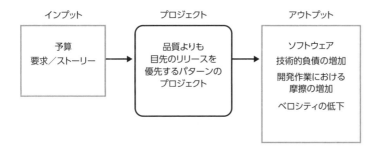

　ビジネスチームと技術チームには、技術的負債を抱えるしっかりした理由があるのかもしれない。一刻を争うリリースでは、現在の作業を急いで片付けることと引き換えに付加的な作業を後回しにすることがある。

　しかし、何の対策もなく技術的負債が溜まるがままになっているパターンは、最終的にチームのベロシティを低下させる。チームのベロシティの維持または向上を可能にするには、技術的負債を対処可能な範囲に収める対策を講じるべきである。

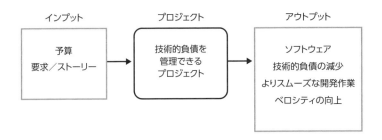

クルーシュテン、ノード、オスカヤにより、図9-5に示すような洞察に満ちたタイムラインが明らかになっている。このタイムラインでは、技術的負債が発生し、（場合によっては）ビジネス価値を提供するものの、最終的に資産ではなく債務に近いものになることが示されている。

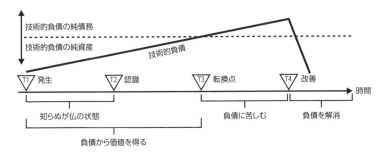

▲図9-5：技術的負債のタイムライン[11]

新規開発作業では、チームはそもそも技術的負債を溜め込まずに済む。レガシー開発作業では、チームは引き継いだ技術的負債に対処せざるを得ないことがよくある。どちらの種類の開発作業でも、チームによる技術的負債への対処方法がまずいとベロシティが徐々に低下することになる。

技術的負債の返済

技術的負債の返済方法はチームごとに異なる。各開発サイクル（スプリントまたはリリース）の一部を一定の割合で返済に充てるチームもあれば、技術的負債を減らすためのアイテムをプロダクトバックログや欠陥リストに追加し、他の作業と一緒に優先順位

---

[11] Kruchten, 2019

を決めるチームもある。いずれの場合も、技術的負債が明示的に管理されることが重要となる。

技術的負債の種類と対処

すべての技術的負債が平等に作り出されるわけではない。技術的負債については、さまざまな分類法が提案されている。筆者が有益であると考えているのは次の分類法である。

- **意図的な技術的負債（短期）**
  戦術的または戦略的な理由による技術的負債。たとえば、時間的制約のあるリリースを期限までにデプロイするなど。
- **意図的な技術的負債（長期）**
  戦略的な理由による技術的負債。たとえば、最初からマルチプラットフォーム対応の設計と構築を行うのではなく、最初は1つのプラットフォームだけをサポートするなど。
- **不慮の技術的負債（悪意）**
  いいかげんなソフトウェア開発の習慣のせいで意図せずに発生する技術的負債。この種の技術的負債は将来と現在の作業を失速させるため、回避すべきである。
- **不慮の技術的負債（善意）**
  ソフトウェア開発がエラーと隣り合わせの性質であるために意図せずに発生する技術的負債。たとえば、「私たちの設計アプローチは思っていたほどうまくいかなかった」、「プラットフォームの新しいバージョンのせいで設計の重要な部分が無効になってしまった」など。
- **レガシーな技術的負債**
  新しいチームに引き継がれた古いコードベースの技術的負債。

これら5種類の技術的負債に対して推奨されるアプローチを表9-1にまとめておく。

▼表 9-1：技術的負債の種類と対処法

技術的負債の種類	推奨される対処法
意図的な技術的負債（短期）	ビジネス上やむを得ない場合は技術的負債を引き受け、すぐに返済する
意図的な技術的負債（長期）	必要であれば技術的負債を引き受け、返済を開始する条件を定義する
不慮の技術的負債（悪意）	作業習慣の質を高めることで、最初から技術的負債を作らないようにする
不慮の技術的負債（善意）	この技術的負債は本質的に避けようがない。技術的負債の影響を監視し、「利子の支払い」が高くなりすぎたら返済する
レガシーな技術的負債	技術的負債を徐々に減らす計画を立てる

技術的負債について話し合うことの価値

　筆者が思うに、技術的負債は技術職とビジネス職の話し合いを円滑に進めるのに役立つメタファーである。ビジネス職は技術的負債を抱えることの代償に気付いていないことが多く、技術職はビジネスベネフィットを意識していない傾向にある。技術的負債を意図的に抱えるのがよい経営判断かどうかは状況による。技術的負債という概念は、技術的な考えとビジネス的な考えをうまく共有するのに役立つ。これにより、技術的負債を抱える状況とその理由、そして技術的負債を返済する状況とその方法について質の高い決定が下されるようになる。

9.6 ｜ バーンアウトを回避する作業構造

　アジャイルに熱心な人は、スプリントの長さはすべて同じにすべきである、と考える。これを**共通リズム**と言う。チームが共通リズムにうまく耐えられるのであれば、それを変更する理由はない。リズムが共通であれば、ベロシティやスプリントプランニングに関する計算が容易になる。

　しかし、スクラムの実践に関しては、延々と続くスプリントがスプリント疲れを引き起こす、あるいはハムスターの回し車に乗っているような気分になるといった不満の声がよく上がる。シーケンシャル開発では、特にフェーズとフェーズの間に作業の谷間が自然にできるため、期間のバランスが取れている。すべてのスプリントが本当に全力疾走しているとしたら、途切れなく続くスプリントは休む隙を与えない、ということになる。

　スプリント疲れに対処する方法の1つは、スプリントの長さをたまに変えてみることである。体系的な方法の1つは、6×2＋1のパターンを用いることだ。つまり、2週間の

スプリントを6回、1週間のスプリントを1回の合計13週間のパターンを四半期に1回の割合で実施するのである。あるいは、メジャーリリースの後や休暇の前後など、チームのベロシティがとにかく安定しないと思われるタイミングを見計らって、短いスプリントを差し込むこともできる。1週間のスプリントでは、インフラストラクチャやツールの見直し、研修やチームビルディングへの参加、ハッカソン、技術的負債への対処など、通常のスプリントに挟み込むには作業量が多すぎる改善作業やその他同様の作業にチームで取り組むことができる。

スプリントのリズムに変化を持たせることは、アジャイルの「持続可能なペース」というスローガンを後押しする。現在、アジャイルに関して書かれているものの多くは、持続可能なペースを「残業や休日出勤がまったくない」ものとして解釈している。筆者が思うに、このような解釈は短絡的で、個人の働き方の違いを無視している。ある人にとっては毎週きっかり40時間が持続可能なペースであったとしても、他の人にとっては退屈のもとである。個人的には、最も仕事がはかどるのは一気に行ったときである。週55時間の労働が2週間ほど続いた後、週30時間の労働が2週間ほど続く。平均すると1週間の労働時間は40時間になるかもしれないが、それぞれの週の労働時間は40時間にそれほど近いわけではない。「持続可能なペース」の実態は誰しも同じではないのである。

9.7 | その他の検討課題

▌プロジェクト以外のソフトウェア開発作業

本章の最初に説明したさまざまな定義を考慮したとしても、すべてのソフトウェア開発作業がプロジェクトで行われるわけではない。サポートチケット、プロダクションサポート、パッチなどの処理では、単発的に1人でソフトウェア開発作業を行うことがよくある。

この種の作業がソフトウェア開発作業と見なされるのは確かであり、アジャイルプラクティスとも適合している。リーンやカンバンといったアジャイルプラクティスを導入すれば、より高品質な作業をより効率的かつ論理的に行うことができる。しかし、筆者の経験では、プロジェクト規模のソフトウェア開発作業と比べて、組織がこの種の作業で苦労することはずっと少ない傾向にある。このため本書では、単発的な作業の流れよりもプロジェクトに焦点を合わせている。

9.8 ｜ 推奨リーダーシップアクション

検査

- 組織が過去に行ったプロジェクトの成果を確認する。組織の経験はプロジェクトの規模が小さいほうが成功しやすいという一般的なパターンと一致しているだろうか。
- プロジェクトポートフォリオを確認する。大きなプロジェクトの中に複数の小さなプロジェクトに分割できるものはあるだろうか。
- チームのリズムを確認する。チームのスプリントの長さは3週間以内に収まっているだろうか。
- チームがバーティカルスライスでデリバリーしているかどうかを調べる。
- チームがベロシティベースのプランニングを使用しているかどうかを調べる。
- 技術的負債についてチームにヒアリングする。どれだけの技術的負債を抱えていて、その返済を許可されているかどうかをチームはどのように認識しているだろうか。

適応

- スプリントゴールを設定するときにチームにそのベロシティを考慮させる。
- バーティカルスライスでのデリバリーが可能になるような計画を立てる。この計画には、開発チームの設計能力と、バックログリファインメントに対するプロダクトオーナーのアプローチが含まれる。
- チームの技術的負債に対処する計画を立てることをチームに働きかける。

9.9 | 参考文献

- Brooks, Fred. 1975. *The Mythical Man-Month.*
  少々古くさくなっているが、大規模なプロジェクトを成功させる上での課題に関する古典的な議論が展開されている。

- McConnell, Steve. 2019. Understanding Software Projects Lecture Series. *Construx OnDemand.* 2019. https://ondemand.construx.com
  これらのレクチャーでは、プロジェクトの規模に関連するソフトウェアの力関係を広く取り上げている。

- Rubin, Kenneth, 2012. *Essential Scrum: A Practical Guide to the Most Popular Agile Process.*
  この包括的なスクラムガイドでは、スプリントプランニングとリリースプランニングでのストーリーポイントとベロシティの使用について説明している。

- Kruchten, Philippe, et al. 2019. *Managing Technical Debt.*
  技術的負債をあらゆる面から完全かつ周到に議論する1冊。

第10章

より効果的なアジャイル：
大規模なプロジェクト

　博物学者スティーヴン・ジェイ・グールドの本に、2人の少女が遊び場でおしゃべりしている話がある❶。1人の少女がこう話しかける。「クモが象ぐらい大きかったらどうなるのかな。怖そうだね。」　もう1人の少女がこう返す。「怖くないよ。クモが象ぐらい大きかったら、象みたいになるだけだよ。」

　この話に続いて、グールドは2人目の少女が正しいことを説明する。というのも、生物の大きさは生物の見た目を著しく決定付けるからだ。クモがけがをせずに宙に浮かんでいられるのは、空気抵抗の力が重力よりも大きいためである。しかし、象は重すぎるので宙に浮かばない。象の大きさでは、重力のほうが空気抵抗よりもずっと大きい。クモが成長の過程で脱皮し、新しい外骨格を分泌するのは、クモが小さいからである。これに対し、象は大きすぎて脱皮してから外骨格が再生するまで持ちこたえることができないため、象には内骨格がある。グールドは、クモが象と同じ大きさだったとしたら、必然的に象に近い外観になるだろうという結論を下している。

　同じ質問をソフトウェアプロジェクトにするとしたら、「アジャイルプロジェクトがすごく大きかったらどうなるのかな。怖そうだね」になるだろう。たぶん怖くないが、推論の流れは象とクモの分析と同じようなものになるだろう。

---

❶ Gould, 1977

10.1 | 大規模なプロジェクトにおけるアジャイルの本当の違いとは

　大規模な「アジャイル」プロジェクトを効果的に進めるにはどうすればよいか、という質問はあまり適切ではない。組織はソフトウェアの初期の時代からあらゆる種類の大規模なプロジェクトに苦戦してきた ❷。また、組織は小さなプロジェクトにも手を焼いてきた。アジャイルプラクティス —— 特にスクラムのおかげで小規模プロジェクトの成功率がよくなっているために、依然として悪戦苦闘している大規模なプロジェクトに焦点が移ったというわけである。

10.2 | 大規模なプロジェクトにおけるアジャイルの重点

　「大規模」の定義は組織によってがらりと変わることがある。私たちが仕事をしてきた中では、スクラムチームを2つ以上必要とするプロジェクトをすべて大規模と見なす組織もあれば、100人未満のプロジェクトを中〜小規模と見なす組織もあった。「大規模」の定義は変動的である。本章の内容は2つ以上のチームが関与するすべての状況に当てはまる。アジャイル開発において重点が置かれているものの中には、大規模なプロジェクトをサポートするものもあれば、修正が必要になるものもある。アジャイル開発の重点が大規模なプロジェクトにどのように当てはまるのかを表10-1にまとめておく。

▼表 10-1：大規模なプロジェクトにおけるアジャイルの重点

アジャイルの重点	大規模なプロジェクトでの意味
短いリリースサイクル	大規模なプロジェクトチームが短いリリースサイクルを繰り返すのが理想
エンドツーエンドの（すべての層にまたがる）開発作業を小さなバッチで実行	変更なし：大規模なプロジェクトでもエンドツーエンドの開発作業を小さなバッチで完了できるが、高いレベルの協調性が求められる
事前の大まかなプランニングとジャストインタイムでの詳細なプランニング	事前のプランニングの割合を増やす必要がある
事前の大まかな要求獲得とジャストインタイムでの要求の詳細化	大規模なプロジェクトでは要求の調整が必要になる場面が増えるため、リファインメントの開始から実装の完了までの時間が長くなる

❷ Brooks, 1975

アジャイルの重点	大規模なプロジェクトでの意味
創発的な設計	エラーと再設計のコストはプロジェクトの規模が大きくなるほど高くなる。創発的な設計は大規模なプロジェクトをサポートするために変更しなければならないアジャイルの重点の1つである
継続的なテストと開発への統合	プロジェクトの規模に関係なく、この点を重視するのはよいことである。大規模なプロジェクトでは、統合／システムテストのほうがより重視される
頻繁な構造化コラボレーション	大規模なプロジェクトでは、この点の重要性がさらに高まる。コラボレーションの具体的な形式が変化する
アプローチ全体が実証主義的で、臨機応変で、改善指向	この点を重視することは小規模なプロジェクトでも大規模なプロジェクトでも同じように効果的である

　アジャイルでは「エンドツーエンドの（すべての層にまたがる）開発作業を小さなバッチで完了させる」ことに重点を置くが、このことは大規模なプロジェクトでの効率的な作業を後押しする。その点では、継続的なテスト、頻繁な構造化コラボレーション、OODA に重点を置くことと同じである。

　大規模なプロジェクトでは、プランニング、要求獲得、設計を事前に行う割合が高くなる。シーケンシャル開発のようにすべての作業を事前に完了させる必要はないが、標準的なアジャイル開発よりも事前に完了させなければならない作業が増えることになる。このことは、スプリントプランニング、スプリントレビュー、プロダクトバックログの構造、バックログリファインメント、リリースプランニング、リリースバーンダウンに影響を与える。大規模なプロジェクトは少なくとも小規模なプロジェクトと同じくらい継続的なテストの恩恵を受けるが、「テスト」という重点については変更が必要になる。大規模なプロジェクトでは、統合テストとシステムテストのほうを重視する必要がある。

　次ページの図は、プロジェクトの規模が大きくなるに従ってアジャイルの重点がどのように変化するのかを示している。

10

アジャイルの重点	(5〜10人の)チームの数			
	1	2	7	35+
短いリリースサイクル	プロジェクトごとに重要度が変わる			
小さなバッチでの エンドツーエンドの開発	重要度は一定			
ジャストインタイムの プランニング				
ジャストインタイムの要求獲得				
創発的な設計				
継続的な統合テスト	重要度は一定			
頻繁な構造化コラボレーション	一定(コラボレーションの種類は変化する)			
アプローチ全体が実証主義的、 臨機応変、改善指向	重要度は一定			

□ ジャストインタイムで行われる作業	■ 事前に行われる作業

　以降の節では、大規模なアジャイルプロジェクトを成功させるために必要な具体的な適応策について説明する。

10.3 ｜ ブルックスの法則

　『The Mythical Man-Month』[3]において、フレデリック・ブルックスはより効果的なアジャイルプラクティスを大規模なプロジェクトにどのように注入すればよいか1つの見方をすでに示していた。「ブルックスの法則」とは、「遅れているプロジェクトに人員を追加してもプロジェクトがさらに遅れるだけである」というものである。この法則について説明する中で、ブルックスは「作業を**完全に分割**できるのであれば、ブルックスの法則は必ずしも当てはまらない」と述べている。

　このことは大規模なプロジェクトの議論と直接関係がある。大規模なプロジェクトはいくつかの小さなプロジェクトに**完全に分割する**のが理想とされているからだ。大規模なプロジェクトをうまく分割できれば、さまざまな面でメリットがある。第9章で説明し

---

[3] Brooks, 1975

たように、1人あたりの生産性が向上し、エラー率が減少する。また、シーケンシャルプラクティスよりもアジャイルプラクティスに重点を置くチャンスも広がる。

　しかし、ブルックスが指摘しているように、大規模なプロジェクトを複数の小さなプロジェクトに分割する上で課題となるのは、作業を完全に分割するという目標を達成することである。作業を完全に分割するのはそう簡単ではない。作業が**ほぼ分割されている**にすぎず、プロジェクトチーム間での調整作業が依然として必要であるとしたらどうだろうか。複数の小さなプロジェクトが大規模なプロジェクトのように見え始め、それらしいそぶりをし始めるだろう。あなたは達成しようとしていた目標を見失うことになる。

10.4 ｜ コンウェイの法則

　コンウェイの法則を理解せずして、大規模なプロジェクトとそれらのアジリティを最大化する方法を理解することはできない。第7章で説明したように、コンウェイの法則とは、「システムの技術的な構造にはそのシステムを構築した人間組織の構造が反映される」というものである。技術的な設計が大きくモノリシックなアーキテクチャに基づいていて、プロジェクトチームが目指しているものが大きくモノリシックなものではなかったとしたら、そのチームの行く手には途方もない苦労が待ち受けている。

　コンウェイの法則とブルックスの考えを1つにまとめると、大規模なアジャイルプロジェクトにとって次のような意味になる —— 大規模なシステムにとって理想のアーキテクチャは、そのプロジェクトに取り組むチームの作業を**完全に分割できる**ようなものである。この理想を達成しやすいシステムとそうではないシステムがある。特にレガシーシステムでは、通常は何らかの「Crawl, Walk, Run（ハイハイ、歩く、走る）」のような段階的なアプローチを導入する必要がある。

10.5 ｜ 基本原則：アーキテクチャを通じて大規模なアジャイルプロジェクトをサポートする

　システムのアーキテクチャに完全な作業の分割をサポートさせるとしたら、アーキテクチャの手直しが必要である。古いシステムの場合は、疎結合アーキテクチャに進化させることが可能かもしれない。しかし、新しいシステムの場合、複数の小さなチームに合わせた作業分割のために、アーキテクチャの作業を事前に行う必要があることを意味する。

　BDUF（Big Design Up Front）を行うと聞いて、それは「アジャイルじゃない」と言って尻込みするアジャイルチームもある。しかし、スティーヴン・ジェイ・グールドがほのめかしたように、プロジェクトを小さく保つことに重点を置いたアプローチをとり、このアプローチを大規模なプロジェクトにうまく適用したいと考えるなら、**何か**を妥協

しなければならない。何1つも変更せずにプロジェクトをうまくスケーリングしようというのは虫がよすぎる。

　コンウェイの法則についてよく考えてみると、本当に変更しなければならないのは、創発的な設計に重点を置くことと、それをサポートするために必要なプランニングである。完全に作業を分割できるようになることを目標として事前のアーキテクチャに重点的に取り組むと、チームが小さく保たれるため、アジャイルの他の重点はそのままにしておくことができる。創発的な設計に重点を置くことについても、それぞれの小さなチームがきちんと分割された領域の中で作業を行うのであれば、その領域内ではそのままにしておくことができる。

　小さなアジャイルチームが注目されるようになった時期は、マイクロサービスアーキテクチャが登場した時期と重なっているが、これは偶然の一致ではない。マイクロサービスアーキテクチャの目的は、アプリケーションを疎結合サービスの集まりとして構造化することにある。同様に、大規模なアジャイルプロジェクトを構造化する目的は、人間組織を疎結合の小さなチームの集まりとして構造化することにある。

　完全に分割された作業のための大規模なシステムの設計に成功している組織は、そもそも自分たちが大規模なプロジェクトを動かしているとは考えないだろう。小さなチームの集まりが個別に作業を行っていて、すべてのチームがたまたま共通のコードベースに貢献しているだけであるという感覚だろう。

　アーキテクチャが不十分であると、ある同僚が「スノーフレーク効果」と呼ぶものが引き起こされる。つまり、開発するフィーチャーはどれも独特なスノーフレーク（雪の結晶）であり、他のどのスノーフレークとも異なる方法で設計する。チームメンバーがコードの各部分に効率よく取り組むには、それぞれのスノーフレークの詳細に精通していなければならないため、開発コストは膨大になる。この問題はプロジェクトの規模が大きくなればなるほど深刻になっていく。雪の結晶だって積もり積もれば、いつかは雪崩が起きる。

アーキテクチャに関する具体的な提案

　アーキテクチャについて指南することは本書の適用範囲ではないが、以下の項では、大規模なプロジェクトにおいて小さなチームをサポートするアーキテクチャのアプローチについて簡単に説明する。少々技術的な内容になるため、技術的なことに関心がなければ読み飛ばしてもかまわない。

■■ 疎結合、モジュール化が基本

　ここで目指すのは、読みやすく、あまり複雑ではないコードの疎結合アーキテクチャ（可能であれば、モジュール化および階層化されている）である。

　このアーキテクチャが完全にマイクロサービスのコードを要素化する必要はない。ビジネスニーズをサポートできるだけの柔軟性を備えていればそれで十分である。

　システムをたとえば50個のマイクロサービスに分割することが至高の目標として説明されることがある。それらのマイクロサービスは高度にモジュール化されていて、独自のデータベースを備えた独自にホストされたコンテナで動いている。また、個別にバージョン管理されていて、認証を必要とする API を備えていることも考えられる。それらをすべて本番稼働環境にリリースし、個別にスケーリングすることも可能だろう。これなら、50個の完全に分割された開発チームを配置するという目標も射程圏内となる。

　何もかも夢のようなビジョンであり、実際にうまくいくこともある。しかし、システム内の処理経路の一部がシステム内の他のさまざまな部分を呼び出し、呼び出された部分もシステム内の他のさまざまな部分を呼び出す（ファンアウトが高い）としたらどうだろうか。そのソフトウェアの処理においても、さまざまなマイクロサービスに取り組むチーム間のコミュニケーションにおいても、深刻なオーバーヘッドが発生することが考えられる。おそらくソフトウェアとチーム構造の両面でシステムを集約し、サービスの数を減らしたほうがよいだろう。

　これらの問題をうまく解決できるかどうかは、設計に関する技術的な判断と、チームの組織に関するマネジメント的な判断をどう組み合わせるかにかかっている。

■■ モノリシックなデータベースを回避する

　1つの大きなデータベースを避けるようにすると、チームの分割を後押しするのに役立つ。緩やかに連結されたデータベースは、チーム内での緩やかな結び付きと強いモジュール性を後押しする可能性がある。しかし、システムのパーツ間の関係によっては、複雑なやり取りが発生することも考えられる。そうしたやり取りは、深刻なオーバーヘッド、遅延、エラーの機会につながる。高品質な技術的ソリューションを維持しながら疎結合なチームをサポートするには、技術的な判断とチームマネジメント的な判断を組み合わせることで、システムをどの程度まで分割すればよいかを知る必要がある。

■■ キューを使用する

　キューを使った分割やタイムシフトも開発チームの疎結合化を後押しする。抽象的な言い方をすると、タスクをキューに配置して、システムの別の部分によってあとから処理されるようにするのである。「あとから」とは、ほんの数マイクロ秒後のことかもしれ

ない。このガイドラインの主旨は、システムは単にそのコードのほとんどを即時的かつ厳格なリクエスト／レスポンスループで実行するわけではない、という点にある。キューを使用することによってシステム機能の重要な部分が高度に分割され、アーキテクチャと開発チームの切り離しが可能になる（これはコンウェイの法則のもう1つの例である）。

　システムアーキテクチャの主な「継ぎ目」について考えてみるのも1つの手である。継ぎ目は境界を表す。その境界内では、多くのやり取りが発生するが、境界をまたぐやり取りはほとんど発生しない。結び付きを弱めることに関しては、これらの継ぎ目をまたいだ結合にキューを使用するとうまくいくことがある。マイクロサービスの例にも言えることだが、やりすぎは禁物だ —— 50個のプロセスによって依存関係を持つ50個のタスクキューが管理されれば、別の結合問題に発展しかねない。そもそもキューを使って解決しようとしていた問題よりも深刻な状況に陥ることも十分に考えられる。

■ 契約による設計を使用する

　「契約による設計」とは、インターフェイスに特別な注意を払う設計手法のことである[4]。契約による設計では、各インターフェイスに「事前条件」と「事後条件」があると考える。事前条件とは、コンポーネントのユーザーがそのコンポーネントに対して保証するもので、それらの条件はそのコンポーネントを使う前に真となる。事後条件とは、コンポーネントがシステムの残りの部分に対して保証するもので、それらの条件はコンポーネントがその作業を終えたときに真となる。

　コンウェイの法則を念頭に置いた上で契約による設計を用いれば、ワークフローに対する技術的な依存性の影響をなくしてしまうことができる。

　ソフトウェアシステムの各部分間のインターフェイスは「契約」によって制御されることになる。そして、人と人とのインターフェイスの期待値も「契約」によって暗に設定されることになる。

10.6 | 大規模なプロジェクトではコラボレーションの種類が変化する

　多くのアジャイルプラクティスは対面でのコミュニケーションの有効性に基づいている。多くの情報がチームの口頭伝達の中にのみ存在する。たとえば、アジャイルの要求の作成者が明確に述べているように、要求獲得の大部分は要求についての対話による。小規模なプロジェクトではこれが非常にうまくいくことをチームは理解している。

　大規模なプロジェクトでは、その性質からして、より多くの人々が関与する。それら

---

[4] Meyer, 1992

の人々は（同じ敷地内の別の建物を含め）地理的に分散していることがあり、その分プロジェクトには時間がかかる。大規模なプロジェクトでは人の入れ替わりも多く、新しい人がプロジェクトに加わり、チームの古株のメンバーがプロジェクトを去っていく。

　大規模なアジャイルプロジェクトを成功させるには、すべての情報を口頭で伝達できるという過剰な期待を捨てなければならない。事前に行う作業を増やし、最初の対話に参加していなかった人が理解できるような方法でより多くの作業を文書化しなければならない。

10.7 | 大規模なプロジェクトでの協調性の課題

　これはアジャイルプロジェクトに限ったことではないが、プロジェクトの規模が変化すれば、そのプロジェクトに必要な協調性の種類も変化する。プロジェクトの規模が変化する際に、そうした協調性の種類について判断を誤ることがある。プロジェクトが大きくなればなるほど、コーディング以外のすべての活動で、より多くの作業が必要になるだろう。それらの活動には、要求、アーキテクチャ、構成管理、QAとテスト、プロジェクト管理、プロセスが含まれる。他の部分よりもすばやいスケーリングが必要である、あるいはチーム間のより緊密な協調が求められる部分が1つでも存在するかどうかが鍵となる。

　経験から言うと、こうした課題が最もよく発生するのは要求である。筆者の経験では、大規模なプロジェクトで発生する協調性の問題を頻度の高いものから順に挙げると次のようになる。

- 要求（最も頻繁に起きる）
- アーキテクチャ（設計重視のシステムで発生する）
- 構成管理／バージョン管理
- QA／テスト
- プロジェクト管理
- プロセス

　大規模なプロジェクトへのアプローチについて検討する際には、問題が起きやすい場所の目安としてこのリストを使用するとよいだろう。また、組織の大規模なプロジェクトを見直し、そうしたプロジェクトにおいて最も問題が起きやすい部分を理解し、そうした部分を中心に協調性の計画を立てるべきである。

10.8 │ 大規模なアジャイルプロジェクトのスコアカード

　大規模なアジャイルプロジェクトで主に課題となる領域に関して、プロジェクトのパフォーマンスにスコアを付けると役立つことがわかっている。図10-1は、大規模なプロジェクトのレーダーチャートの例を示している。

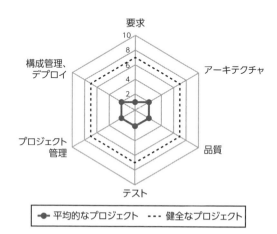

▲図10-1：大規模なプロジェクトの主要な成功要因に照らしてプロジェクトのパフォーマンスを示す診断ツール

　このグラフでは、スクラムのスコアカードと同じ採点基準を使用している。

0	使用されていない
2	使用頻度が低く、効果がない
4	たまに使用され、効果がまちまち
7	一貫して効果的に使用されている
10	最大限に活用されている

　灰色の線は、Construx Software が見てきた平均的な実践例を反映している。破線は健全な大規模プロジェクトを表している。大規模なプロジェクトが成功する可能性が高くなるよう、すべての成功要因のスコアが7以上になるようにすべきである。
　次に、各パフォーマンスカテゴリの詳細をまとめておく。

- **要求**
  複数のチームの要求プラクティス。プロダクト管理、プロダクトバックログ、バックログリファインメント、システムデモまたは複数のチームによるスプリントレビューを含む。

- **アーキテクチャ**
  プロジェクトの規模に合わせてスケーリングされた設計プラクティス。アーキテクチャ滑走路（Architectural Runway）かそれに相当するもの。

- **品質**
  複数のチームの品質プラクティス。システムのレトロスペクティブまたは検査／適応ミーティング、プロダクトレベルとチームレベルの品質基準、プロダクトレベルの完成の定義を含む。

- **テスト**
  複数のチームのテスト自動化インフラストラクチャ、統合テスト、エンドツーエンドのシステムテスト、パフォーマンス、セキュリティ、その他の専門的なテスト。

- **プロジェクト管理**
  依存関係管理、複数のチームまたはPI（Program Increment）プランニング、スクラム・オブ・スクラム、プロダクトオーナーの意見のすり合わせ、プロダクトレベルのトラッキング／リリースバーンダウン。

- **構成管理／デプロイ**
  コードとインフラストラクチャのバージョン管理、DevOps、デプロイパイプライン、リリース管理。

　私たちがこれまで見てきた平均的な大規模プロジェクトは、平均的な小規模プロジェクトと比べてはるかにパフォーマンスがよくない。このことは業界全般で起きていることと合致している。

10.9 ｜ スクラムから始める

　第4章では「スクラムから始める」ことを提案したが、大規模なプロジェクトでは、このことがますます重要となる。小さなプロジェクトでうまくいかないとしたら、大きなプロジェクトではもっとひどいことになる。小さなプロジェクトを確実に成功させ、それが当たり前になったら、そこから積み上げていこう。バリー・ベームとリチャード・ターナーが『Balancing Agility and Discipline』で書いたように、小さなプロセスをスケールアップするほうが大きなプロセスをスケールダウンするよりもうまくいく傾向にある❺。

❺ Boehm, 2004

10.10 | その他の検討課題

■ スクラム・オブ・スクラム

スクラム・オブ・スクラム（SoS）とは、スクラムを複数のチームに合わせてスケーリングするアプローチのことである。これらのプロジェクトでは、毎週1回以上スクラム・オブ・スクラムミーティングを開く。これらのミーティングには各チームから代表者が派遣され、ミーティング自体はチームのデイリースクラムミーティングと同じように進行する。

スクラム・オブ・スクラムは複数のスクラムチームが実施する作業をスケールアップするための論理的な方法に思えるが、私たちの経験では、このアプローチがうまくいくことは滅多にない。筆者が思うに、その理由の1つは、スクラム・オブ・スクラムミーティングの既定の代表者がスクラムマスターであることだろう。この選択はプロセスと全体的なワークフローの2つの部分で最も問題が起きやすいことを連想させるが、経験からすると、問題が起きやすいのは要求のほうである。一般的には、スクラム・オブ・スクラムミーティングにはスクラムマスターよりもプロダクトオーナーを出席させるほうがよいだろう。

■ SAFe

SAFe（Scaled Agile Framework）は、アジャイルを大規模なエンタープライズ全体に拡張するための緻密なフレームワークである。私たちが携わってきた企業の間で、大規模なアジャイルプロジェクトへのアプローチとして飛び抜けてよく採用されているのがSAFeである。SAFeはよく考え抜かれており、進化と改善を絶えず繰り返しており、紛れもなく有益な要素が含まれている。とは言うものの、私たちが携わってきた企業の中で、SAFeの実践に満足している企業は数えるほどしかなく、そうした企業では高度にカスタマイズした上で実践している。

Construx Softwareがソフトウェア組織と仕事をしていて気付いたのは、小さな企業はどれも自分たちは独特な存在であると思っているが、実はそうではない、ということだった。そうした企業はどれも同じ問題を抱えており、同じ方法で解決することができる。大きな企業は自分たちとまったく同じような企業が他にもあるはずだと思っているが、実はそうではない。大きな企業は長い年月をかけて、そうした企業ならではの技術的なプラクティスはもちろん、ビジネスプラクティスやビジネス文化を醸成し、熟成させてきたからだ。

スクラムは小規模なプロジェクトのテンプレートとして適している。小規模なプロジェクトに対するスクラムのように、SAFeを大規模なプロジェクトに広く適用できるかと

いうとそうはいかない。大幅な調整が必要となるため、統合フレームワークというよりも、便利なツールが揃っているものとして考えるほうがたいていうまくいく。SAFe を採用する場合は、Essential SAFe（SAFe の最小版）から始めて、そこから積み上げていくことをお勧めする。

10.11 ｜ 推奨リーダーシップアクション

検査

- コンウェイの法則の観点から、現在のアーキテクチャについて主要なテクニカルリーダーと話し合う。人間組織は技術組織と（そして技術組織は人間組織と）どのように一致しているだろうか。

- 最も大きなプロジェクトの人間組織を見直す。作業はどれくらいきちんと分割されているだろうか。それともモノリシックなままだろうか。人間組織のコミュニケーションパスはどれくらい複雑だろうか。それらはソフトウェアアーキテクチャとどのように関係しているだろうか。

- 表 10-1 にまとめたアジャイルの重点を再確認する。事前の設計作業を増やさなくてもそれらの重点のほとんどを維持するもっと簡単な別の方法はあるだろうか。

- 大規模なプロジェクトの課題を見直し、要求、アーキテクチャ、構成管理とバージョン管理、QA とテスト、プロジェクト管理、またはプロセスから、協調性の問題がどの程度発生するのかを判断する。

適応

- チーム構造の結合性を弱めるためにアーキテクチャを進化させる計画を立てる。

- 上記の「検査」によって発見された協調性の問題の原因に対処するために、大規模なプロジェクトのアプローチを見直す。

10

10.12 | 参考文献

- McConnell, Steve. 2004. *Code Complete, 2nd Ed.*
大規模なプロジェクトと小規模なプロジェクトの力関係を第27章で説明している。プロジェクトの規模の変化に伴い、プロジェクトレベルでの活動の割合がどのように変化するのかに着目している。

- McConnell, Steve. 2019. Understanding Software Projects Lecture Series. *Construx OnDemand.* 2019.
このシリーズのレクチャーの多くはプロジェクトの規模に関する問題に着目している。

- Martin, Robert C. 2017. *Clean Architecture: A Craftsman's Guide to Software Structure and Design.*
よく知られているソフトウェアアーキテクチャの入門書。設計原則を皮切りにアーキテクチャを築き上げていく。

- Bass, Len, et al. 2012. *Software Architecture in Practice, 3rd Ed.*
アーキテクチャに関する教科書形式での包括的な議論。

- Boehm, Barry and Richard Turner. 2004. *Balancing Agility and Discipline: A Guide for the Perplexed.*
プロジェクトの規模とアジリティの力関係に関する有識者を対象とした貴重な情報源。2004年頃のアジャイルプラクティスにどっぷり浸かった内容になっているため、一般の読者にとって今すぐ役立つものではない（主要なアジャイル開発手法がXP、完成の定義が説明されていない、30日間の長いスプリントが前提、バックログリファインメントの概念がないなど）。

第11章

より効果的なアジャイル：品質

　品質を重視している組織では、「正しく行う時間も作れないのに、やり直す時間がどこにあるのか」が呪文のように代々受け継がれている。「正しく行う」ための手段は着実に進化しており、モダンなアジャイル開発はいくつかの有益なプラクティスに貢献している。

11.1 │ 基本原則：欠陥検出のギャップを最小化する

　私たちの思惑とは裏腹に、ソフトウェアプロジェクトでは絶えず欠陥が生み出されている。開発チームが1時間作業するたびに、欠陥がいくつか紛れ込む。したがって、ソフトウェアプロジェクトにおいて欠陥の挿入の推移を累積折れ線グラフにプロットするのは、作業量の推移を累積折れ線グラフにプロットするのと基本的に同じである。

　欠陥の挿入とは対照的に、欠陥の検出／除去と全体的な作業量との間に相関はない。欠陥の検出／除去と相関があるのは、品質保証（QA）という活動である。

　次ページの図11-1の上部に示すように、多くのプロジェクトでは、欠陥の検出／除去が欠陥の挿入からかなり遅れている。このことは問題をはらんでいる。というのも、2つの線に挟まれている部分は潜在的な欠陥を表すからだ。潜在的な欠陥とは、ソフトウェアに挿入されているものの、まだ検出や除去には至っていない欠陥のことである。そうした欠陥ごとに追加のバグフィックス作業が必要となるが、そうした作業が「計画に含まれている」ことは減多にない。そうした欠陥の1つ1つが、予測不可能な予算の増大とスケジュールの延長を引き起こし、たいていプロジェクトを中断に追い込むような作

業を表す。

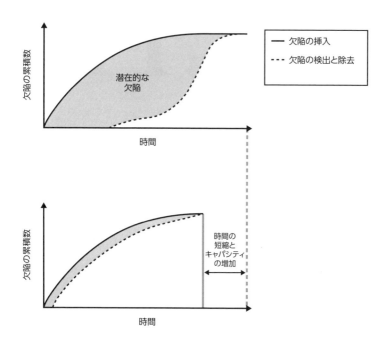

▲図11-1：欠陥挿入の累積数を表す線と欠陥の検出と除去を表す線の間にある部分は潜在的な欠陥を表す

　うまく進行しているプロジェクトでは、欠陥の挿入と検出とのギャップが最小限に抑えられる（図11-1の下部）。

　欠陥が挿入されるそばから修正されるようなプロジェクトのほうがより効率的に進行する。図11-1に示したように、そうしたプロジェクトではデリバリーにかかる時間が短くなり、作業量も少なくなる。欠陥が挿入されるそばから100%検出されるようなプロジェクトは存在しないが、潜在的な欠陥の数を最小限に抑えることは、たとえ完全には達成できないとしても、有益な目標である。図11-1の2つのグラフをリリースレディネス❶の観点から見た場合、リリースの準備ができているのは下部のプロジェクトのほうである。

　欠陥をいち早く検出するという目標を支援するプラクティスとしては、ユニットテスト、ペアプログラミング、静的解析、コードレビュー（時機を逃さずに実施されることが前提となる）、継続的インテグレーションが挙げられる。これらのプラクティスは、この目

---

❶［訳注］プロジェクトがリリースの基準を満たしているかどうか、つまり、リリースに対するプロジェクトの適正性を表す。

標を細かなレベルで支援する。アジャイルは1〜3週間ごとにソフトウェアをリリース可能な品質水準に持っていくことに重点を置いており、この目標をより大きなレベルで後押しする。

11.2 ｜ 基本原則：完成の定義を作成し、使用する

明確な完成の定義（Definition of Done：DoD）は、欠陥の挿入と検出の間のギャップを最小化するのに役立つ。DoD により、アイテムのQA 作業がその他すべての作業の近くで実行できるようになるからだ。

よいDoD には、設計、コード、テスト、文書化など、要求の実装に関連するその他すべての作業に対する完了基準が含まれている。完了基準は真偽にあいまいさのない言葉で表現するのが理想的である。図11-2は、DoD の例を示している。

```
□ コードレビューを通過している
□ 静的コード解析を通過している
□ ユニットテストがエラーなしで完了している
□ ユニットテストによるステートメントカバレッジが70%である
□ システムテストと統合テストが完了している
□ 自動化した非機能テストがエラーなしで完了している
□ ビルド時にエラーや警告が出ていない
□ パブリックAPIがすべて文書化されている
```

▲図11-2：バックログアイテムが実際にいつ完了するのかを定義する完成の定義の例

各チームは、それぞれの状況に関連のある完了基準を用いてDoD を独自に定義する必要がある。図11-2の完了基準に加えて、DoD に次の完了基準を含めることも可能である。

- プロダクトオーナーがアイテムを受け入れている
- UI スタイルガイドに準拠している
- 受け入れテストに合格している
- パフォーマンステストに合格している

- 選択された回帰テストに合格している
- コードがチェックイン（コミット）されている
- 要求定義書が更新されている
- 自動化した脆弱性スキャンを通過している

複数の完成の定義

　状況によっては、チームに完成の定義（DoD）が複数必要になる。一般的な状況は次の2つである。

▌▌ 数種類の DoD

　作業の種類に応じて異なる DoD があると都合がよい、あるいはそうしなければならないことがある。たとえば、コードの DoD には基本的な回帰テストが含まれるだろうが、ユーザーマニュアルの DoD に回帰テストが含まれることはないだろう。DoD はそれぞれ次の活動に進むための終了基準を定義していなければならず、DoD を満たしているアイテムにはそれ以上手戻りが必要ないという指針を盛り込んでいなければならない。

▌▌ 複数段階の DoD

　複数の DoD が必要になるもう1つの状況は、1つのスプリントで作業を完全に終わらせることが不可能な場合である。たとえば、ハードウェアとソフトウェアを組み合わせる環境では、第1段階の DoD と第2段階の DoD が存在するかもしれない。第1段階の DoD には、シミュレーション環境ですべてのテストに合格しなければならないことが盛り込まれているが、ターゲットハードウェアがまだ利用できない場合はそのハードウェアでのテストを免除するかもしれない。その場合、第2段階の DoD には、実際のターゲットハードウェアですべてのテストに合格することが盛り込まれるだろう。

　同様に、あなたのソフトウェアが別のチームや請負業者のソフトウェアに依存しているとしよう。第1段階の DoD には、あなたが依存しているコンポーネントがそのチームからまだ納品されていない場合、モックオブジェクトを使ってすべてのテストに合格することを明記するかもしれない。その場合、第2段階の DoD には、納品されたコンポーネントでテストに合格することを明記するだろう。

　複数段階の DoD を認める具体的な根拠は存在するが、それらを認めると「完成」が本当の意味での「完成」ではなくなってしまい、それらの定義の隙間に品質の悪さや追加の作業が溜まっていくことになる。複数レベルの DoD はなるべく避けるのが賢明である。

発展的な完成の定義

レガシーな環境に共通する問題の1つは、レガシーなコードベースが大きすぎて、すぐには厳格な DoD を満たすように変換できないことである。このため、レガシーな環境では、最初のうちは新規開発の環境よりも DoD のハードルを下げる必要があるかもしれない。レガシーコードの品質がよくなってきたら、DoD を発展させて徐々にハードルを上げていくことができる。

完成の定義にまつわる一般的な問題

チームが DoD を定義して実践する際には、次の一般的な問題に注意する必要がある。

- **リリース可能というにはほど遠い基準が DoD に定義されている**
  詳細は異なるが、アイテムが「完成」と宣言されたらそれ以上何もしなくてもリリースできる、というのが DoD の主旨である。

- **DoD の内容が多すぎる**
  DoD のチェックリストに 50 もの項目が含まれていると、チームが DoD に従うことができなくなり、DoD を無視するようになる。

- **DoD がレガシーシステムにとって野心的すぎる**
  レガシーシステムでは従うことが不可能である、あるいはプロジェクトの担当範囲を超えるような作業量を示唆する DoD を作成してはならない。

- **DoD がエビデンスではなく活動を説明している**
  「コードのレビューが完了している」といった基準は活動を説明している。「コードがコードレビューを通過している」といった基準はエビデンスである。

- **複数段階の DoD が弛緩的すぎる**
  まず、複数段階の DoD はそもそも警戒すべきものである。複数段階の DoD を採用する場合は、各段階の基準がその段階の「完成」を正確に表現していることを確認しよう。

11.3 ｜ 基本原則：リリース可能な品質水準を維持する

完成の定義（DoD）は個々のアイテムに適用する。その上で、コードベース全体を常にリリース可能な品質水準に保つことは、コーディング、デバッグ、有意義なユーザーフィードバックの獲得を含め、他のさまざまなプラクティスを効率化する品質のセーフティーネットとなる。

　高い頻度でソフトウェアをリリース可能な品質水準にするという規律には、2つの重要な利点がある。

　1つ目の利点は、リリース可能な品質水準を維持することで、欠陥の挿入と検出とのギャップを最小化できることである。1〜3週間ごとにソフトウェアをリリース可能な品質水準に持っていくとすれば、そのギャップが大きく広がることはあり得ないため、高い品質水準を確保できる。ソフトウェアが高い品質水準を満たす頻度が高ければ高いほど、その水準を維持し、技術的負債の蓄積を回避することが容易になる。

　2つ目の利点は、プロジェクトのプランニングとトラッキングが後押しされることである。ソフトウェアが各スプリントの終わりにリリース可能な品質水準に達するとしたら、その機能に対してそれ以上何もしなくてよい、ということになる。ソフトウェアがリリース可能な品質水準に達しないとしたら、それは不確定な量の品質改善作業をあとから行わなければならないことを意味する。品質改善作業はスプリントをまたいで蓄積されていき、プロジェクトの本当の状態を判断する能力を低下させる。

　これら2つの理由により、各スプリントの終わりにチームがそれぞれの作業をリリース可能な品質水準に持っていくことが重要となる。多くの場合、完了した作業は本番稼働環境にデプロイすることになる。場合によっては、これが適切ではないことがある。たとえば、法律で規制されている環境で作業を行っている場合、ソフトウェアリリースがハードウェアリリースと結び付いている場合、あるいはMVP（Minimum Viable Product）のしきい値をまだ超えていない場合などがそうである。

11.4 ｜ 手戻りを減らす

　手戻りとは、すでに「完成」と宣言されたアイテムの作業を行うことである。この作業には、バグフィックス、要求の誤解釈、テストケースの変更など、最初から正しく行われていて当然だった作業に対するその他の修正が含まれる。

　手戻りはプロジェクトを混乱に陥れる。なぜなら、手戻りの量は予測不可能であり、プロジェクトの計画段階では手戻りの時間が考慮されておらず、手戻りが付加価値を生み出さないからだ。

　手戻りを計測して数値化することは、手戻りを減らす手段として効果的である。この点については、「第18章　より効果的なアジャイル：計測」で説明する。

11.5 │ その他の検討課題

▌▌ペアプログラミング

ペアプログラミングとは、2人の開発者が並んで座り、1人がコードを書き、もう1人がリアルタイムでレビューを行うというプラクティスである。それぞれの役割をパイロットとナビゲーターとして説明することもある。ペアプログラミングは特にエクストリームプログラミング（XP）と深い関係にある。

ペアプログラミングに関する業界のデータでは、2人の開発者がペアで作業を行った場合、その生産高が2人の開発者が別々に作業を行った場合の総生産高にほぼ匹敵すること、品質がよくなること、そして作業の完了が早まることが長年にわたって示されている❷。

アジャイル開発との関連が深いとはいえ、筆者はペアプログラミングをより効果的なアジャイルプラクティスとして重視することをためらってきた。なぜなら、筆者の経験では、ほとんどの開発者が作業をペアで行うことを望まないからだ。結果として、ほとんどの組織では、ペアプログラミングは選択的に実践するニッチなプラクティスにとどまっており、主に設計やコードの重要な部分や複雑な部分で用いられている。そうした選択的な用途にとどまらず、ペアプログラミングを大々的に実践したいと考えているチームがあるとしたら、筆者はそれを支援するが、それを強く求めるようなことはしないだろう。

▌▌モブプログラミングとスウォーミング

モブプログラミングとは、チーム全体が同じ作業に同じコンピューターで同時に取り組むというプラクティスである。スウォーミングでは、チーム全体が同じストーリーに同時に取り組むが、各チームメンバーは自分のコンピューターでストーリーの担当部分に取り組む（これらの用語にはいろいろな用途があるため、ここでの説明とは違った使い方がされているのを聞いたことがあるかもしれない）。

これらのプラクティスを実践して成功を収めているチームもいくつかあるが、その有効性にはまだ疑問の余地がある。本書の原稿をレビューしてくれた人々の間でさえ、「まったく実践していない」から「新しいチームでのみ実践している」、「経験豊富なチームでのみ実践している」まで、アドバイスに幅があった。これらのプラクティスの明確な重心 ── つまり、最も重要な点がどこにあるのかはまだ見えていない。このため全体的には、モブプログラミングとスウォーミングの両方を、選択的に実践すべき、あるいはまったく実践すべきではないニッチなプラクティスと考えている。

---

❷ Williams, 2002; Boehm, 2004

11.6 | 推奨リーダーシップアクション

検査

- QA活動と、欠陥がいつどこで検出されるのかを確認する。アジャイルプラクティスを利用することで、より多くの欠陥をより早い段階に検出できるかどうかを判断する。

- プロジェクトの未解決の欠陥リストを確認する。未解決の欠陥はいくつあるだろうか。その数は、プロジェクトで修正されていない潜在的な欠陥をバックログに積み上げていることを暗示しているだろうか。

- チームに完成の定義（DoD）を見せてもらう。明文化したDoDはあるだろうか。チームはそのDoDを使用しているだろうか。DoDの内容を総合すると「リリース可能な」状態になるだろうか。

- チームがプロジェクトでの手戻りの割合を計測し、プロセス改善作業のためのデータとして活用しているかどうかを調査する。

- チームが今行っていることを「リリース可能な」状態にするにあたってどのような妨害が存在するだろうか。チームがそうした妨害に対処することをどのように支援できるだろうか。

適応

- 欠陥がいつどこで検出されるのかを評価し、その上で品質保証のプラクティスを前倒しする計画を立てる。

- プロジェクトの未解決欠陥の数を減らし、その数を低く保つ計画を立てる。

- チームと協力して、プロジェクトの手戻りに投入する作業量を計測し、作業全体での割合を計算する。この割合をプロセス改善作業の一部として監視する。

- チームが今行っていることを「リリース可能な」状態にするにあたって妨害となっているものを取り除く。

11.7 参考文献

- McConnell, Steve. 2019. Understanding Software Projects Lecture Series. *Construx OnDemand.* 2019.
  このシリーズでは、品質関連の問題を幅広く議論している。

- Nygard, Michael T. 2018. *Release It! Design and Deploy Production-Ready Software, 2nd Ed.*
  セキュリティ、安定性、利用可能性、デプロイ可能性など、非機能な能力に注意を向けながら、品質のよいシステムを設計・構築する最新の方法を楽しく解説している。

11

第12章

より効果的なアジャイル：テスト

アジャイル開発は従来の「テスト」の重点に4つの変化をもたらした。1つ目は、開発者によるテストをさらに重視するようになったことである。2つ目は、フロントローディングテスト —— つまり、機能を作成したらすぐにテストすることを重視するようになったことである。3つ目は、テストの自動化をさらに重視するようになったことである。そして4つ目は、要求と設計を改善する手段としてテストを重視するようになったことだ。

これら4つの重点は、ジャストインタイムの設計と実装など、アジャイルの他のプラクティスに対する重要なセーフティネットとなる。包括的な自動テストスイートという防波堤がなければ、絶えず変化する設計／コード環境から欠陥の高波が押し寄せることになる。それらの多くは検出されないまま、第11章で説明した潜在的な欠陥のプールに流れ込む。自動テストというセーフティネットがあれば、ほとんどの欠陥は発生した直後に検出でき、欠陥の挿入から検出までのギャップを最小化するという目標を後押しする。

ここでは、アジャイルプロジェクトにとって最も効果的なテストプラクティスであると私たちが考えているものを紹介する。

12.1 | 基本原則：開発チームが作成した自動テストを使用する

　開発チームは自動テストを作成し、自動化したビルド／デプロイシステムにそれらを組み込むべきである。複数のレベルと種類のテストを使用するのが理想である。これには、API テスト、ユニットテスト、統合テスト、受け入れテスト、UI 層テスト、モック化によるサポート、ランダムな入力とデータ、シミュレーションなどが含まれる。

　これらのテストは**機能横断的チーム**によって作成される。このチームは開発者、テスト技術者、または従来のテスト技術者で構成される。理想的には、開発者はコードを記述する前にそのユニットテストを記述すべきである。テストの開発と自動化は本質的にバックログアイテムの実装の一部であり、作業見積もりに含まれる。

　チームは自動テストをサポートするオンデマンドのテスト環境を維持すべきである。自動化したユニットテスト（コードレベルのテスト）と自動化したユーザーレベルのテストは、完成の定義（DoD）の基本的な基準でなければならない。

　開発者はテストをローカルで実行できるべきである。つまり、ユニットテストを使って、リモートシステムの振る舞いについてはモック化する。そして、チームの共有ビルドサーバーか開発者のマシンのどちらかで、プロダクトの完成したコンポーネントに対してユニットテストスイートを実行できるようにすべきである。

　ローカルのコードは統合環境にプロモートされ、そこで開発者のユニットテストがビルドとともに集約される。チームは完全なテストパスを1〜2時間で実行できる状態になっていなければならない。このテストパスには、自動化したユニットテストとユーザーレベルのチェックがすべて含まれる。多くの環境では、その時間が分単位になる。完全なテストパスは1日に数回実行すべきである。

　洗練された開発組織では、チェックイン（コミット）のたびに自動テストをすべて実行する継続的インテグレーション（CI）をサポートできなければならない。大規模なプロジェクトでは、さまざまな仮想環境が一団となって、テストスイートを並列に実行しなければならないことを意味する。結果として、（テストのスペシャリストを含んだ）専門のチームが必要となる。このチームは、さまざまなチームのテストスイートを組み込むことで、CI サーバーのビルド、メンテナンス、拡張を担当することになる。

　Amazon や Netflix のような知名度の高い企業には、高速な継続的テストをサポートする能力がある。なぜなら、そうした企業にはこの能力の専門チームが存在しており、コンピューターハードウェアに多額の投資を行っていて、長年にわたってそれらの能力を開発してきたからだ。CI に取り組み始めたばかりの企業や、Amazon や Netflix とはニーズが異なる企業は、それぞれに合った期待値を設定すべきである。

レガシー環境でのテストの自動化

　理想的なテストスイートを開発できないからといって、自動テストを作成しない理由にはならない。私たちは、品質の悪いコードベースを引き継いだチームが、基本的なスモークテストを導入することから始めて、自動テストを少しずつ埋め戻すことで、ほんのわずかな自動化から大きな利益を実現するのを目の当たりにしてきた。完成の定義（DoD）が最初は大まかなものであっても少しずつ厳密化していけば、テストの自動化を後押しすることができる。

　最も効果的なのは、レガシーなコードベースのテスト作業を、最も活発に取り組んでいるコードの部分に集中させることである。長年にわたって安定しているコードのカバレッジを増やしても、メリットはほとんどない。

12.2 | 効果的なアジャイルテストに対するその他の秘訣

　開発チームにテスト技術者を配属することと、テストを自動化すること以外にも、効果的なアジャイルテストに対する秘訣がある。次の点を頭に入れておこう。

開発者が自分のコードをテストする責任を持つ

　開発チームにテスト技術者を配属すると、開発者が自分のコードをテストしなくなるという思いもよらぬ結果を招くことがある。これではまったく逆効果である。テストを含め、開発作業の品質に最も責任を負うのは開発者である。次の前兆に目を光らせておこう。

- バックログアイテムがスプリントの終わりのほうにならないとクローズしない（テストがコーディングの後に別の作業として行われていることを示唆する）。
- コーディングタスクがDoDを満たしていない状態で開発者が他のタスクに移る。

コードカバレッジを計測する

　コードを書く前にテストケースを書くこと（テストファースト）は有益な規律になり得るが、新しいコードベースでは、ユニットテストのコードカバレッジの計測と下流工程でのテストの自動化を組み合わせるほうが重要であることがわかっている。ユニットテストのコードカバレッジが70%であることは、新しいコードで目標とすべき有益かつ現実的な数字である。ユニットテストのコードカバレッジが100%であることは滅多になく、

通常は収穫逓減点をはるかに超えている（もちろん、安全性を重視するシステムは例外である）。

　Construx Software が携わってきた組織では、一般に、テストコードとプロダクションコードの最善の比率はだいたい1対1である。これには、ユニットテストコードとより高いレベルのテストコードが含まれる。この場合も、実際の数字はソフトウェアの種類によって異なる。安全性を重視するソフトウェアでは、ビジネスソフトウェアやエンターテイメントソフトウェアとは異なる基準を用いることになるだろう。

テストカバレッジの基準を必要以上に振りかざさない

　「70% のステートメントカバレッジ」のような基準はあなたの予想以上に誤用されがちである。私たちはこれまで、合格率を引き上げるために失敗しているテストケースを無効にしたり、常に成功を返すテストケースを作成したりするチームを見てきた。

　このような状況では、人よりも仕組みを修正するほうが効果的である。この振る舞いは、開発作業の優先順位がテスト作業よりも高いとチームが考えていることを示唆している。リーダーはテストとQAがコーディングと同じくらい重要であることを伝える必要がある。テストの目的と価値をチームが理解するための手助けを行い、70% のような数字が目的ではなく指標にすぎないことをしっかり伝えよう。

静的コードメトリクスを監視する

　コードカバレッジやその他のテストメトリクス（テスト指標）は役に立つが、品質のすべてを物語るわけではない。品質に関する静的コードメトリクスも重要である。たとえば、セキュリティの脆弱性、循環的複雑度、判定の入れ子の深さ、ルーチンパラメーターの数、ファイルのサイズ、フォルダーのサイズ、ルーチンの長さ、マジックナンバーの使用、埋め込みSQL、重複コードや流用コード、コメントの質、コーディング標準の順守などがそうである。これらのメトリクスは、品質を維持するためにさらに作業が必要なのはコードのどの部分かに関するヒントを提供する。

テストコードを慎重に記述する

　テストコードはプロダクションコードと同じコード品質基準に従うべきである。つまり、よい名前を付ける、マジックナンバーを使わない、うまく整理する、重複を避ける、フォーマットに一貫性を持たせる、リビジョン管理を行うといった作業が必要になる。

テストスイートのメンテナンスを優先する

　テストスイートは時間が経つにつれて劣化していく傾向にある。テストの大部分が無効になっているテストスイートが見つかるのは決して珍しいことではない。チームはテストスイートのレビューとメンテナンスを継続的な開発作業に不可欠なコストとして計上し、テスト作業を DoD に盛り込むべきである。ソフトウェアを常にリリース可能な品質水準に近い状態に保つという目標を後押しする ―― つまり、欠陥が手に負えなくなるような状況を回避するには、このことが不可欠である。

受け入れテストの作成とメンテナンスを独立したテスト組織に任せる

　社内に独立したテスト組織がまだ存在する場合は、受け入れテストの作成とメンテナンスをその組織に担当させるとよいだろう。開発チームは開発チームでこれまでどおりに受け入れテストを作成して実行する ―― この体制を維持することは、欠陥の挿入から検出までのギャップを最小化する上で重要な柱となる。ただし、この種の作業に対する開発チームの責任は二次的なものとなる。

　受け入れテストは別の QA 環境で実行することがよくある。QA 環境は統合環境よりも安定していると考えられるため、統合環境の内容が絶えず変化する場合は、QA 環境で実行するとよいだろう。

ユニットテストを正しく捉える

　アジャイルテストには、コードレベルの（ユニット）テストを過度に注視するあまり、スケーラビリティやパフォーマンスといった創発的な性質のテストがおろそかになるという危険がある。このことが明らかとなるのは、大規模なソフトウェアシステムの統合テストを実行するときである。チームがスプリントの完了を宣言する前に、システム全体の十分なテストが盛り込まれるようにしよう。

12.3 │ その他の検討課題

■ 手動での探索的なテスト

手動によるテストの役割は、探索的テスト、ユーザビリティテスト、その他の手動テストという形で維持される。

■ 最新のテスト

ソフトウェアの世界はクラウドコンピューティングによって可能となったテストアプローチの急激な変化のさなかにある。それにより、変更内容のプロモートやロールバックは容易になっているが、クラウドコンピューティングから新しいエラーモードが生まれることもある。テストプラクティスに関する知識がオンプレミスのソフトウェアに基づいていて、そこから更新されていない場合は、クラウド固有のテストプラクティスを調べるために時間を割くべきである。たとえば、カナリアリリース（A/B テスト）やカオスモンキー／シミアンアーミーなどのプラクティスを調べてみるとよいだろう。

12.4 │ 推奨リーダーシップアクション

検査

- 自動テストに対するチームのアプローチを調べ、テストカバレッジに対する基準や受け入れテストの最低限のカバレッジに対する基準が含まれているかどうかを確認する。
- チームが手動で実行しているテストを割り出す。こうした手動テストのうち自動化できるものに対する計画がチームに必要だろうか。

適応

- テストの自動化に対する目標レベルをプロジェクトごとに定義する。次の3〜12か月でそうしたレベルを達成する計画を立てる。

12.5 ｜ 参考文献

- Crispin, Lisa and Janet Gregory. 2009. *Agile Testing: A Practical Guide for Testers and Agile Teams.*
  アジャイルチームやプロジェクトにとってテストがどのように異なるかに関する参考資料としてよく読まれている。

- Forsgren, Nicole, et al. 2018. *Accelerate: The Science of Lean Software and DevOps: Building and Scaling High Performing Technology Organizations.*
  最も効果的なアジャイルテストプラクティスに関する最新データをまとめた本。

- Stuart, Jenny and Melvin Perez. 2018. *Retrofitting Legacy Systems with Unit Tests.* July 2018.
  レガシーシステムでのテストに関連する問題を取り上げたホワイトペーパー。

- Feathers, Michael. 2004. *Working Effectively with Legacy Code.*
  テストを含めたレガシーシステムへの対応にさらに踏み込んでいる。

12

第13章

より効果的なアジャイル：要求の作成

　プロジェクトの課題や失敗の原因を分析する研究は幅広く行われているが、筆者がソフトウェア開発に携わるようになった最初の25年間に目にしたものはどれも、問題の主要な原因が要求のまずさにあったことを示していた。つまり、要求が完全ではなかったり、正しくなかったり、矛盾していたりする、というのである。この10年間を振り返ってみると、Construx Software がアジャイルプロジェクトで経験した課題に共通する一番の原因は、プロダクトオーナーの役割を埋めることの難しさにあった。もう察しがついているように、これは間違いなく要求の課題である。

　このように、要求は日常的に幅広く見られるソフトウェアプロジェクトの課題の根源であるため、次の2つの章では、他の話題よりも要求の詳細を掘り下げることにする。

13.1 | アジャイル要求のライフサイクル

　25年前と比べると、現在ではアジャイルプロジェクトで使える非常に効果的な要求プラクティスがいくつかある。これらのプラクティスは次に示す主な要求開発活動をそれぞれ後押しする。

- **獲得**
  要求の最初の発見。

- **分析**
  優先順位を含め、要求に対する理解を深め、知識に磨きをかける。

- ■ **仕様**

  要求を一貫した形式で表現する。

- ■ **検証**

  要求が正しい要求である（顧客のニーズを満たす）ことと、正しく表現されていることを確認する。

　こうした手法のほとんどについては、チームがそれらをアジャイルプロジェクトやシーケンシャルプロジェクトでどのように使ったとしても大きな違いはない。それらの違いは、チームがそうした活動を**いつ**実行するかにある。

　本章では、獲得と仕様の2つの活動を取り上げ、分析についての議論を開始する。次章では、分析の優先順位部分に着目する。アジャイルプロジェクトで要求を検証する主な手法には、要求に関する継続的な対話と、スプリントの終わりに実施するレビュー（つまり、実際に動くソフトウェアをデモすること）が含まれる。

13.2 ｜ **アジャイル要求では何が異なるのか**

　アジャイルプロジェクトとシーケンシャルプロジェクトでは、要求に関する作業が行われるタイミングが異なる。図13-1は、この違いを示している。

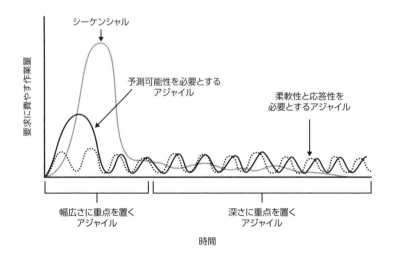

▲図13-1：予測可能性を必要とするアジャイルプロジェクト、柔軟性を必要とするアジャイルプロジェクト、そしてシーケンシャルプロジェクトでの要求の事前作業の違い ❶

---

❶ Wiegers, 2013

　シーケンシャルプロジェクトでは、要求作業のかなりの割合をプロジェクトの最初に大きなバッチで実行する。アジャイルプロジェクトでは、事前の作業はそれよりもずっと少なく、主に要求の範囲を理解することに重点を置いている。予測可能性を必要とするアジャイルプロジェクトでは、他のアジャイルプロジェクトよりも事前の要求作業が多くなる。どちらの場合も、個々の要求の細かなリファインメント（推敲）は、それらの要求に関する開発作業が始まる少し前まで先送りされる。

　アジャイルプロジェクトでは、プロジェクトの最初に各要求の本質的な部分だけを定義することが目標となる。細かな推敲作業のほとんどはジャストインタイムで行うために残され、場合によってはすべての作業がジャストインタイムで行うために残される。アジャイルプロジェクトでは要求をそれほど推敲しない、ということではなく、要求をあとで推敲する。要求を推敲しないという過ちを犯しているアジャイルプロジェクトもあるが、それはアジャイルというよりもコード＆フィックス開発の特徴である。より効果的なアジャイルプロジェクトでは、本章で後ほど説明するプラクティスを用いて要求を推敲する。

　アジャイルプロジェクトが要求にどのように取り組むのかを図解すると、次のようになる。

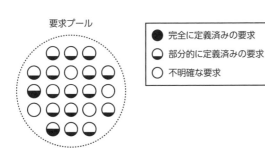

　シーケンシャルプロジェクトでは、各要求の詳細を事前に推敲し、プロジェクトの後半まで持ち越す要求作業はほとんどない。次ページの図に示すように、本質的な部分だけでなく、要求全体を早い段階で開発する。

要求を詳細にする作業はアジャイルアプローチでもシーケンシャルアプローチでも実行するが、そのタイミングは異なっている。このため、プロジェクトを通して、異なる種類の作業が異なるタイミングで完了することになる（図13-2）。

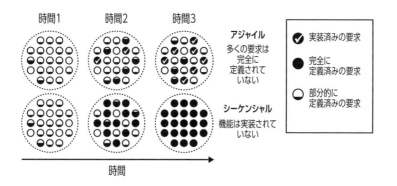

▲図13-2：アジャイルプロジェクトとシーケンシャルプロジェクトのさまざまな時点での要求の完成度と機能の完成度の違い

　シーケンシャルプロジェクトでは、要求作業の大部分を事前に行うため、基本的には次のように言っているのに等しい。「早いうちから要求を詳細に定義することはプロジェクトの残りの部分にとって付加価値となり、詳細な要求に事前に取り組んでおけば不確実性が少なくなるため、この事前の作業の仕損率は大目に見ることができるに違いない。」（ここで「仕損」とは、実装作業が始まる前に古くなってしまう要求作業のことである）

　アジャイルプロジェクトの言い分は基本的に次のようになる。「（要求作業だけでなく）エンドツーエンドの実装作業を行い、フィードバックを獲得しておけば、不確実性は少なくなるはずだ。事前に要求を詳細にする作業をやりすぎると、実装が始まる頃には「仕損」になってしまう大量の詳細な要求を定義することになる。要求の完全な定義を事前に行うことによって得られる付加価値がどのようなものであろうと、要求の仕損によっ

て生じる無駄はそれらの価値を上回るだろう。」

　どちらの主張にも一理ある。どちらのアプローチがより効果的であるかは、チームが Cynefin の煩雑系と複雑系のどちらに取り組んでいるか、要求作業を行っている人々のスキルがどれくらいか、そしてチームが行っている作業が複雑系ではなく本当に煩雑系であることにどれだけ確信があるかによって決まる。

13.3 | Cynefin と要求作業

　Cynefin の煩雑系の問題に関しては、チームの要求開発のスキルが十分であれば、そのシステム全体を事前にモデル化することが可能である。

　Cynefin の複雑系の問題に関しては、そのシステムが何をする必要があるのかを事前に知ることは不可能である。要求開発作業は開発チームとビジネスの両方にとって学習プロセスとなる。複雑系では、頭の切れる人々でさえ、実際にやってみるまでは必要な作業の詳細をすべて知ることはできない。

　複雑系の問題に対する要求を事前に定義することには、次のような課題がある。

- **要求が変化する**
  最初の推敲から実装作業が始まるまでの間に再び推敲が必要になる。最初の推敲作業は無駄になる。

- **要求が取り下げられる**
  推敲作業がかなり行われた後になって、その要求が削除される。

- **それほど必要ではない要求が実装される**
  ユーザーが動くソフトウェアを見て初めてそのことが判明する。

- **要求が見落とされているか、プロジェクトの途中で明らかになる**
  設計や実装の手法が、要求を事前に完全に定義しているか、ほぼ完全に定義していることを前提とする場合は、このことが問題に発展する。見当違いの設計作業や実装作業は無駄になる。

　シーケンシャルプロジェクトでは、要求を完全に定義した後になって要求が変化した場合は多くの無駄が生じることになる。このことを図13-2の「時間3」を使って図解すると、次ページの図13-3のようになる。

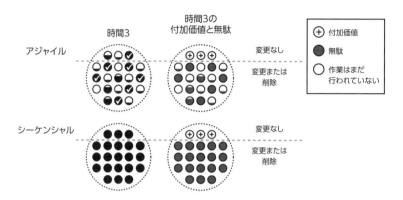

▲図13-3：アジャイルプロジェクトとシーケンシャルプロジェクトの途中で要求が変化した場合に生じる無駄の違い

　図13-3の上部はアジャイルプロジェクトを表しており、要求に変化がなければもちろん無駄は存在しない。変更された要求や削除された要求に対する無駄は、作業の完成度によって異なる。部分的に定義済みの要求（部分的に塗りつぶされた円）では無駄が少なく、完全に定義済みの要求では無駄が多くなる。

　図13-3の下部はシーケンシャルプロジェクトを表しており、変更された要求と削除された要求に対する無駄の度合いが高くなっていることがわかる。というのも、それらの要求が変更または削除される時点で比較すると、こちらのほうがそれらの要求に対する投資の度合いが高いからだ。

　アジャイル要求でも出だしの失敗や行き詰まりがないわけではないが、そうした失敗や行き詰まりに対する事前の投資が少ないため、全体的な無駄が少なくなる。

13.4 ｜ アジャイル要求：ストーリー

　一般に、アジャイル要求は次のようなストーリー形式で表現する。

> 　私は＜ユーザーの種類＞として、＜利益＞のために＜目標／要求＞を望んでいる

　ストーリーとは、限定的で明確に定義した機能のことである。すべてのストーリーが要求であるというわけではない。表13-1に例をいくつかまとめておく。

▼表 13-1：ユーザーストーリーの例

ユーザーの種類	利益	目標／要求
私はソフトウェアリーダーとして	組織のチーム外の人たちに絶えず情報を提供できるようにするために	プロジェクトの状態を定量的に把握したい
私はビジネスリーダーとして	どのプロジェクトに注意を向ける必要があるかを理解できるようにするために	すべてのプロジェクトの状態を1つの場所で確認できるようにしたい
私は技術職として	自分の時間の多くを技術的な実践作業に費やせるようにするために	少ない作業量で進捗を報告したい

　アジャイルプロジェクトは、要求を表現する主な手段として、よくストーリーを活用する。それらのストーリーは、アジャイルツール、ドキュメントやスプレッドシート、インデックスカード、または壁に貼られた付箋紙に記すことができる。表13-1の例を見ればわかるように、ストーリー自体は開発作業を支援できるほど詳細なものではない。ストーリーはあくまでも、ビジネス職と技術職との対話を文書化した、追跡可能な代替物である。これらのストーリーは、ビジネス、開発、テストの視点と、（そのストーリーにとって適切であれば）その他の視点を含んだ対話を通じて推敲される。

13.5 ｜ アジャイル要求のコンテナ：プロダクトバックログ

　一般に、アジャイル要求はプロダクトバックログに配置する。プロダクトバックログには、ストーリー、エピック、テーマ、イニシアティブ、フィーチャー、機能、要求、機能拡張、フィックスなど❷、プロジェクトのスコープの残りの部分を定義するために必要な作業がすべて含まれる。「バックログ」はスクラムの標準用語である。カンバンチームはバックログを「入力キュー」と呼ぶことがあるが、考え方は同じである。チームが規制産業などの制度的な枠組みの中で作業を行っている場合は、より制度に則った入れ物としてのコンテナ（ドキュメント）が必要かもしれない。

　ほとんどのチームは、現在のスプリント以外に、リファインメント済みのバックログアイテムがだいたいスプリント2つ分あれば、ワークフローのプランニングや技術的な実装をサポートするのに十分な情報を提供できると考える。チームのほとんどの作業がCynefin の複雑系で行われる場合は、プランニングの見通し期間が短いほうが現実的かもしれない。

---

❷ これらの用語については、本章のこの後の説明を参照。

　図13-4は、プロダクトバックログアイテムが実装に近づけば近づくほど、それらのアイテムがよりリファインメントされた状態になっていくことを示している。この図では、バックログがじょうごとして表されており、一番下にあるのが近々作業するアイテムである（一般に、アジャイルチームはバックログを「キュー」として引き合いにし、近々作業するアイテムをキューの一番上に配置する）。

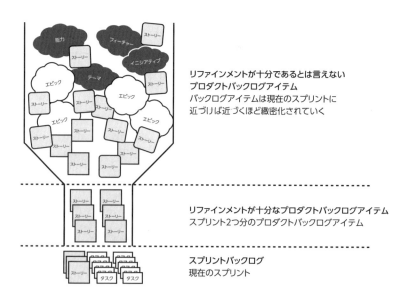

▲図13-4：アジャイルのプロダクトバックログはジャストインタイムのリファインメントを重視する

プロダクトバックログには何を配置するか

　一般に、プロダクトバックログには要求を配置するが、「要求」の定義はそれほど厳格ではない。最も一般的なプロダクトバックログアイテムは次のとおりである。

要求

　　フィーチャー、エピック、ストーリー、フィックス、機能拡張などを含んだ総称。「要求」は必ずしも「完全な形式の厳格な要求」を意味するわけではない。現に、本章ですでに説明し、図13-2でも示したように、アジャイルでのほとんどの要求は実装する直前まで部分的に定義した状態のままである。

フィーチャー

　　ビジネスに能力や価値をもたらす機能のインクリメント。「フィーチャー」には、そのデリバリーに複数のスプリントが必要であるという含みがある。フィーチャーはよくユーザーストーリーの集まりとして説明される。

エピック

　　デリバリーに複数のスプリントを必要とするストーリー。エピックとフィーチャーの具体的な詳細に関しては、どちらも 1 つのスプリントで完了するには大きすぎることを除いて、幅広い合意は得られていない。

テーマ、投資テーマ、能力、イニシアティブ、機能拡張、その他同様の用語

　　バックログはリファインメントが期待されるため、アイテムが比較的漠然としたものであっても、バックログに追加することができる。それらのアイテムがやがて推敲されることを見越した上で、バックログの最後に追加することもできる。

ユーザーストーリーまたはストーリー

　　システムを使用する人の視点に立って説明される機能または能力の説明。ストーリーとユーザーストーリーを区別する人もいるが、これら 2 つの用語の使用法は統一されておらず、ほとんどの場合は同じ意味で使用される。ストーリーは一般に 1 つのスプリントに収まるものとして定義する。リファインメントプロセスでストーリーに複数のスプリントが必要であることが判明した場合は、エピックとして再分類する。

13

フィックス、技術的負債の削減、スパイク

　　ユーザー要求を実装しない開発指向の作業。この種の作業は一般に「イネーブラー」と呼ばれる。

　　プロダクトバックログの内容に関しては幅広い用語があり、中にはあいまいなものもある。このため、すべてのプロダクトバックログアイテムを単に「PBI（Product Backlog Item）」と呼ぶアジャイル実践者も存在する。用語絡みのさまざまな問題をかわすのによい手かもしれない。

13.6 | プロダクトバックログに要求を追加する方法

　バックログはアジャイルプロジェクトにおいて重要な役割を果たすが、プロダクトオーナーやアジャイルチームの他のメンバーはアイテムをどのように追加するのだろうか。多くのアジャイルの教科書は、アイテムがバックログにどのように追加されることになっているかについてまったく言及していない。

　要求をプロダクトバックログに追加する方法はさまざまである。それらの手法はトップダウンまたはボトムアップの2つに大きく分けることができる。

トップダウン方式の要求獲得

　トップダウン方式では、要求プロセスは全体像から始まる。チームは、アクター、フィーチャー、エピック、イニシアティブを特定する。これらはトップレベルのビジネス目標、機能、能力であり、続いてストーリーに分解される。トップダウン方式を開始するよい方法は次のようなものである。

- ストーリーマップを作成する
- プロダクトビジョンを定義する
- エレベーターピッチを作成する❸
- プレスリリースとFAQを記述する
- リーンキャンバスを作成する
- インパクトマップを設計する
- ペルソナを特定する

　これらの手法にはそれぞれリリースの全体的な方向を定義するという意図がある。どの手法も、実装を進めるのに十分な、より詳細なストーリーの生成を手助けすることを目指している。

ボトムアップ方式の要求獲得

　ボトムアップ方式では、要求プロセスは具体的な詳細（通常はストーリー）から始まる。ボトムアップ方式を開始するよい方法は次のようなものである。

---

❸［訳注］アイデアやプロダクトがどのようなものであるかを短い時間で理解できるように説明するもの。エレベーターの中で説明できるくらい短いプレゼンテーションであることから、このように呼ばれる。

- ユーザーストーリー作成のワークショップを開く

- 典型的なユーザーによるフォーカスグループを実施する

- 要求獲得のヒアリングを行う

- ユーザーが仕事をしているところを観察する

- 現在のシステムでの問題報告を見直す

- 既存の要求を見直す（既存のシステムの機能を複製している場合）

- 既存の拡張依頼を見直す

　特定のストーリーが生成されたら、それらをテーマ、フィーチャー、エピックにまとめる。

トップダウンかボトムアップか

　新しい開発作業では、通常はトップダウン方式を採用する。レガシーシステムと進化的開発にはボトムアップ方式が適している。反復型開発を用いた新規開発プロジェクトでは、ユーザーフィードバックを獲得するのに十分な機能を開発した後、チームがトップダウンからボトムアップに切り替えることがある。

　トップダウン方式を採用するときの課題は、作業の全容を解明するための詳細の掘り下げが不十分で、バックログリファインメントを開始するまであまりにも多くの詳細が発見されないままになっていることに起因する。

　ボトムアップ方式の要求獲得では、システム全体を有意な視点で捉えることが課題となる。要するに、「木を見て森を見ず」というわけである。細かな作業をひっくり返すようなトップレベルの制約を見過ごしていることも考えられる。チームの全体的な作業の方向性を終始一貫したものにするには、追加の作業が必要となる。

　ボトムアップ方式とトップダウン方式は途中のどこかで落ち合うことになる。たとえば、ユーザーストーリーを作成するためのワークショップでは、トップダウン方式の手法の多くを引き出すことができる。要求獲得のヒアリングでは、プレスリリース原稿をプロンプターとして活用できる。

　具体的なアジャイル要求獲得プラクティスの詳細について説明することは本書の適用範囲を超えている。章末の「参考文献」で、その他の情報源を提案している。

13.7 | 基本原則：プロダクトバックログのリファインメント

　最初にプロダクトバックログにアイテムを追加した後は、継続的な**リファインメント**が必要である。そのようにして、効果的なスプリントプランニングと開発作業を支援するのに十分な詳細が各プロダクトバックログアイテムに含まれるようにする。筆者は通常、現在のスプリントの作業とは別に、十分にリファインメントされたプロダクトバックログアイテムがだいたいスプリント2つ分あるとよい、と考えている。

　バックログリファインメントが不十分であると、アジャイルチームにとって多くの重大な問題の原因となる可能性がある。

- バックログアイテムが作業を進めるのに十分なほど細かく定義されていないため、チームが間違った方向に進んでしまう。

- チームがスプリントの途中でのリファインメントに時間を取られすぎており、予想外の展開に何度も出くわしてしまう。

- バックログアイテムが更新されていないため、チームが古いコンセプトで実装してしまう。

- バックログの優先順位が正しく設定されていないため、チームが価値の低いアイテムに取り組み、価値の高いアイテムの作業が遅れてしまう。

- バックログアイテムの見積もりを誤っており、バックログアイテムが大きすぎる。それらのアイテムが予想以上に大きいために、チームがそのスプリントのゴールを達成できなくなってしまう。

- バックログアイテムのリファインメントが十分ではないために、チームの作業が完全に不足してしまう。

バックログリファインメントセッション

　バックログリファインメントは、プロダクトオーナー、スクラムマスター、開発チームからなるセッションで行われる。チーム全体が参加することで、今後の作業に対する共通の理解を深めることができる。

　このセッションには、次の作業が含まれる。

- ストーリーやエピックについて話し合う

- エピックをストーリーに分割する

- ストーリーをより小さなストーリーに分割する（エピックをより小さなエピックに分割する）

- ストーリーの詳細を明確にする

- ストーリーの受け入れ基準を定義する

- ストーリーを見積もる

バックログリファインメントセッションはたいていスプリントの途中に開催する。質問に答える必要がある場合、それらの質問に答えるための作業は次のスプリントプランニングミーティングの前に完了しておくべきである。質問が残ったままになっていると、スプリントプランニングに支障をきたすことがある。

　プロダクトオーナーは優先順位が付いたプロダクトバックログアイテムのリストをバックログリファインメントセッションに持参する。その時点で、プロダクトオーナーは要求関連の推敲作業のほとんどを完了しているはずだ。

13.8 ｜ 基本原則：準備完了の定義を作成し、使用する

　完成の定義（DoD）は、作業がきちんと完了する前にチームがその作業を次の段階へ進めないようにするのに役立つ。同じように、文書化された明確な**準備完了の定義**（Definition of Ready：DoR）は、準備が整う前にチームが要求の開発作業に進めないようにするのに役立つ。プロダクトバックログアイテムが準備完了と見なされるのは、次の状態になったときである。

- そのスプリントで実行できるかどうかを判断できるほど開発チームによって理解されている。

- 見積もりが済んでいて、1つのスプリントに無理なく収まる。

- そのスプリントでの実装を妨げるような依存関係が存在しない。

- 受け入れ基準が定義されている（検証可能）。

　各チームは、これらのポイントをカスタマイズした独自のDoRを作成できる。次のプリントプランニングミーティングの前に、ターゲットとなるプロダクトバックログアイテムのリファインメントが完了していることが目標となる。そのようにして、効果的なプランニングに必要な情報がすべて揃った状態にし、未解決の問題によって作業が脱線しないようにする。

13

13.9 │ その他の検討課題

■■ 要求の基礎

　要求は昔からずっと頭の痛い問題である。アジャイルには要求の基準に対する有益なプラクティスがあるが、質の高い要求が重要であることに変わりはない。

　シーケンシャル開発では、溜まりに溜まった非効率のつけがプロジェクトの終わり頃に一度に回ってくるため、要求の問題はことさら目立っていた。1年のプロジェクトにおいて、不十分な要求がプロジェクトの効率を10%低下させるとしたら、そのプロジェクトは1か月以上遅れることになる。そのような不利益を無視するのは難しい。

　アジャイル開発では、要求の定義が不十分であるために生じる不利益は、プロジェクト全体にわたって小刻みに、より頻繁に償却される。要求の定義が不十分であるために効率が10%低下しているチームは、数スプリントおきにストーリーを手直しするかもしれない。不利益を一気に被るわけではないため、それほど大きな痛みを伴うようには見えないが、非効率が蓄積するのと同じように重大な影響をもたらす可能性がある。

　レビューやレトロスペクティブを行う際、アジャイルチームは要求の問題に特に注意を払うべきである。ユーザーストーリーの解釈が誤っていることに気付いたら、チームの要求スキルを向上させるために集中的に取り組むことを検討すべきである。

　要求のプラクティスについて詳しく説明することは本書の適用範囲外だが、次の自己診断を行って自分の知識をチェックしておくとよいだろう。用語のほとんどになじみがない場合は、ソフトウェア要求が今や十分に発達した分野であり、多くの優れた手法が提供されていることを知っておいて損はない。

■■ 要求の自己診断

☐ 受け入れテスト駆動開発（ATDD）
☐ ビヘイビア駆動開発
☐ チェックリスト
☐ コンテキスト図
☐ エレベーターピッチ
☐ イベントリスト
☐ エクストリームキャラクター
☐ 5つのなぜ（five whys）
☐ ハッスルマップ
☐ インパクトマッピング
☐ インタビュー

☐ ラダリング法による質問
☐ リーンキャンバス
☐ MVP（Minimum Viable Product）
☐ ペルソナ
☐ Planguage 言語
☐ プレスリリース
☐ プロダクトビジョン
☐ プロトタイプ
☐ シナリオ
☐ ストーリーマッピング
☐ ユーザーストーリー

13.10 ｜ 推奨リーダーシップアクション

検査

- 事前のレンズとジャストインタイムのレンズを通して、要求に対するチームのアプローチを見直す。「要求の仕損率」としてどの程度の数字が見込まれるだろうか（要求の仕損率は、定義してから実装するまでの間に古くなっている、あるいは再定義が必要となる要求の割合）。

- チームは要求獲得のアプローチとしてトップダウン方式とボトムアップ方式のどちらを採用しているだろうか。それぞれの手法に関して本章で説明した一般的な課題はどの程度見られるだろうか。チームがそれらの課題に対処する準備はできているだろうか。

- チームのバックログの状態を理解することを目的としてバックログリファインメントセッションに参加する。効率的なスプリントプランニングと、スプリントでの効率的な開発作業を後押しするのに十分な要求が定義されているだろうか。

- チームが準備完了の定義（DoR）を文書化し、実際に活用しているかどうかを調べる。

- 過去のスプリントレビューとスプリントレトロスペクティブを再調査し、バックログリファインメントが不十分だったために完了できなかったバックログアイテムを洗い出す。チームは将来そのようなことが起きないようにする対策を取っているだろうか。

適応

- 準備完了の定義（DoR）を作成するための措置を講じる。

- プロダクトバックログリファインメントが適切なタイミングで行われるようにするための措置を講じる。

13.11 | 参考文献

- Wiegers, Karl and Joy Beatty. 2013. *Software Requirements, 3rd Ed.*
  シーケンシャルプロジェクトとアジャイルプロジェクトの両方の作業に対する要求
  プラクティスを非常にわかりやすく包括的に説明している。

- Robertson, Suzanne and James Robertson. 2013. *Mastering the
  Requirements Process: Getting Requirements Right, 3rd Ed.*
  上記のウィーガーズとビーティの本の補足情報として参考になる。

- Cohn, Mike. 2004. *User Stories Applied: For Agile Software Development.*
  ユーザーストーリーをくまなくカバーしている。

- Adzic, Gojko and David Evans. 2014. *Fifty Quick Ideas to Improve Your
  User Stories.*
  本のタイトルからもわかるように、ユーザーストーリーを改善するためのさまざま
  なアドバイスをコンパクトにまとめている。

第14章

より効果的なアジャイル：
要求の優先順位付け

ビジネスにおいて最も優先されるものから順に機能をデリバリーすることは、アジャイル開発の重点の1つである。最も優先順位の高いストーリーを、近々行われるスプリントにおいてさらにリファインメントと実装を行うためにバックログの先頭に移動する。優先順位付けは、実装するストーリーがどれで、実装しないストーリーがどれかを判断する目的でも利用する。

要求の優先順位付けは常に役立ってきたが、アジャイルプロジェクトでは要求の優先順位付けの重要性がいっそう顕著となっている。要求の優先順位付けに役立つ非常に効果的な手法がいくつか開発されている。だがその前に、アジャイルプロジェクトでの要求の優先順位付けに最も責任を持つ役割を見てみよう。

14.1 | プロダクトオーナー

第4章で説明したように、スクラムにおいて最もよくある失敗モードの1つは、無能なプロダクトオーナー（PO）である。Construx Software の経験では、有能なプロダクトオーナーには次の特性がある。

特定分野の専門知識

有能なプロダクトオーナーは、アプリケーション、業界、それらのアプリケーションを使用する顧客についてのエキスパートである。業界に関する知識は、MVP（Minimum Viable Product）に本当に必要なものを理解することを含め、チームの成果物に優先順位を付けるための基盤となる。プロダクトオーナーはビジネスコンテキストを技術チームに伝えるために必要なスキルを備えている。

ソフトウェア要求のスキル

有能なプロダクトオーナーは、特定の環境にふさわしい要求を定義するのに必要なレベルおよび種類の詳細を理解している（ビジネスシステムの要求と医療機器とでは、必要な詳細のレベルは異なる）。プロダクトオーナーは要求と設計の違いを理解している ── プロダクトオーナーは「何をするか（What）」に焦点を合わせ、「どのようにするか（How）」は開発チームに任せる。

ファシリテーションスキル

有能なプロダクトオーナーは、人々を団結させて共通の目標に向かわせることができる。ソフトウェア要求作業とは利害の対立を調整することに他ならない。つまり、次をはじめとする緊張関係の妥協点を探ることになる。

- ビジネス目標と技術目標
- チームの局所的な技術上の懸案事項とより大局的な組織のアーキテクチャ上の懸案事項
- プロダクトのさまざまなステークホルダーどうしの対立

有能なプロダクトオーナーはプロダクトを健全な状態に保つためにさまざまな視点からステークホルダーの作業を手助けする。

勇敢さ

有能なプロダクトオーナーは折々に決断を迫られる。有能なプロダクトオーナーは独裁者ではなく、「決定権者が決める」ときと「グループが決める」ときを心得ている。

個人の効果性

有能なプロダクトオーナーは個人に求められる効果性の特性全般も備えている。たとえば、非常にエネルギッシュで、バックログリファインメントに積極的に取り組み、ミーティングを効率的に進行させ、一貫して最後までやり遂げる。

　この望ましい特性のリストから、有能なプロダクトオーナーの経歴の一部が垣間見える。理想的なプロダクトオーナーには、エンジニアリングの知識、その分野での経験、そしてビジネス経験がある。ただし、すでに述べたように、適切な訓練を受ければ、ビジネスアナリスト、カスタマーサポートメンバー、テスト技術者も優秀なプロダクトオーナーになれるはずである。

14.2 ┃ Tシャツのサイズ分け

　『Software Estimation: Demystifying the Black Art』❶で述べたように、「Tシャツのサイズ分け（T-Shirt Sizing）」は、おおよその投資利益率（ROI）に基づいて、部分的にリファインメントされる機能に優先順位を付けるのに役立つ。

　このアプローチでは、技術職が各ストーリーのサイズ（開発コスト）を他のストーリーとの相対でS、M、L、XLのいずれかに分類する。「ストーリー」はフィーチャー、要求、エピックでもよい。それと同時に、顧客、マーケティング、営業、またはその他の非技術系のステークホルダーがストーリーのビジネス価値を同じ基準で分類する。続いて、これら2つの入力を組み合わせる（表14-1）。

▼表14-1：Tシャツのサイズ分けでは、ビジネス価値と開発コストに基づいてストーリーを分類する

ストーリー	ビジネス価値	開発コスト
ストーリーA	L	S
ストーリーB	S	L
ストーリーC	L	L
ストーリーD	M	M
ストーリーE	M	L
ストーリーF	L	M
…		
ストーリーZZ	S	S

　ビジネス価値と開発コストの関係をこのように定義すると、非技術系のステークホルダーが「ストーリーBの価値はSしかないので、開発コストがLなら必要ない」といった判断を下せるようになる。これはストーリーを推敲する早い段階で下すことができる非常に有益な判断である。逆に、そのストーリーに対してリファインメント、アーキテ

❶ McConnell, 2006

クチャ、設計などを少し行ってしまっていたとしたら、ストーリーに費やした作業量の
コストを最終的に正当化できなくなるだろう。ソフトウェアでは「ノー」と即断するこ
とに高い価値がある。Tシャツのサイズ分けを利用すれば、プロジェクトの早い段階に
ストーリーを却下する決断を下せるようになり、それらのストーリーでそれ以上作業を
行わずに済む。

　ストーリーを費用と効果の大まかな順序で並べることができれば、どの作業を進め、
どの作業を打ち切るのかに関する議論が容易になる。一般に、この並べ替えは開発コス
トとビジネス価値の組み合わせに基づいて「正味のビジネス価値」を表す数を割り当てる、
という方法で行われる。

　表14-2は、各組み合わせに正味のビジネス価値を割り当てる1つの方法を示している。
この方法をそのまま使ってもよいし、正味のビジネス価値をより正確に反映する方法を
独自に考え出してもよいだろう。後者の方法は、各自の環境における開発コストとビジ
ネス価値の組み合わせに基づくものになる。

▼表14-2：開発コストとビジネス価値の関係に基づくおおよその正味のビジネス価値

ビジネス価値	開発コスト			
	XL	L	M	S
XL	1	5	6	7
L	–4	1	3	4
M	–6	–2	1	2
S	–7	–3	–1	1

　この参照テーブルをもとに、元の費用対効果の表に3つ目の列を追加できる（表
14-3）。

▼表14-3：大まかな正味のビジネス価値に基づいてTシャツのサイズを並べ替える

ストーリー	ビジネス価値	開発コスト	大まかな正味のビジネス価値
ストーリーA	L	S	4
ストーリーF	L	M	3
ストーリーC	L	L	1
ストーリーD	M	M	1
ストーリーZZ	S	S	1
ストーリーE	M	L	–2
...			
ストーリーB	S	L	–3

「大まかな正味のビジネス価値」列の値は、そこに書かれているとおり、「大まかな値」である。このリストを上から順に見て境界線を引くようなことはお勧めしない。大まかな正味のビジネス価値で並べ替えた値は、リストの上位にあるストーリーを即座に承諾し、下位にあるストーリーを即座に却下するための目安となる。中間のストーリーについてはまだ議論する必要がある。正味のビジネス価値は大まかな値であるため、よく調べてみると「値が 1 のストーリーのほうが 2 のストーリーよりもよいアイデアである」ことが判明することもある。

T シャツのサイズ分けとストーリーポイント

このTシャツのサイズ分けに関する説明では、開発コストとビジネス価値に同じ T シャツのサイズを尺度として用いている。ストーリーポイントを割り当てるのに十分なほどストーリーが推敲されていれば、開発コストにストーリーポイントを使用し、ビジネス価値を T シャツのサイズで表したとしても同じようにうまくいく。大まかな正味のビジネス価値を計算すれば、ROI が最も高いアイデアが一番上に来るようにすることが依然として可能である。これは開発コストにどのような尺度を用いるかに関係なく可能である。

14.3 ｜ ストーリーマッピング

プロダクトバックログが数十あるいは数百ものストーリーで構成されるのはよくあることである。このため、優先順位を付ける作業がすぐにややこしくなってしまう。また、1 つ 1 つは最も優先度の高いバックログアイテムであったとしても、注意していないと、各スプリントの終わりにまとめてデリバリーされるアイテムの一貫性がすぐに失われてしまう。

ストーリーマッピングはストーリーの優先順位を決めるための効果的な手法であり、デリバリー時に一連のストーリーが一貫性のあるパッケージにまとめられる[2]。また、要求の獲得、分析、仕様に役立つほか、開発時の進行状況の追跡にも役立つ。

ストーリーマッピングは次の 3 つの手順で構成する。この作業はチーム全体で行う。

1. 主要な機能を付箋紙に記入し、優先順位の高いものから順に左から右に貼り付けていく。これらの機能はフィーチャー、エピック（ビッグストーリー）、テーマ、イニシアティブ、その他の大まかな要求で構成する。本章ではこれ以降、これらの要求を「エピック」と総称する。

---

[2] Patton, 2014

2. トップレベルのエピックをステップまたはテーマに分解する。この推敲によってエピックの優先順位が変わることはない。

3. ステップまたはテーマをそれぞれストーリーに分解し、付箋紙に記入する。これらのストーリーを各ステップまたはテーマの下に優先順位の高いものから順に貼り付けていく。

この作業により、左から右、上から下に向かって、一連の要求が優先順位の高いものから順に並んだストーリーマップが完成する。

以下の項では、これらの手順をさらに詳しく見ていく。

手順１：エピックと他のトップレベルの機能に優先順位を付ける

この手順では、付箋紙を使って、トップレベルの機能を優先順位の高いものから順に左から右に貼り付けていく（図14-1）。

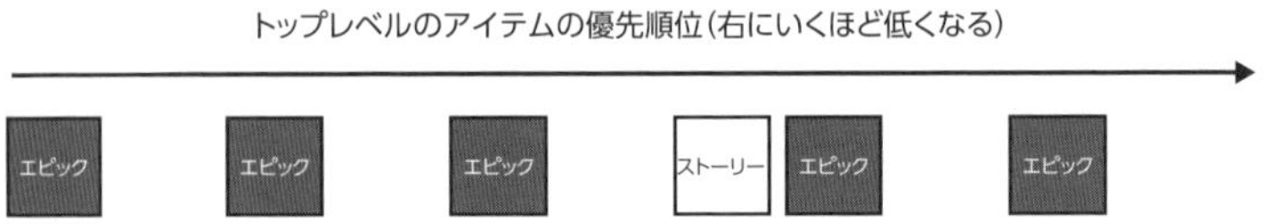

▲図14-1：ストーリーマッピングでは、まずエピック（およびその他のトップレベルアイテム）を優先順位の高いものから順に並べていく

これらのエピックの優先順位は、Tシャツのサイズ分けか、「第22章　より効果的なアジャイル：ポートフォリオマネジメント」で説明するWSJF（Weighted Shortest Job First）などの手法を使って決定できる。

ストーリーマップの右側にある優先順位の低いエピックは、リリースに含まれるほど重要ではないかもしれない。リリースに含まれるほど重要だとしても、MVP（Minimum Viable Product）に含まれるほど重要ではないかもしれない。

手順２：トップレベルのエピックをステップまたはテーマに分解する

ほとんどのエピックはシーケンシャルなステップとして直観的に説明できる。エピックの中には、シーケンシャルなステップで構成されず、テーマに分解できるものがある（図14-2）。

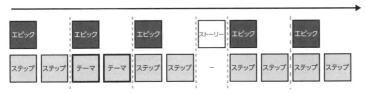

▲図 14-2：ストーリーマッピングでは、次にエピックの下にステップまたはテーマを並べていくが、エピックの優先順位は変わらない

この第 2 レベルのステップやテーマへの分解は、ストーリーマッピングにおいて「バックボーン（背骨）」と呼ばれる。バックボーンの説明を順番に見ていくと、構築される機能全体の首尾一貫した説明になるはずだ。

手順 3：各ステップまたはテーマを優先順位の付いたストーリーに分解する

この手順では、各ステップまたはテーマをさらに 1 つ以上のストーリーに分割してバックボーンの下に配置する。これらのストーリーは、T シャツのサイズ分けか、チームによるもっと大ざっぱな判断に基づいて、優先順位の高いものから順に上から下に並べる（図 14-3）。

14

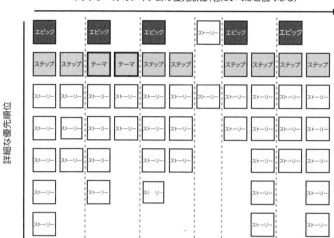

▲図14-3：チームは各ステップまたはテーマをストーリーに分解し、優先順位の高いものから順に並べていく

　各ステップまたはテーマの下に縦に積み重なっているストーリーは、ストーリーマッピングにおいて「リブ（肋骨）」と呼ばれる。バックボーンのすぐ下にあるのは、首尾一貫した実装を構成する最小限のストーリーの集まりであり、「ウォーキングスケルトン」と呼ばれる。ウォーキングスケルトンは首尾一貫しているが、通常はMVPとしては不十分である。MVPには、ウォーキングスケルトンの他にもストーリーが含まれている。

　これらの用語をストーリーマップに当てはめると、図14-4のようになる。

　開発チームが定義する細かな機能は長いリストになることがあり、それらの機能は1つのリリースにまとまらないことがある。バックボーン、ウォーキングスケルトン、MVPを定義すれば、優先順位付けされた一貫性のある機能をデリバリーするにはどの方向へ向かえばよいかを開発チームに明確に示すことができる。

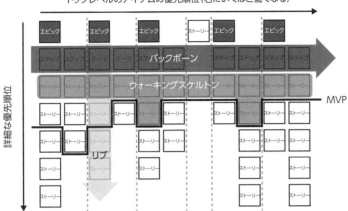

▲図14-4：バックボーンのすぐ下にある機能のホリゾンタルスライスは「ウォーキングスケルトン」と呼ばれる首尾一貫した最小限のリリースを構成する。通常、MVPにはウォーキングスケルトン以外の機能も含まれている

ストーリーマッピングとユーザーロール

　エピックの代わりにユーザーロールを最上部に配置するという方法も有効である。それらのユーザーロールを優先順位の高いものから順に左から右へ並べていき、それらの下でエピックを分解すればよい。

情報ラジエーターとしてのストーリーマッピング

　効果的なアジャイルプラクティスは、**作業の見える化**に重点を置いている。つまり、Webページで閲覧できるようにするだけではなく、作業環境でも目に見えるようにする。ストーリーマップを壁に貼っておくと、チームの優先順位、現在の割り当て、今後の作業の流れをいつでも思い出すことができる。アジャイルチームの間では、この種の掲示物を**情報ラジエーター**と呼ぶ。

　デリバリーパフォーマンスを向上させるには、この種の掲示物が不可欠であることが調査で明らかとなっている❸。

❸ Forsgren, 2018

アジャイルの振り子の揺れとしてのストーリーマッピング

　ストーリーマッピングは、ソフトウェア開発の振り子が純粋なシーケンシャル開発から初期のアジャイルへどのように揺れ動いたのかを示す興味深い例である。そして現在では、その揺れが**より効果的なアジャイル**に戻っている。初期のアジャイル開発は、万難を排してでも事前の要求作業を回避し、要求作業をぎりぎりのタイミングまで先送りしていた。アジャイル開発と深く関連しているストーリーマッピングは、要求の整理と優先順位付けを**事前**に行うアプローチである。とはいえ、要求の完全な推敲を事前に行うかつてのシーケンシャルプラクティスではない。ストーリーマッピングは、広い範囲のリリースを事前に定義した上で、そのリリースでの増分的な要求リファインメントのための優先順位とガイダンスを継続的に提供するのに役立つプラクティスである。

　ストーリーマッピングは、シーケンシャル開発とアジャイル開発を合成した場合にそれぞれの長所をどのように活かせるかに関するすばらしい例である。ストーリーマッピングを利用すれば、要求を事前に洗い出しておき、実装が目前に迫ったところで初めてリファインメントを行うことができる。このプラクティスは、優先順位の高い機能からデリバリーするものの、全体像がわからないというアジャイルの一般的な失敗モードを回避するのに役立つ。また、ストーリーを左から右、上から下にたどっていくと、エピックに欠けているステップや優先順位の見誤りといったミスが明らかになることもよくある。

14.4 ｜ その他の検討課題

　要求獲得と同様に、要求の優先順位付けは昔から頭の痛い問題となっている。Tシャツのサイズ分けに加えて、次の有益な手法があるので参考にするとよいだろう。

■ ドット投票

　ドット投票では、各ステークホルダーに決まった数のドット（10ドットなど）が与えられる。ステークホルダーは各自が適切と思う方法で手持ちのドットを要求に割り当てる。10個のドットをすべて1つの要求に割り当ててもよいし、10個の要求にドットを1つずつ割り当てるか、1個の要求にドットを5個割り当て、残りの5個の要求にドットを1つずつ割り当てるのも自由である。このようにして、グループの優先順位をすばやく特定できる。

MoSCoW

MoSCoW は、「Must have, Should have, Could have, Won't have」の略称であり、提案された要求をカテゴリに分類するのに役立つ。

MVE

MVE（Minimum Viable Experiment）とは、チームにとって価値のあるフィードバックを提供するために使用できる最も小さなリリースのことである。MVE はプロダクトの方向性として考えられるものを探るための調査に相当し、Cynefin の複雑系での作業を支援する。

MVP の代わりになるもの

MVP（Minimum Viable Product）を「Minimum」に保つのが難しいと感じるチームもある。チームがそのような問題を抱えている場合は、次に示すような別の形の「Minimum」を探してみることを検討しよう。

- ETP（Earliest Testable Product）：顧客が実際に何かを試してみることができる最初のリリース
- EUP（Earliest Usable Product）：新しい物好きな顧客が実際に使ってみようと考えるような最初のリリース
- ELP（Earliest Lovable Product）：顧客に気に入ってもらえそうな最初のリリース

WSJF

WSJF（Weighted Shortest Job First）は、作業を実行する順序に基づいて価値を最大化するための手法である。この手法については第22章で説明する。

14

14.5 ｜ 推奨リーダーシップアクション

検査

- チームのプロダクトオーナーの割り当てを再検討する。この重大な役割を担っている人々はどれくらい有能だろうか。彼らはチームの効性に貢献しているだろうか。それとも弱点となっているだろうか。
- チームが要求の優先順位付けに利用している手法を調べる。その手法はROIの順序に基づく実装を支援するだろうか。
- チームが全体像をまったく考慮せず、細かなビジネス価値に基づいて価値の高いものから順に機能を実装しているかどうかを調べる。

適応

- プロダクトオーナーの能力に問題がある場合は、育成するか更迭する。
- Tシャツのサイズ分けやストーリーマッピングなど、プロダクトバックログアイテムに優先順位を付けるための手法を導入するようにチームに働きかける。
- 機能を首尾一貫したパッケージにまとめることを目的としてストーリーマッピングの実践をチームに働きかける。

14.6 ｜ 参考文献

- Patton, Jeff. 2014. *User Story Mapping: Discover the Whole Story, Build the Right Product.*
  ジェフ・パットンはユーザーストーリーマッピングの第一人者である。
- McConnell, Steve. 2006. *Software Estimation: Demystifying the Black Art.*
  12.4節にTシャツのサイズ分けに関するさらに詳しい説明がある。

第15章

より効果的なアジャイル：デリバリー

デリバリーは開発プロセスの集大成である。このため、デリバリーはより効果的なアジャイル開発のさまざまな側面を議論する上で有益な視点をもたらす。

本章では、**デリバリー**と**デプロイ**の両方を取り上げる。「デリバリー」は、ソフトウェアをデプロイ可能な状態にするために必要なあらゆる方法で準備することを表すが、実際のデプロイは行わない。「デプロイ」は、その最後のステップを実行し、ソフトウェアを本番稼働環境に配置することを表す。

デリバリーに到達するために必要な最後のステップはインテグレーション（統合）である。アジャイル開発では、継続的インテグレーション（CI）と継続的デリバリーまたは継続的デプロイ（CD）が両方とも揃っていることが目標となる。CIとCDはDevOpsの礎とも言うべきプラクティスである。

継続的インテグレーションは文字どおりに「継続的」というわけではない。この用語は、開発者がコードを共有リポジトリに頻繁に（通常は1日に数回）チェックイン（コミット）するという意味で用いる。同様に、継続的デリバリーも文字どおりに「継続的」というわけではなく、実際には、頻繁かつ自動的なデリバリーを意味する。

15.1 │ 基本原則：繰り返し行う作業を自動化する

ソフトウェア開発は、より制約が少なく、独創的で、非決定的な活動から、より制約が多く、決定的な活動へと流れる傾向にある。具体的には、要求や設計などの活動から、

自動テスト、トランクへのコミット、ユーザー受け入れテスト、ステージング、本番稼働などの活動へと進む。人々が得意とするのは、思考を必要とする、より制約の少ない上流の作業であり、コンピューターが得意とするのは、繰り返し行う必要がある、より決定的な下流の作業である。

　作業がデリバリーとデプロイに近づけば近づくほど、それらの活動を自動化してコンピューターで実行することが意味を持つようになる。

　デプロイを完全に自動化することを理想とする企業もある。そのためには、繰り返し行うタスクの自動化を含め、完全に自動化されたデプロイパイプラインが必要となる。図15-1は、自動化の対象と考えられるタスクを示している。

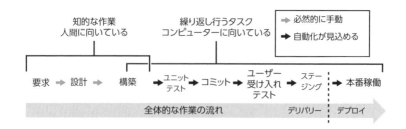

▲図15-1：ソフトウェア作業はデプロイに近いほど自動化に適している

　デプロイの頻度については、基本的に制限はない。たとえばAmazonはこの数年間、数秒おきにデプロイを行っており、その数は1時間あたり1,000デプロイに上る❶。ほとんどの組織には、これほど頻繁にデプロイを行うビジネス上の理由はないが、Amazonのパフォーマンスは実質的にどのような頻度でもデプロイが可能であることを示している。

　図15-1からもわかるように、デプロイの自動化を達成する上で鍵となるのは、自動化が不可能な要求、設計、構築を、自動化が可能なデリバリーとデプロイから切り離すことである。

　このパイプラインの後半のステージを自動化すると、効率性の向上とデプロイの高速化というメリットが得られる。また、人間にとってもメリットがある。自律、熟達、目的の観点から自動化の効果について検討すると、自動化によってモティベーションも高まるからである。成長の機会を提供しない繰り返し行われるタスクが取り除かれ、空いた時間を成長の機会を提供する上流の活動に充てることができる。

---

❶ Jenkins, 2011

15.2 継続的インテグレーションと継続的デリバリーを支援するプラクティス

継続的インテグレーションと継続的デリバリー（CI/CD）を支援するには、いくつかの作業プラクティスが必要である。その一部については、ここまでの章ですでに説明している。

ほぼすべての作業を自動化する

CI/CDを完全に実現するには、開発環境全体を自動化する必要がある。この作業には、本来ならバージョン管理の対象にならないような成果物（コード、システム構成、アプリケーション構成、ビルド、構成スクリプトなど）のバージョン管理が含まれる。

テストの自動化により重点を置く

自動テスト環境は、提出した各変更がさまざまな種類の自動テストに合格することを支援するものでなければならない。そうしたテストには、ユニットテスト、APIテスト、統合テスト、UI層テスト、ランダム入力のテスト、ランダムデータのテスト、負荷テストなどが含まれる。

CI/CDの主な恩恵は、許容できない変更を自動的に検出して拒否することにある。たとえば、エラーを引き起こす変更や、受け入れがたいほどパフォーマンスを低下させる変更は自動的に拒否される。

デプロイ可能性の優先度を引き上げる

自動化したデプロイパイプラインのメンテナンスには労力が必要である。CI/CDをうまく機能させるには、チームが新しい作業に取り組んでいる間もシステムをデプロイ可能な状態に保つことを優先しなければならない❷。自動化したデプロイパイプラインのメンテナンスよりも新しい作業を優先させれば、長期的に痛みを味わい、ベロシティを低下させることになる。

完成の定義を拡大する

完成の定義（DoD）はどのプロジェクトにおいても重要な概念だが、CI/CD環境では、

---

❷ Humble, 2015

具体的な内容の重要性がさらに高まる。

　CI/CD環境では、ユニットテスト、受け入れテスト、回帰テスト、ステージング、リビジョン管理の基準がDoDに含まれている必要がある。そうした環境にふさわしいDoDは図15-2のようなものである。

☐ プロダクトインクリメントのPBIがすべて受け入れ基準を満たしている*

☐ 静的コード解析を通過している

☐ ユニットテストがエラーなしで完了している

☐ ユニットテストによるステートメントカバレッジが70%である

☐ システムテストと統合テストが完了している

☐ すべての回帰テストに合格している*

☐ …

☐ 本番稼働環境に近い環境でデモされている(ステージング)*

☐ コードがバージョン管理のトランクにコミットされていて、
　リリース可能な状態であるかすでにリリースされている*

▲図15-2：CI/CD環境のDoDの例。単一プロジェクトのDoDのものとは異なるアイテムにはアスタリスク（*）が付いている

増分的な作業プラクティスに重点を置く

　欠陥の挿入から検出までのギャップを最小限に抑えるという目標を支援するには、次の手段を講じる必要がある。

■ コードを頻繁に（少なくとも1日1回、できればさらに頻繁に）コミット／プッシュする。

■ 正常に動作しないコードをコミット／プッシュしない。

■ 正常に動作しないビルドを含め、デプロイパイプラインでの欠陥をすぐに修正する。

■ コードと一緒に自動テストを記述する。

■ すべてのテストに合格しなければならない。

　これらのプラクティスは、新しいフィーチャーが追加されたり、修正が行われたりしたときに、チームのソフトウェアを常にリリース可能な状態に保つのに役立つ。

継続的デプロイを開発全体の効果性の基準として使用する

コンピューターで実行できるタスクを人間が繰り返し行うのは一種の無駄である。コードの変更が本番稼働環境に反映されるまでのリードタイムは、そのパイプライン全体で人的な負担がどれくらい発生するかの目安となる便利な基準である。

デプロイのリードタイムを計測すると、次のような効果につながることがある。

- テストの自動化の範囲が広がる

- ビルド、リリース、デプロイプロセスの簡略化と自動化

- テスト可能性とデプロイ可能性を念頭に置いたアプリケーションの設計がさらに重視される

また、より小さなバッチでの機能の開発とデプロイにつながることもある。

ハンブル、モレスキー、オライリーは、「苦痛を伴うのであれば、むしろ頻繁に行って痛みを先に味わってしまう」ことを勧めている ❸。言い換えるなら、苦痛を伴う場合は、自動化することで痛みをなくしてしまえばよい。これは自動化に適した下流の活動に対するすばらしいアドバイスである。

15.3 ｜ 継続的インテグレーションと継続的デリバリーの利点

継続的インテグレーションと継続的デリバリー（CI/CD）には、明白な利点とそれほど明白ではない利点がある。明白な利点には、新しい機能がより早く、より頻繁にユーザーの手に渡ることが含まれる。CI/CD のそれほど明白ではない利点は、それよりもさらに重要かもしれない。

それほど明白ではない利点の1つは、チームの学習のペースが速くなることである。「開発・テスト・リリース・デプロイ」のサイクルをより頻繁に通過することになり、それによって学習の機会がより頻繁に与えられるからだ。

また、欠陥が挿入されてから検出されるまでの時間が短くなるため、第11章で説明したように、修正のコストが低下する。

チームのストレスも軽減される。リリースは押しボタンのごとく簡単になり、人為的なミスによってリリースが失敗に終わる心配をせずに済むようになるからだ。

デプロイがルーティン化してより信頼できるものになっていけば、通常の業務時間中にリリースを実行できるようになる。ミスが見つかった場合は、（疲れている）担当者だ

❸ Humble, 2015

けではなく、チーム全体で取り組むことができる。

公式なリリースがたまにしか行われないミッションクリティカルなソフトウェアに従事している場合でも、1日に数回のリリースに重点を置くことにメリットがあるかもしれない。リリースを頻繁に行うと、それらが内部で行われるだけであっても、品質を絶えず考慮することになるからだ。また、チームの学習も促進される。なぜなら、リリースの完了をしくじるたびに、その理由を理解し、その部分を改善する機会がチームに与えられるからだ。

最後に、少し前にも説明したが、CI/CDはまたとない成長の機会を提供する作業により多くの時間を費やせるようにすることで、チームモティベーションを高めるのに貢献する。

15.4 | その他の検討課題

▌ 継続的デリバリー

「CI/CD」というフレーズは、ソフトウェア業界では当たり前のものになっている。このことは、組織が継続的インテグレーション（CI）と継続的デリバリー（CD）の「両方」を日常的に行っていることを示唆する。だが、ほとんどの組織はCI/CDの「CD」部分を実践していないように思える。DZone Researchの報告によれば、50%の組織はCDを実践していると思い込んでいるが、教科書的な定義を実際に満たしている組織はわずか18%である❹。

継続的インテグレーションは継続的デリバリーの前提条件であるため、私たちはまず継続的インテグレーションを正しく実践することに意味があると考えている。最近では1日に数百回もデプロイを行うNetflixやAmazonのような環境に大きな注目が集まっているが、週に1回、月に1回、四半期に1回、あるいはそれよりも低い頻度でデプロイを行う環境のほうが一般的であり、この状況は今後しばらく変わらないだろう。あなたが従事しているのは組み込みシステムかもしれないし、ハードウェアとソフトウェアの複合プロダクトかもしれないし、法律で規制されているシステムかもしれないし、エンタープライズスペースかもしれない。あるいは、頻繁なリリースに適応できないレガシーシステムかもしれない。それでも、継続的インテグレーションの繰り返し行う部分を自動化すれば、やはり恩恵を受けることができる。また、継続的デプロイが決して望ましくない場合でも、継続的デリバリーに関連する原則が有利に働くこともある。

---

❹ DZone Research, 2015

　この領域では、アジャイルの境界の概念が役立つ。継続的インテグレーションを含み、継続的デリバリーを含まないアジャイルの境界線を引くことにもっともな理由があるかもしれない。

　アジャイルの境界は、内部の開発組織と同じように外部の顧客にも当てはまる。現状よりもずっと頻繁にソフトウェアを外部にリリースする能力があるにもかかわらず、顧客の要求に応じてリリースの頻度を抑えている組織もある。その組織の顧客はアジャイルの境界の向こう側にいる。チームはそれでも、本章で説明した恩恵を享受するために内部でのリリースを頻繁に行っている。

15.5 ｜ 推奨リーダーシップアクション

検査

- デリバリー／デプロイパイプラインでの自動化の範囲を把握する。
- チームにヒアリングを行い、繰り返しが多く、自動化が可能なデリバリー／デプロイ作業に労力がどれくらい投入されているのかを判断する。
- デリバリー／デプロイプロセスにおいてまだ手動で行われている活動をリストアップする。チームの自動的なデリバリーの妨げとなっているのはどの活動だろうか。
- 調査を行い、チームの作業が頻繁なインテグレーションを後押しするレベルまで計画されているかどうかを判断する。
- コードの変更からソフトウェアのデプロイまでのリードタイムを計測することを検討する。

適応

- メンバーに対し、作業を頻繁に（少なくとも1日に1回）統合することを働きかける。
- 自動化したデリバリーとデプロイを支援する完了の定義（DoD）を作成する。
- チームのビルド環境とデプロイ環境をできるだけ自動化する計画を立てる。
- 新しい機能を作成することよりもデリバリー／デプロイパイプラインを正常に動作する状態に保つ作業を優先することをメンバーに伝える。
- コードの変更からデプロイまでのリードタイムを短縮する数値目標を設定する。

15.6 │ 参考文献

■ Forsgren, Nicole, et al. 2018. *Accelerate: The Science of Lean Software and DevOps: Building and Scaling High Performing Technology Organizations.* デプロイパイプラインが効率的かつ健全なデリバリー組織の中心的な存在であることを示す、説得力のある主張を展開している。

■ Nygard, Michael T. 2018. *Release It!: Design and Deploy Production-Ready Software, 2nd Ed.* デプロイの高速化と信頼性の向上に関連するデプロイの問題に加えて、アーキテクチャや設計の問題を取り上げている。

Part 4

より効果的な組織

Part 4では、組織の上層部で対処するのが望ましく、場合によっては上層部でしか対処できないアジャイル開発の課題を取り上げる。

第16章

より効果的なアジャイル：
リーダーシップ

アジャイルに熱心な人は、アジャイルの実践を「サーバントリーダーシップ」❶に依拠するものとして考えることがよくある。これはそのとおりだと思うが、漠然としすぎていてアジャイルの導入に特に役立つわけではないとも思っている。必要なのはもっと直接的なガイダンスである。本格的なアジャイルを採用するのか、アジャイルを限定的に導入するのかにかかわらず、アジャイルの実践の成否はリーダーシップにかかっている。このため、本章では基本原則を多めに用意している。

16.1 | 基本原則：細部ではなく成果を管理する

組織の存続は、組織が結ぶ確約と、組織が守る確約にかかっている。効果的なアジャイルの実践は、チームとリーダーに対する確約と、チームとリーダーからの確約で構成される。

アジャイルチーム（特にスクラムチーム）は、スプリントの終わりにスプリントゴールを達成することをリーダーに確約する。忠実度の高いスクラムの実践では、その確約は絶対的なものと見なされる。つまり、チームはそのスプリントゴールを達成するために最善を尽くすことになる。

---

❶［訳注］リーダーがまず相手に奉仕し、信頼関係を築いた上で協力してもらうというリーダーシップ論。

　それと引き換えに、リーダーはスプリントが不可侵であることをスクラムチームに確約する。リーダーがスプリントの途中で要求を変更したり、チームの邪魔をしたりすることはない。従来のシーケンシャルプロジェクトでは、プロジェクトサイクルが非常に長く、状況の変化が避けられなかったため、そのように期待するのは無理な話だった。スクラムプロジェクトでは、スプリントの長さは一般にわずか1〜3週間なので、そのように期待するのは至極当然のことである。スプリントの途中で組織が方針を変えなければ焦点を維持できないとしたら、その組織はスクラムをうまく実践できるかどうかよりも大きな問題を抱えている。

　チームとスプリントをブラックボックスとして扱い、スプリントのインプットとアウトプットだけを管理するという発想には、望ましい副作用がある。ビジネスリーダーがマイクロマネジメントを避けるようになり、よりリーダーらしい姿勢で臨むようになることだ。ビジネスリーダーは、チームに方向性を示し、作業の目的を説明し、さまざまな目的の優先順位を推薦した上で、チームに自由に作業させる必要がある。あとは、成果に驚かされるのを待っていればよい。

16.2 ｜ 基本原則：「司令官の意図」を使って目的を明確に表現する

　自律性と目的はつながっている。チームが作業の目的を理解していなければ、意味のある健全な自律性を保つことはできないからだ。自己管理できるチームは、決定の大半をチーム内で下す必要がある。チームにはそうした決定を下すための機能横断的なスキルと権限がある。ただし、その作業の目的を明確に理解していないと、その決定は（文字どおり）誤った方向に導かれてしまう。チームの意思決定によって起こり得る結果は、チームの自律性とその目標（目的）の明確さに応じて図16-1のようになる。

　アメリカ軍には「司令官の意図」という概念がある。司令官の意図は、求められている最終状態、作戦の目的、完遂すべき主要なタスクからなる公式な指令である。司令官の意図が特に役立つのは、事態が当初の計画どおりに展開せず、意思の疎通が妨げられていて、チームが指揮系統の上層部と協議する能力を失った状態で決定を下さなければならない場合である。

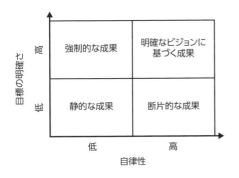

▲図16-1：自律性と目的の明確さ

　ソフトウェアを背景とする目標もこれに似ている。会社の上層部とのコミュニケーションを強制的に遮断することはおそらくないだろうが、長時間の面談をすぐに許可しないことが多く❷、事態は当初の計画どおりに展開せず、チームはそれでも決定を下さなければならない。そうした状況において、方向を確認できる「誘導灯」、「北極星」、または「司令官の意図」は、チームにとって頼もしい存在となる。

　司令官の意図をうまく言い表すとしたら、次のようになる。

- プロジェクトまたはイニシアティブの理由と動機（目的）を明文化したもの。
- 求められている最終状態を鮮明に可視化するもの。成功とはどのようなもので、それを達成するにあたって各自の役割は何かをチームメンバーが理解できるようにする。

　アジャイルになることを目指す組織は、目的を明確に説明する能力を養う必要がある。その組織のマネージャーは、細かい部分にこだわる管理法よりも、目標を立ててチームを導くことに重点を置くべきである。

> 「人にやり方を教えてはいけない。何をするのかを伝え、その結果であなたを驚かせるように仕向けるのだ。」
>
> —ジョージ・S・パットン

---

❷ かつて一緒に仕事をしたソフトウェアエグゼクティブは、半年間にたった30分しか上司と面談していなかった。

優先順位を決め、優先順位を伝える

　有能なアジャイルリーダーは、明確な優先順位を伝えることでチームを支援する。私たちは、何でもかんでも最優先にし、その解決をチーム任せにする組織をいくつも見てきた。あるいは、優先順位を頻繁に変えたり、優先順位の付け方が細かすぎたり、優先順位を決めることを完全に拒否したりする組織もある。これらはあまりにも多く見られる間違いであり、まったくの逆効果である。

　優先順位を決めることを拒否するのは、リーダーの弱さの表れであり、意思決定の責任を放棄することに等しい。チームが何をするのかが気になるなら、優先順位を決め、それらの決定をチームにはっきりと伝える必要がある。

　優先順位を頻繁に変えることも同じように有害かもしれない。優先順位を頻繁に変えると、チームの自律心と目的意識の両方を傷つけてしまう。リーダーは「この優先順位の変更が6か月後に重大な意味を持つだろうか」と自分に問いかけてみるべきである。重大な意味を持たないとしたら、チームを振り回してもよいほど重要な変更ではない。

　司令官の意図は、優先順位の適切なレベルを把握する上でよい視点となる。リーダーは成功とはどのようなものであるか（目的、成果、影響、利益）を明確に定義すべきだが、細かい部分を定義するのは思いとどまるべきである。

　優先順位の決定は、効果的なアジャイルの実践によって組織の弱点が浮き彫りになる領域である。しかも、それらの弱点はリーダーにとって脅迫的な方法で露呈する。頻繁なデリバリー（またはその欠如）によってリーダーが明確な優先順位をチームに提供できないことが浮き彫りとなり、それが原因でアジャイルを実践しなくなったリーダーを見かけることがたまにある。

　この点がどれほど重要であるかはいくら強調しても足りないくらいである。チームの作業に効果的な優先順位を付けていないとしたら、チームをリードしているとは言えない。プロジェクトの結果はチームが達成できたはずの結果からも、そのチームにふさわしい結果からもほど遠いものになるだろう。優先順位の弱点があらわになれば嫌な気持ちにもなるだろうが、効果的でありたいと考える組織は、そこから目を背けず、むしろその不快感を改善のきっかけと捉えるだろう。

16.3 ｜ 基本原則：活動ではなくスループットに焦点を合わせる

　無能なリーダーは進捗の現実よりも進捗から受ける印象のほうを重視する傾向にある。しかし、すべての動きが前進を意味するわけではなく、忙しさは必ずしも結果を正しく反映しない。

効果的でありたいと考える組織は、作業を開始するペースや活動レベルを最大化することではなく、**スループット**を最大化することを目標にすべきである。つまり、作業が完了するペースを最大化するのである。リーダーは、スループットを最大化するには多少の息抜きも必要であることを受け入れなければならない❸。

スクラムでは説明責任がチームレベルに保たれ、個人が説明責任を負うことはないが、その理由の1つは、どうすればチームの生産性が最もよくなるかをチームが決めることにある。メンバーの1人が1日休めばチームの生産性が最もよくなる可能性があるとしたら、チームがその決定を下すのは自由である。

個人に息抜きの時間を与えることは、スループットを最大化する方法としては直観に反するが、結局のところ、組織にとって重要なのは各個人の生産高ではなく各チームの生産高である。チームの生産性をチームがうまく最適化しているのであれば、組織は個人レベルで起きていることを気にかけるべきではない。

16.4 │ 基本原則：鍵となるアジャイルな振る舞いをモデル化する

有能なリーダーは自分がリードしている人々に求める振る舞いを具体的に表現する。そうした振る舞いには次のようなものがある。

- **成長マインドセットを培う**
  個人レベルおよび組織レベルでの継続的な改善を確約する。
- **検査と適応**
  絶えず見直し、経験から学び、それらの教訓を活かす。
- **間違いを許す**
  それぞれの間違いを学習の機会として受け入れるアプローチをモデル化する。
- **個人ではなく仕組みを修正する**
  問題が起きたときは個人を責めるのではなく、仕組みの欠陥を探す機会と捉える。
- **高い質を保つことを確約する**
  高い質に対する明確な確約を行動で示す。
- **ビジネスフォーカスを培う**
  技術的な配慮に加えてビジネス的な配慮が意思決定にどのように含まれるのかを示す。

❸ DeMarco, 2002

■ **フィードバックループをタイトにする**
　チームに機敏に対応する（司令官の意図を明確に表現してあるので、チームがそうした対応を必要としていないはずであっても）。

16.5 │ 推奨リーダーシップアクション

検査

リーダーとしての自身のパフォーマンスを見直す。

■ アジャイルチームをブラックボックスとして扱い、細かい部分を管理するのではなく、ゴールの実現に向かうチームのパフォーマンスを管理しているだろうか。

■ 「司令官の意図」を明確に表現しているだろうか。チームは「作業の成功」の最新の定義を鮮明に表現できるだろうか。必要であれば、あなたが見ていなくても数週間作業できるだろうか。

■ チームの現実的な優先順位を明確に設定し、チームに伝えているだろうか。

■ チームの見かけの活動レベルではなく、チームのスループットを常に見据えているだろうか。

適応

■ 上記の「検査」の基準に従い、あなたのリーダーシップを全方位からチームに評価してもらう。間違いからの学習をモデル化する要領で、チームのフィードバックを好意的に受け入れる。

■ 自己評価の結果とチームの意見に基づき、リーダーとしての自己改善行動をリストにまとめ、優先順位を付ける。

16.6 ｜ 参考文献

- U.S. Marine Corps Staff. 1989. *Warfighting: The U.S. Marine Corp Book of Strategy.*
  アメリカ海兵隊による計画と作戦のアプローチを短くまとめた本。ソフトウェアプロジェクトに通じる部分がかなりある。

- Reinertsen, Donald G. 2009. *The Principles of Product Development Flow: Second Generation Lean Product Development.*
  スループットまたは「フロー」についての広範な議論が含まれている。プロダクト開発のフローを軽視するのは、ライナーセンが言うところの「完全なる間違い」であるという説得力のある議論を展開している。

- DeMarco, Tom. 2002. *Slack: Getting Past Burnout, Busywork, and the Myth of Total Efficiency.*
  デマルコはメンバーの作業量をほどほどに調整することの正当性を説いている。

- Storlie, Chad, 2010. "Manage Uncertainty with Commander's Intent," Harvard Business Review, November 3, 2010.
  司令官の意図について本章よりも少し詳しく説明している記事。

- Maxwell, John C. 2007. *The 21 Irrefutable Laws of Leadership.*
  マクスウェルの本は、ソフトウェアリーダーに見られる、時として過度に分析的なリーダーシップに対するアプローチとは好対照をなしている。「頭よりも心が先」、「あなたがどれだけ配慮しているのかを知るまで、人はあなたがどれだけ知っているのかを気にかけない」といった重要なアドバイスが含まれている。

16

第17章

より効果的なアジャイル：組織文化

アジャイルプラクティスの大半はチームベースのプラクティスであり、チームのパフォーマンス、学習、改善を支援する。リーダーには、チームレベルの行動規範を組織レベルまで拡大するチャンスもある。本章では、より効果的なアジャイルプラクティスを組織レベルでサポートする方法について説明する。

17.1 基本原則：間違いを許す

すでに説明したように、アジャイル開発は「検査と適応」に依存する。検査と適応は、計算尽くの間違いを犯し、それらの間違いから学習し、改善するという学習サイクルである。「計算尽くの間違い」とは、結果に自信がないことを承知の上で決定を下し、どれくらいよい結果になるかにかかわらず、その結果から学ぶことに目を向けることを意味する。

Cynefin の用語で言うと、煩雑系のプロジェクトでは、計算尽くの間違いを少しだけ犯すことが決め手となる。複雑系のプロジェクトでは、計算尽くの間違いを大量に犯すことが決め手となる。このため、組織が間違いを許すことが不可欠となる。そうすれば、間違いが隠され、恥ずべきものと見なされ、最終的に組織にとって有害なものとなる代わりに、間違いが可視化され、調査され、最終的に組織にとって有益なものとなる。

ジェズ・ハンブルは、「複雑な適応システムでは、失敗は避けられない。問題が起きたとき、人為的なミスが非難されることのない事後検討の出発点となる」と述べている❶。Etsyなどの組織は、間違いを公表し、「称賛」すらしている。称賛に焦点を合わせているのは、「本来なら知らずにいたであろうXについて知ることができたので、この間違いを犯したのは幸運だった」という考えに基づいているからだ。

必要な間違いをすばやく犯す

複雑系のプロジェクトでは、間違いから学ぶことだけでなく、そもそもその間違いを犯すことが必要となる。そこで重要となるのは、必要なときに間違いを犯すことをおそれない組織文化を醸成することである。図17-1からわかるように、だからといって不注意な間違いを犯すことが公然と許されるわけではない。しかし、決定がどのような成果になるかを事前に判断できない状況において、経験から学ぶことに踏み切る文化を醸成するのは健全なことである。

	非意図的	意図的（計算尽く）
賢い	計算されたやり方で間違いを犯し、そこから学ぶスキルを向上させる	間違いのペースを上げることで学習を加速させる
愚か	不注意による間違いは避ける	ほとんどの間違いがこのカテゴリに分類されることを目指す（複雑系の問題での成功に必要）

▲図17-1：間違いの種類と許される間違いの分類

間違いをリカバリ期間内に正す

それぞれの問題には、それほど苦労せずに修正できるリカバリ期間がある。問題のリカバリ期間が過ぎると苦労が増える。内部リリースに誤りがあっても修正するのにそれほどコストはかからないが、顧客にロールアウト（リリース）された後に誤りを修正するとしたらそのコストはばかにならない。問題が表面化するのが早ければ早いほど、リカバリ期間内に修正できる見込みが高くなる。よい知らせはすぐに伝わるが、悪い知らせはより速く伝える必要がある。

❶ Humble, 2018

エスカレーションを許す

間違いを許すことを真剣に考えている組織は、間違いのエスカレーションを許す必要がある。間違いに関する情報は、その間違いを修正するのに必要なレベルまで自由に伝わるようになっているべきである。筆者が在籍していた1990年代初めのMicrosoftでは、エスカレーションが非常にうまく行われていた。ある日の午後、上司が筆者のオフィスにやってきてこう言ったのを覚えている。「まいったよ。さっきまでBillGレビューミーティング❷に出席していて、こってり絞られた。2週間かかりきりになっていた問題を、ビルに5分電話で話せば解決していたはずだったって指摘されてね。彼のところに回さなかったっていうんでこっぴどく叱られたよ。叱られて当然だと後悔している。彼に任せるべきだったのに、そうしなかったのだから。」

17.2 ┃ 心理的安全性

間違いを許すことは重要である。理由はいろいろあるが、そのうちの1つはチームの心理的な安全性に寄与するからである。GoogleのPeople Operations（HR）が実施した2年間の研究プロジェクトでは、Googleのチームの効性に図17-2の5つの要因が寄与していることが明らかになった。

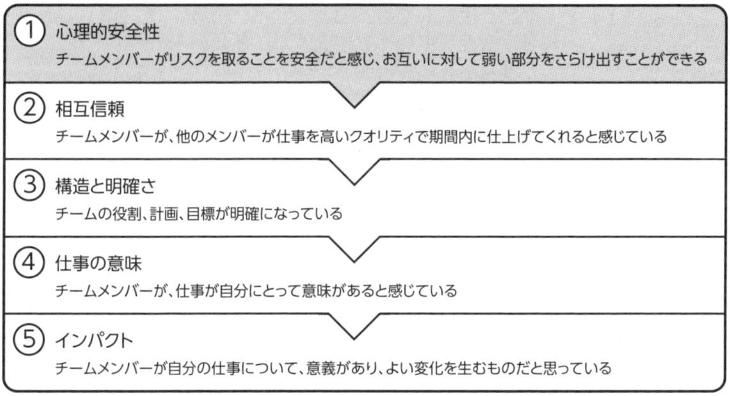

① 心理的安全性
チームメンバーがリスクを取ることを安全だと感じ、お互いに対して弱い部分をさらけ出すことができる

② 相互信頼
チームメンバーが、他のメンバーが仕事を高いクオリティで期間内に仕上げてくれると感じている

③ 構造と明確さ
チームの役割、計画、目標が明確になっている

④ 仕事の意味
チームメンバーが、仕事が自分にとって意味があると感じている

⑤ インパクト
チームメンバーが自分の仕事について、意義があり、よい変化を生むものだと思っている

▲図17-2：Googleのチームを成功に導く上で最も重要な心理的安全性

---

❷［訳注］当時はMicrosoft製品の重要な機能の1つ1つをビル・ゲイツが直々にレビューしており、従業員の間で「BillG review」と呼ばれていた。

　Google の調査では、心理的安全性がチームの効果性にきわめて重要な影響をおよぼすことがわかっており、Google はそれを「不安を感じたり気まずい思いをしたりせずに、このチームでリスクを冒すことができるだろうか」と定義している。Google は心理的安全性を他の4つの要因の支えとなるものとして説明し、次の発見をしている。

> 「心理的安全性の高いチームのメンバーは、Google からの離職率が低く、他のチームメンバーが発案した多様なアイデアをうまく利用することができ、収益性が高く、『効果的に働く』とマネージャーから評価される機会が2倍多い」[3]

　Google の研究結果は、先行するロン・ウェストラムの研究結果と一致している[4]。ウェストラムは組織文化の「3つの文化のモデル」を考案している。3つの組織文化とは、不健全な組織文化、官僚的な組織文化、そして創造的な組織文化である。これら3つの組織文化の特性を表17-1にまとめておく。

▼表 17-1：ウェストラムの「3つの文化」のさまざまな特性

不健全	官僚的	創造的
権力指向	ルール指向	パフォーマンス指向
消極的な協力体制	控え目な協力体制	積極的な協力体制
情報を遮断する	情報を軽視する	情報を活用する
責任を転嫁する	責任を限定する	リスクを共有する
仲介を阻止する	仲介を許容する	仲介を奨励する
失敗は責任転嫁へ	失敗は制裁へ	失敗は調査へ
新規性を否定する	新規性を問題化する	新規性を受け入れる

　ウェストラムが発見したのは、創造的な組織文化のほうが不健全な組織文化や官僚的な組織文化よりも効果的であることだった —— そうした文化は期待以上の成果を上げ、より高い柔軟性（アジリティ）とより高い安全性を示している。
　不健全な組織には、悪い知らせをもみ消すという特徴がある。創造的な組織は、悪い知らせを内部に公開する。そして調査を行い、悪い知らせを改善に役立てる。ウェストラムの研究結果は間違いを許すことの重要性を裏付けている。

---

[3] Rozovsky, 2015

[4] Westrum, 2005; Schuh, 2001

17.3 基本原則：チームキャパシティの計測に基づいたプランニング

効果的な組織は、各チームと組織全体を、ソフトウェア開発作業に対して一定量のキャパシティを持つものとして考える。このキャパシティは、個人の生産性、チームの生産性、メンバーの増員と欠員、計測された生産性の漸進的な向上の関数として表される。

効果的な組織は、組織のキャパシティを計測し、結果として得られた実証主義的なパフォーマンス履歴（通常は各チームのベロシティ）に基づいて計画を立てる。このアプローチは、より本能的なアプローチとは対照をなしている。より本能的なアプローチでは、チームのキャパシティがみるみる上昇していく（つまり、奇跡が起きる）ことを期待して計画を立てる。

技術的な作業に対するキャパシティの自己評価方法の違いは、プロジェクトポートフォリオの計画とプロジェクトの期日の設定に現れる。組織が自身のキャパシティを明確に捉えているとしたら、チームが無理なく対処できるような作業の割り振りと期日を設定するだろう。組織がキャパシティの急激な上昇や未知のキャパシティを想定して計画を立てるとしたら、チームの負担が重くなり、チームや組織全体を失敗に導くことになるだろう。

組織のキャパシティに対する強引な見解 —— そして、結果として生じるプロジェクトの圧力 —— はいくつかの予期せぬ結果をもたらし、最終的に破壊的な結果につながる。

- チームが目標（スプリントゴール）を達成できなくなり、結果として、組織がその目標を達成できなくなる。
- チームが目標を達成できないため、チームメンバーが熟達を実感せず、モティベーションが低下する。
- チームへの重すぎる負担が成長マインドセットとぶつかり合い、チームと組織の漸進的な改善の能力を損ねる。
- 重すぎる負担は結果としてチームのバーンアウトや高い離職率、キャパシティの低下を引き起こす。

20年以上も前に『Rapid Development』に書いたように、リーダーがチームに圧力をかけるのは、圧力がビジネス上の危機感を生み出し、必然的に優先順位の有効性が高まると信じているからだ。実際には、ビジネス上の危機感を植え付ける試みは —— リーダー自身はほんの少し圧力をかけただけだと思っていたとしても —— たいていチームを

完全なるパニックに陥れる。このため、チームの生産性にとって逆効果となる❺。

　現在のアジャイル開発には、チームレベルと組織レベルの両方で作業の優先順位を決めるための便利なツールが用意されている。圧力をかけるなら、そうしたツールを利用するようにしよう。

17.4 ｜ プラクティスコミュニティを確立する

　私たちが仕事をしてきた組織では、アジャイルロールをサポートするためのプラクティスコミュニティ（Communities of Practice）を確立すると、それらの役割（ロール）の実質的なパフォーマンスにはずみがつくことがわかっている。各コミュニティは、自分たちが行っていることへの関心を共有し、その上達を望む人々によって構成され、メンバーにとって最も効果的な対話の種類を定義する。たとえば、ミーティングが対面のリアルタイムな集まりになることもあれば、オンラインミーティングになることもある。

　プラクティスコミュニティにおいて議論の焦点となるのは、次のようなものである。

- 大まかな知識を共有し、経験の浅いメンバーを指導する。
- よくある問題のシナリオとソリューションについて話し合う。
- ツールの経験を共有する。
- レトロスペクティブから得られた教訓を共有する（そしてフィードバックを求める）。
- 組織内のパフォーマンスが弱い部分を特定する。
- 人脈を築く。
- 組織内でのベストプラクティスを洗い出す。
- 不満を共有し、発散し、互いに助け合う。

　スクラムマスター、プロダクトオーナー、アーキテクト、QA メンバー、SPC（SAFe Program Consultant）、アジャイルコーチ、DevOps メンバー、その他のスペシャリストのプラクティスコミュニティを立ち上げることができる。コミュニティへの参加はたいてい自由であり、どのコミュニティに参加するかは自分で選ぶため、参加するのはそのコミュニティに興味がある人だけである。

---

❺ McConnell, 1996

17.5 ┃ より効果的なアジャイルを支援する上での組織の役割

　チームの成功を支える特性のいくつかはチームの管理下にあるが、特性の多くは組織レベルで管理する。

　組織がチームの労力を台無しにするとしたら、アジャイルチームの成功はあり得ない。チームの労力が台無しになるのは、次のような場合である。

- 組織がチームの間違いを非難する。
- チームの自律を支援しない。
- チームの目的を的確に伝えない。
- チームの漸進的な成長を認めない。

　もちろん、これはアジャイルチームに限ったことではなく、すべてのチームに当てはまる。

　チームが最大の成功を収めることができるのは、組織が次のような方法でチームを支援する場合である。

- 組織全体で「非難しない」文化を育む。
- チームに必要なスキルを完全に揃える。
- チームに適切な作業量を割り当てる。
- チームの目的を定期的に伝える。
- チームの漸進的な成長を後押しする。

　アジャイルのどのあたりを旅しているかによっては、組織の他のリーダーを旅の道連れにする必要があるかもしれない。第2章で引いたアジャイルの境界を利用すれば、そうした他のリーダーを洗い出し、仕事の進め方について共に計画を立てることができる。

17.6 ┃ 推奨リーダーシップアクション

検査

- 過去数週間または数か月のチームのミスに対するあなたの反応を振り返る。チームはあなたの反応を、間違いを許し、間違いから学ぶ機会を重視するものと受け止めただろうか。あなたの振る舞いは間違いからの学習を体現するものだっただろうか。

- チームメンバーにヒアリングを行い、心理的安全性の度合いを評価してもらう。メンバーは、不安を感じたり、決まりの悪い思いをしたりすることなく、リスクを冒すことができるだろうか。

- ウェストラムのモデルの創造的な組織文化とあなたの組織との間でギャップ分析を行う。

- チームに作業を割り当てる方法を再確認する。観測された実証主義的なキャパシティに基づいて期待値が設定されているだろうか。

適応

- チームとの対話を通じて間違いを許すことを自分自身に約束する。

- 学習と成長を可能にするために持続可能なペースで作業してもらいたいことをチームに伝える。スケジュールの期待値がその妨げになっていないか教えてもらう。

- ウェストラムの「3つの文化のモデル」とのギャップ分析で明らかとなったギャップを埋める計画を立てる。

- アジャイルの旅の途中で組織の他のリーダーを参加させる計画を立てる。

17.7 ｜ 参考文献

- Rozovsky, Julia. 2015. *The five keys to a successful Google team. November 17, 2015.* [Cited: November 25, 2018.]
  Google の組織文化への取り組みを紹介する記事。

- Westrum, Ron, 2005. "A Typology of Organisational Cultures." Quality and Safety in Health Care, January 2005, pp. 22-27.
  ウェストラムの3つの文化のモデルに関する、ウェストラム自身による最も信頼できる論説。

- Forsgren, Nicole, et al. 2018. *Accelerate: The Science of Lean Software and DevOps: Building and Scaling High Performing Technology Organizations.*
  IT 組織に適用されたウェストラムの組織文化モデルについて解説している。

- Curtis, Bill, et al, 2009. *People Capability Maturity Model (PCMM), Version 2.0, 2nd Ed.*
  技術組織のHR プラクティスを成熟させるアプローチについて説明する資料。このアプローチは論理的で、明白な価値があるように思える。内容を理解するのは難しいかもしれない。背景を理解するために図3-1 から始めることをお勧めする。

第18章

より効果的なアジャイル：計測

　あまり効果的ではないアジャイルの実践では、計測を敵視することがある。より効果的なアジャイルの実践では、主観的な意見だけに基づいてプロセス変更の決定を下すのではなく、その決定に定量的なデータを盛り込むために計測を使用する。

　ここからは、3つの章にわたってアジャイル開発に対する定量的なアプローチについて説明する。本章では、意味のある計測基準を確立する方法について説明する。「第19章　より効果的なアジャイル：プロセス改善」では、計測を使ってプロセスと生産性を向上させる方法を取り上げる。「第20章　より効果的なアジャイル：予測可能性」では、見積もりについて説明する。

18.1 ｜ 作業の量を計測する

　まず、実行している作業の量を計測することから始める。アジャイルプロジェクトでは、作業アイテムの大きさを**ストーリーポイント**で計測することになる。ストーリーポイントは作業アイテムの大きさと複雑さの目安となる基準である。アジャイルチームは主に作業の見積もり、プランニング、トラッキングにストーリーポイントを用いる。ストーリーポイントはプロセスの改善や生産性の向上の度合いを測るのにも役立つ。

　ほとんどの場合、アジャイルチームはストーリーポイントの尺度として1〜13のフィボナッチ数列（1、2、3、5、8、13）を使用し、各作業アイテムのサイズをストーリーポイントで割り当てる。そして、各作業アイテムのサイズを合計すると、ストーリーポ

イントに換算した作業全体のサイズになる。

　フィボナッチ数列ではない4や6などの値は使用しない。そのような値を使わないようにすれば、ストーリーが3、5、8のいずれかであるかどうかさえよくわからない場合に、ストーリーが5か6かをめぐって言い争うという見せかけの精度を回避するのに役立つ。

　理想の世界では、各ストーリーポイントの計測や割り当てに用いる共通の基準があるはずだ。しかし現実の世界では、それぞれのチームが、そのチームで用いるストーリーポイントの大きさの尺度を定義する。そして、その尺度をしばらく採用した後、チームは1の大きさや5の大きさなどについて意見をすり合わせる。ほとんどのチームでは、ストーリーポイントを実際に割り当ててみるまで、ストーリーポイントの尺度は安定しない。

　ストーリーポイントを一度割り当てたら、チームが実際のパフォーマンスに基づいてストーリーポイントの割り当てを変更することはない。最初にストーリーポイントとして5を割り当てたストーリーが、完成する頃には8のような気がしたとしても、ストーリーポイントは5のままである。

ベロシティ

　ストーリーポイントを使って作業の大きさを決めた後は、その作業が完了するペースを割り出す必要がある。

　アジャイルチームでは、「スプリントあたりのストーリーポイントの数」がチームの**ベロシティ**となる。チームがあるスプリントで完了するストーリーポイントが42であるとしたら、そのスプリントのベロシティは42である。チームがスプリント1で完了するストーリーポイントが42で、スプリント2のストーリーポイントが54、スプリント3のストーリーポイントが51、スプリント4のストーリーポイントが53であるとしたら、そのチームの平均ベロシティは50である。

　ベロシティはスプリントごとに変動するため、通常は意味を持たない。大きな意味を持つのは平均ベロシティの推移傾向のほうである。作業を完了するペースが正確と見なせるベースラインベロシティが確定すると、チームはプロセスの試験的な変更を開始して、それらの変更がベロシティにどのような影響を与えるのかを観測できるようになる。その方法については、第19章で説明する。

　チームによっては、進行中のプロジェクトに作業が追加されるペースを表す**スコープベロシティ**も追跡する。

小さなストーリー

　チームによっては、（計測を支援するためではなく）一般的な用途として、テーマやエピックなどのより大きなバックログアイテムを表すために、21、40、100などのきりのいい数字や21、34、55、89などのフィボナッチ数列をストーリーポイントの値として使用することがある。

　意味のある計測を支援するという目的からすれば、1〜13の尺度に合うようにストーリーを分解すべきであり、チームはそのようにストーリーポイントを当てはめるべきである。ストーリーポイントとして5を割り当てるストーリーの大きさは、ストーリーポイントとして3を割り当てるストーリーのだいたい3分の5でなければならない。このようにすると、ストーリーポイントを合計するといった意味のある計算をチームが実行できるようになる。

　21、40、100といった数字は、これと同じように用いるものではない。それらは数値というよりも比喩的であり、計測には使用しないでおくのが賢明である。

短いイテレーション

　ベロシティはスプリントごとに計算するため、スプリントを短くすればするほど、チームのベロシティをより頻繁に更新できるようになる。シーケンシャルソフトウェア開発の場合は、ライフサイクル全体のイテレーションに四半期または年単位の時間が必要になることがある。このため、チームの生産性を完全に計測するには、四半期または年単位の時間が必要になる。これとは対照的に、アジャイルソフトウェア開発の短いイテレーションは、チームのベロシティをわずか数か月のうちに計測できる。

チーム間のベロシティを比較する

　各チームは、そのチームが行っている作業の種類に基づいて、ストーリーポイントの尺度を独自に設定する。リーダーは当然ながらチームのパフォーマンスを比較したいと考えるが、チーム間の作業の違いが多すぎるために意味のある比較を行うことができない。チームごとの違いは次の点に基づいている。

- 作業の種類（新規開発システムとレガシーシステム、フロントエンドシステムとバックエンドシステム、科学システムとビジネスシステムなど）
- 技術スタックの違い、または同じスタック内の各部分の違い
- さまざまなレベルの支援を行うさまざまなステークホルダー

18

- チームメンバーの人数の違い（プロジェクトの途中で入れ替わるメンバーを含む）

- プロダクションサポートに対する責務の違い

- 通常のベロシティに対するさまざまな例外（トレーニング、休暇のスケジュール、リリースのスケジュール、地域ごとの祝日のスケジュールなど）

　すべてのチームがストーリーポイントを使用しているからといって、各チームのベロシティを比較することに意味があるとは限らない。あるチームが野球、別のチームがサッカー、さらに別のチームがバスケットボールをしているようなものである。あるいは、同じバスケットボールでもNBAとサマーリーグを比べるようなものだ。野球、サッカー、バスケットボールの得点を比較したところで意味はない。

　ベロシティを使ってチームのパフォーマンスを比較しようとしたことがあるリーダーによれば、そうした行為は有害である。それではチームどうしを戦わせることになる。そうした比較が信頼できないデータに基づいていることにチームは気付いており、フェアではないと受け止める。結果として、チームのモラルと生産性が低下し、チームを比較するそもそもの目的とは逆の結果になる。

18.2 ｜ 作業の品質を計測する

　作業の量に加えて、作業の品質も計測できる。そして、チームが量にばかり目を奪われ、品質をおろそかにすることがないよう、品質も計測すべきである。

　手戻り率（R%）は、手戻りに投入する作業と新しい開発に投入する作業の割合を表す。第11章で説明したように、手戻りはソフトウェアプロジェクトの効率の悪さや無駄を表す有益な指標である。手戻り率が高い場合は、次のような問題を示唆している可能性がある。

- チームがストーリーを実装する前の推敲に十分な時間をかけていない

- 完成の定義が十分に厳格ではない

- 完成の定義に従っていない

- テストがきちんと行われていない

- 技術的負債が蓄積されるがままになっている

- その他の問題

　シーケンシャルプロジェクトでは、手戻りがプロジェクトの最後に溜まる（無計画である）傾向にあるため、かなり目立つ。アジャイルチームでは、手戻りを少しずつ片付

ける傾向にあるため、それほど目立たない。しかし、手戻りが存在することに変わりはないため、アジャイルチームの手戻り率を監視すると効果的である。

　ストーリーポイントの使用は、手戻りを計測するための基盤となる。ストーリーは新しい作業か手戻り作業のどちらかに分類できる。手戻り率は、ストーリーポイントに換算した手戻りの量をストーリーポイントに換算した総作業量で割ったものとして計算できる。このようにして、手戻り率の推移を監視できるようになる。

　多くの場合は、何を手戻りと見なすかについて各チームが足並みを揃える必要がある。レガシーシステムに従事しているチームは、以前のチームが残していった手戻りの問題を新しい作業と見なすべきである。以前に自分たちが作った問題を修正しているチームは、その作業を手戻りと見なすべきである。

　手戻り率を計測する代わりに、単に手戻り作業にはストーリーポイントを割り当てないというポリシーを設定する方法もある。手戻り率は計算できなくなるが、チームが手戻り作業にかなりの時間を費やしているとしたら、ベロシティが低下するはずだ。手戻り作業にかける時間はチームのストーリーポイントに計上されないからだ。

　どちらのアプローチでも、ベロシティの定量的な計測と品質ベースの計測のバランスを取ることが目的となる。

18.3 | 計測全般に関する検討課題

　アジャイルに特化した計測を用いる場合、アジャイルチームのリーダーはソフトウェアの計測を成功させるための一般的なコツを頭に入れておくべきである。

計測の期待値を設定する

　なぜ計測しているのか、そして計測値をどのように使用するつもりなのかについて透明性を保つことが肝心である。ソフトウェアチームは、計測値が不当または不正に使用されるのでは、と危惧している。そして、多くの組織の過去の記録を見る限り、そうした懸念はもっともである。各チームの自己改善を支援することが計測の目的であることを明確にしておこう。そうすれば、計測をすんなり導入できるだろう。

計測できるものは成し遂げられる

　1つのものだけを計測する場合、人々は当然ながらその1つのものに合わせて最適化を行う。そして、その結果は予期せぬものになることがある。ベロシティだけを計測する場合、チームがベロシティを改善しようとしてレトロスペクティブをやめ、デイリースク

ラムを省略し、完成の定義（DoD）を緩め、技術的負債を増やしてしまうことがある。

　品質や顧客満足度を含め、チームの最適化の対象となる計測値をバランスの取れたものにすることが肝心である。そうすれば、チームがベロシティのために最適化を行い、ベロシティと同じかそれ以上に重要な他の目的を犠牲にする、ということはなくなるだろう。

　同様に、最も計測しやすいものだけでなく、最も重要なものも計測することが重要である。チームが半分のストーリーポイントで2倍のビジネス価値を提供できるとしたら、その選択をするのはたやすいことではないだろうか。だからこそ、ストーリーポイントの計測によってチームの焦点がビジネス価値の提供からうっかりそれることがないようにしよう。

18.4 ｜ その他の検討課題

■ ツールが集めたデータの使用は慎重に

　組織はツールに投資し、技術職は欠陥、時間管理、ストーリーポイントに関するデータを入力する。組織は当然ながらツールが集めたデータを有効なものと考える。だが、そうではないことがよくある。

　ある企業と仕事をしていたときのことだ。その企業は長年にわたってメンバーに作業時間の入力を義務付けていたので、時間管理データは正確であると信じ切っていた。私たちがそのデータを調べてみると、異常な値が山ほど見つかった。作業量がだいたい同じになるはずの2つのプロジェクトで、入力された時間に100倍の開きがあった。そこでわかったのは、そのデータを集めている理由をメンバーが理解しておらず、役所仕事と見なしていたことだった。あるメンバーによって作成された時間管理データを入力するためのスクリプトがあり、そのスクリプトが（何ら手を加えずに）広く使用されていたため、全員が同じデータを入力していたのである。時間管理データをまったく入力していないメンバーもいた。そのデータは無意味なものだった。

18.5 | 推奨リーダーシップアクション

検査

- 計測に対するチームの姿勢を確認する。作業の品質を最終的に向上させるような変更を行うにあたって、計測が自分たちの支援になることをチームは理解しているだろうか。

- チームのストーリーの大きさとイテレーションの長さを確認する。ストーリーとイテレーションのサイズは、生産性をより正確に計測できるほど小さいだろうか。

- 品質にどのような計測（1つ以上）を活用しているだろうか。それらの計測は現在用いている数量ベースの計測とうまくバランスが取れているだろうか。つまり、ビジネスにとって重要なすべてのものがそれらの計測に盛り込まれているだろうか。

- 組織が使用しているデータのうち、ツールによって収集されたデータを確認する。そのデータはあなたが考えているとおりのものだろうか。

適応

- チームの作業を支援することが計測の目的であることをチームに伝える。

- チームがストーリーポイントとベロシティをまだ使用していない場合は、それらを使い始めるように働きかける。

- チームが手戻り率（R%）といった品質ベースの計測をまだ使用していない場合は、それらを使い始めるように働きかける。

- ツールによって集められた無効なデータやチーム間の無効な比較など、意味のない計測や誤解を招くような計測の使用をやめる。

- 必要であれば、さまざまなチームのベロシティを比較することの危険性について組織を教育する。

18

18.6 | 参考文献

- Belbute, John. 2018. *Continuous Improvement in the Age of Agile Development.*
  品質に主眼を置いた上で、ソフトウェアチームの計測とプロセスの改善の問題について詳しく説明する実用書。

第 **19** 章

より効果的なアジャイル：
プロセス改善

　プロセスに対する効果的なアジャイルアプローチを4語でまとめるとどうなるだろうか。筆者の答えは、「Fix systems, not individuals」（個人ではなく仕組みを修正する）である。間違いを許すことについてはすでに述べたとおりであり、それは重要なことである。しかし、「間違いを許す」ことは「間違いを無視する」という意味ではない —— 率直、尊重、協力の精神をもって一堂に会し、その間違いを引き起こした要因を理解し、同じ間違いが二度と起きないようにそれらの要因を変更するという意味である。

　「できるだけ速く作業する」ことは、よくあるアジャイルの誤った実践だが、これは本当の意味での改善を妨げる。より効果的なアジャイルの実践は、状況を改善することによって作業を加速させることに全力を注ぐ。

19

19.1 ｜ スクラム：プロセス改善のベースライン

　SW-CMM（Software Capability Maturity Model）の時代に戻ってみると、レベル2は「繰り返しが可能な」プロセスであり、レベル3以降での数字に現れる改善をサポートするためのベースラインプロセスとなる。忠実度の高いスクラムの実践は、これと同じ目的を達成する。ベースラインプロセスはスクラムチームの一貫した基準となり、チームはそこからの改善を目指す。

19.2 | 生産性を向上させる

生産性の向上は誰もが望むことだが、チームの生産性が向上しているかどうかはどうすればわかるのだろうか。生産性はどのようにして計測するのだろうか。

ソフトウェアの生産性を絶対的な尺度で計測することはほとんど不可能だが、ストーリーポイントとベロシティは生産性の向上を**相対的**な尺度で計測するための手段となる。そして、この相対的な尺度が生産性を劇的に向上させるための土台となる。

チーム自身の生産性を漸進的に比較することは、生産性の計測に対するストーリーポイントの基本的かつ有効な使用法である。最初の5回のスプリントでは平均ストーリーポイントが50で、次の5回のスプリントでは平均ストーリーポイントが55であるとすれば、チームの生産性が向上していることがわかる。

チームの生産性の向上

生産性を向上させるための第一歩は、第18章で説明したように、ベロシティを使用することで、数字で表された信頼できる生産性のベースラインを定めることである。

ベースラインベロシティが確定したら、プロセスを改善し、次の数回のスプリントにわたってチームのベロシティをベースラインベロシティと比較する。スプリントを数回行った時点で、その改善によって生産性が向上したかどうかが明らかになるだろう。

プロセスの改善の中には、ベロシティの漸進的な比較を用いてその効果を計測できるものがいくつかある。次に、その例をいくつか挙げておく。

- 新しいコラボレーションツールを導入する。
- 技術スタックの一部を変更する。
- 地理的に分散したチームでプロダクトオーナーをオンショアからオフショアへ異動する。
- 準備完了の定義（DoR）を厳格化し、実装作業を始める前にストーリーの推敲にかける時間を増やす。
- スプリントのリズムを3週間から2週間に変更する。
- チームをブースからオープンスペースに移す。
- リリースの途中でチームメンバーを追加する。

もちろん、数字の上での変化が決定的なものであるとは限らない。一般に、生産性の計測については、「計測によって何を質問し、どこを調べればよいかは明らかになるが、必ずしも答えがわかるわけではない」という姿勢でいるのがよいだろう。

チームの生産性が向上すると何が可能になるか

　短いスプリントは、プロセスを実験的に変更し、それらの変更の結果を追跡し、うまくいく変更を足がかりにする機会を頻繁に提供する。このようにして改善がどんどん蓄積されていく。私たちはこれまで、チームの生産性が2倍かそれ以上になるのを実際に見てきた。

　このことには思いもよらない意味合いもある。というのも、パフォーマンスが悪いことを理由に「問題のあるチームメンバーを多数決で締め出そう」とする場面を何度か目撃したことがあるからだ。どの場合も、事の顛末はだいたい同じである。「あのメンバーを異動させたら同じベロシティを保つことを確約できるか」とマネージャーが尋ねると、チームはこう答える。「あの人が足を引っ張っていた分、**ベロシティがよくなる**ことを確約しますよ。」

　もう1つの例は、チームが2つの拠点（サイト）に分散しているデジタルコンテンツ会社と仕事をしていたときのことである。1つ目のチームは15人のメンバーで構成され、2つ目のチームは45人のメンバーで構成されていた。ベロシティを厳格に追跡し、作業の進捗を監視し、その待ち状態を分析したところ、1つ目のチームが2つ目のチームとの連携に費やしていた時間と作業量だけで、2つ目のチームの作業量を超えているという結論が下された。そこで、2つ目のチームを別のプロジェクトに回したところ、1つ目のたった15人のチームだけで元のプロジェクトの**総生産量が増加**した。1つ目のチームはアジャイルの生産性の指標をきちんと使用することで、生産性を実質的に4倍に増やした。

生産性に関する組織の影響

　スクラムのエキスパートの口癖は、「スクラムは問題を解決しないが、何が問題かがわかるようにそれらを照らし出す」である。スクラムが照らし出す問題には、チームが単独で対処できるものもあれば、組織による対処が必要なものもある。私たちが見てきた組織の問題は次のようなものである。

- 優秀なメンバーを雇用することが難しい
- メンバーの入れ替わりが激しい
- プロフェッショナルデベロップメントがほとんどない
- マネージャーの研修がほとんど行われない
- 問題のあるチームメンバーを異動させる気がない
- 「スプリントの途中での変更は不可」といったスクラムルールに従う気がない
- 特別な役割（スクラムマスター、プロダクトオーナー）を任命できない

19

- ビジネスの方向性が頻繁に変わる
- 他のチームに依存していて、それらのチームの反応が遅い
- プロダクションサポートの要請を含め、プロジェクトにまたがるタスクが多すぎる
- ビジネス職からのサポートがなく、決定が遅い
- 経営陣の決定が遅い
- 会社の作業プラクティスが官僚主義的
- チームがさまざまな開発拠点に分散している
- 拠点間の物理的な移動に対するサポート体制が不十分

チーム間で生産性を比較する

　チーム間でのベロシティの比較はたいてい無意味なものに終わるが、意味のある比較が1つある。チーム間の生産性の向上率である。ほとんどのチームの生産性が四半期あたり5～10% 向上している中で、1つのチームの生産性だけが四半期あたり30% 向上しているとしたら、そのチームのパフォーマンスを確認し、他のチームが見習うべき点があるかどうかを調べてみるとよいだろう。とはいえ、チーム構成の変更など、生産性の変化に影響を与えているかもしれないその他の非生産的な要因については引き続き考慮していく必要がある。

生産性の向上に関するまとめ

　ソフトウェアの生産性の計測には多くの危険が潜んでいるが、計測が不完全で当てにならないからといって使いものにならないとは言えない。注意して使用すれば、生産性の計測はチームのパフォーマンスの急速な向上を後押しする。

19.3 | 原理原則に従って仕掛かり作業をマッピングし、監視する

　組織が基本的なスクラムを卒業して次のレベルに進むときには、品質と生産性の向上を後押しする手段としてリーンを組み合わせるとよいだろう。カンバンは、バリューストリーム全体のワークフローの可視化とマッピングというリーンの要件を実装するために最もよく使われるリーン手法である。

　カンバンは、**仕掛かり作業**（WIP）を調べて、現在システムにWIPがどれくらいあるかを明らかにした後、スループットを制限している遅延を明らかにするためにWIPに

徐々に制限を課していくことに重点を置いている。

　一般に、カンバンシステムでは、次に示すような物理的なカンバンボードを使用する。

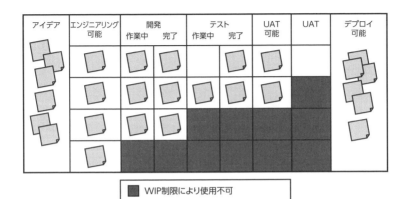

「カンバン」の語源は日本語の看板または掲示板である。カンバンボードの作業アイテム（カンバンカード）は付箋紙に書かれる。作業アイテムは左から右へ移動するが、作業を左側から右にプッシュするのではなく、カンバンボード上の空きスペース側から右にプルする。先のカンバンボードの図では、作業アイテムをテスト（の作業中）またはUAT（ユーザー受け入れテスト）にプルすることは可能だが、（空きがないので）他の状態にプルすることはできない。

　リーンの用語で言うと、作業は常に次の3つのカテゴリのいずれかに分類される。

- **バリュー**
  付加価値がすぐに具現化され、顧客が進んで代金を支払うような作業。
- **必要なムダ**
  テストやソフトウェアライセンスの調達など、それ自体は付加価値を与えないものの、付加価値を与えるために必要なサポート作業。
- **不必要なムダ**
  付加価値を与えず、スループットを低下させ、取り除いてしまってもよい作業。

　WIP制限の目的は、待ち時間を明らかにすることにある。待ち時間はソフトウェアプロジェクトにおけるムダの大きな発生源である。次に、待ち時間の例をいくつか挙げておく。

- 機能をデプロイする前の待ち時間。コードのユニットテスト、統合テスト、チェックインが完了していて、手動の受け入れテストの完了を待っている。

- ソフトウェアをデプロイする前の待ち時間。独立したテスト組織によってバグが検出され、開発チームによって修正されるのを待っている。

- スプリントでストーリーが完成する前の待ち時間。ストーリーのコードレビューを待っている。

- 引き継ぎ時の待ち時間。チームが作業を引き継ぐ前に完成していなければならないコードがあり、そのコードを別の場所にいるチームがチェックインするのを待っている。

- ストーリーを実装する前の待ち時間。開発チームがストーリーの実装を開始する前に、プロダクトオーナーがストーリーを推敲するのを待っている。

- チームの方針が決定する前の待ち時間。チームが進む方向を決定権者が決めるのを待っている。

いずれにしても、ソフトウェアプロジェクトでの待ち時間は機能のリリースを遅らせるため、いかなる状況においてもムダの1つに数えられる。

チームがワークフローを最初にマッピングする際には、たいていWIPがかなりあることに気付く —— それもおびただしい数のWIPである。

原理原則に従ってWIPから目を離さないようにすれば、スループットの改善が、個々のメンバーを最大限に活用することとほとんど無関係であることが浮き彫りになるだろう。メンバー全員を常に忙しい状態に保ちたいという願望はWIPの頻発を招く。これがボトルネックとなり、スループットが低下する。WIPに注意を向けることは、繁忙をきわめることからスループットをきわめることへ組織をシフトさせる上で非常に役立つ可能性がある。

カンバンとリーンについて詳しく説明するのはまたの機会にする。章末の参考文献が参考になるだろう。

19.4 ｜ アジャイルのレトロスペクティブ

レトロスペクティブ（ふりかえり）ミーティングは、新しい改善点を検討し、以前の改善点を評価する主な機会となる。スクラムプロジェクトにおいてスプリントレトロスペクティブが行われるのは、スプリントの終わりのスプリントレビューと、次のスプリントに対するスプリントプランニングの間である。

レトロスペクティブの目的は次の4つである。

- そのスプリントがどのように進行したのかを検査する。
- 改善案を打ち出す。
- 以前のレトロスペクティブに基づいて実施した改善案を評価する。
- 次のスプリントで改善案を実施するための計画を立てる。

スクラムマスターがこのミーティングの進行役を務め、スクラムチーム全員が出席する。レトロスペクティブミーティングの全体的な流れは次のようになる。

1. **準備をする**
   改善のマインドセットを提案し、仕組みの修正に全員の意識を集中させる。ある組織では、いつも冗談からミーティングを始めることで、間違いを許すことと心理的安全性の雰囲気を作っている。

2. **データを集める**
   共有の情報プールを作成する。

3. **状況を把握する**
   パターンを探し、根本原因を探り、全体像を把握する。

4. **何をするか決める**
   チームが実施する実験を洗い出し、実行計画を作成する。

5. **レトロスペクティブを終了する**
   レトロスペクティブ自体をどのように改善できるかを確認することも含まれる。

レトロスペクティブのテーマは、以下を含め、次のスプリントで改善できる部分であればどれでもよい。

- プロセスとプラクティス
- コミュニケーション
- 環境
- 作業の成果
- ツール

19

　レトロスペクティブの長さは決まっている（タイムボックス）。2週間のスプリントに対するレトロスペクティブの一般的な長さは75分である。

　部外者にレトロスペクティブミーティングの見学や参加を許可すべきかどうかについてはチームごとに意見が分かれる。マネージャーはレトロスペクティブから上がってきた改善計画をいつでも確認できる。しかし、部外者の立ち合いを許可することよりも、レトロスペクティブミーティングをできるだけ率直なものにすることのほうが有益であると筆者は考えている。

変更の効果が出るには時間がかかる

　現在のスクラムの実践では、レトロスペクティブごとに、次のスプリントで実施できる変更が少なくとも1つ決定されるようになっている。その変更の効果は将来のレトロスペクティブでレビューし、その変更を継続するか中止するかを決定する。それらの変更はプロダクトバックログに追加し、将来のスプリントの成果物として同じようにスケジュールできる。

　チームが現状に甘んじることがないようにしたいという気持ちはわからないでもないが、それは度を越しているように思える。変更を行うからにはその効果を計測する必要がある。そのことを鑑みてバランスを取るべきである。あまりにも多くの変更をあまりにも急いで取り入れると、ベロシティへの影響がわかりにくくなる。

　各変更の効果を理解できるようにするには、それらの変更を取り巻く環境が落ち着くための時間を見ておく必要がある。生産性がそれらの変更によって向上し始める前に、最初にストンと落ちることもあるため、そのことを頭に入れておこう。

レトロスペクティブでのストーリーポイントの割り当てを確認する

　ストーリーポイントの割り当ては、一度決まった後は変更しないが、レトロスペクティブミーティングでレビューできる。ストーリーの完成時の大きさがその割り当てから1フィボナッチ数以内であることについてチームの意見が一致する場合（たとえば、割り当て時は3だったが、完成時は5に近かったなど）、その割り当ては十分妥当であると見なされる。割り当てがそれよりも大きく外れていた場合は見込み違いと見なし、ストーリーをいくつ外したのかを追跡する。

　外した数は次に対する指標として使用できる。

■ チームがストーリーポイントを割り当てる前にバックログリファインメントを十分
　に行ったかどうか

■ ストーリーを十分に分解したかどうか

■ スプリントプランニングでストーリーに関する議論を十分に行ったかどうか

19.5 ｜ 計測ごっこに注意

　プロセス改善に取り組むなら、それらは計測の対象となる作業やチーム構成の変更な
どではなく、正真正銘の改善でなければならない。

　どのような作業にストーリーポイントを割り当てるかに関するアプローチはチームごと
に異なる（このことは、チーム間の比較がかくも難しく、組織間の比較が無意味である
理由の1つである）。ストーリーポイントを欠陥の修正作業に割り当てるチームもあれば、
割り当てないチームもある。また、ストーリーポイントをスパイク（技術的な事前調査）
に割り当てるチームもあれば、割り当てないチームもある。筆者の経験では、どの方法
がうまくいくかは状況次第だが、絶対にうまくいかない方法がある —— 正真正銘のプ
ロセスの改善を行うのではなく、ストーリーポイントとして計上される作業の種類を変
更することである。

　チームが計測値を操作していることに気付いたら、間違いを許す機会であると考えて
みよう。その振る舞いを仕組みの視点から捉え、問題のもとになっている仕組みを修正
するのである。「自律、熟達、目的」に熟達が含まれていることから考えても、チーム
は改善を望んでいるはずである。チームが計測という仕組みを改善に利用するのではなく、
この仕組み自体を操作していることに気付いたら、改善したいというチームの自然な欲
求を妨げているのは何なのか調べてみよう。それはスケジュールに対する過剰な圧力だ
ろうか。検査と適応の時間が足りないことだろうか。それとも、改善につながるプロセ
スの変更を行う権限がないことだろうか。これはリーダーとしての仕事ぶり（パフォー
マンス）を振り返り、チームにどのような影響を与えていたのかを評価する機会である。

19

19.6 | 検査と適応

　正式なレトロスペクティブに加えて、検査と適応の精神はアジャイルプロジェクト全体に適用すべきものである。スクラムには、検査と適応を行う構造的な機会がいくつかある。

- スプリントプランニング
- スプリントレビュー
- スプリントレトロスペクティブ
- そのスプリント以外にも影響がおよぶような欠陥が見つかったとき

　検査と適応の効果的な使用は、ある意味「我慢しないこと」にかかっている。問題に対して我慢強いチームでは、それらの問題を長い期間にわたって放置し、改善しないままになる。問題に対して何らかの手を打つことを求めるチームは、非常にすばやく改善できる。

　検査と適応を効果的に行うと、構造と透明性による恩恵を受けることもできる。私たちの経験では、プロセスの変更案をプロダクトバックログに追加し、プロセス改善作業の優先順位の割り当てとプランニングを他の作業と一緒に行っていたチームの成功例がある。このようにすると、レトロスペクティブの結果を「文書化する」だけになる失敗モードを回避するのに役立つ。また、一度に変更するものが多すぎるという問題も解消される。

19.7 | その他の検討課題

▐ 個人の生産性を計測する

　医療、教育、ソフトウェアなど、さまざまな分野で個人の生産性を計測する試みがなされてきた。どの場合も、個人の生産性を計測する有効な手段は存在しない。優秀な医師は最も治療の難しい患者を担当するかもしれない。このため、どれだけ腕がよくても、他の医師よりも治癒率が低くなる可能性がある。優秀な教師は教育困難校で働いているかもしれない。このため、教師の能力が高くても、生徒のテストの成績は悪いかもしれない。優秀なソフトウェア開発者は最も複雑な作業を担当するかもしれない。その場合、見かけの生産性は平均的な開発者よりも低くなるだろう。

　個人の生産活動に影響を与える要因は無数にある。そうした要因には、技術的なタスクの割り当ての違い、複数のプロジェクトにまたがる複数のタスク、他のチームメン

バーとの人間関係、プロジェクトに対するステークホルダーの支援レベル、他のメンバーの指導に費やした時間などが含まれる。調査の背景を抜きにしても、ソフトウェアプロジェクトには交絡変数（外部変数）がありすぎて、個人の生産性を意味のある方法で計測することはできない。

　アジャイルの焦点は個人ではなくチームにある。チームレベルの計測は文化的にアジャイルと調和しており、はるかに有効でもある。

19.8 ｜ 推奨リーダーシップアクション

検査

- チームのスクラムの実践を調べて、計測のベースラインが形成されるほどの一貫性があるかどうかを確認する。
- スプリントレビュー、スプリントレトロスペクティブ、スプリントプランニングでチームのパフォーマンスを確認する。チームはそうした機会を利用して検査と適応を行っているだろうか。
- リーダーとしてチームの改善をどれくらい支援しているだろうか。特に、短期的なデリバリーニーズと長期的な改善目標のバランスをどれくらいうまく取っているだろうか。
- ワークフローをマッピングし、遅延がないか調べる。不必要な遅れによってデリバリープロセスにどれだけのムダが生じているか評価する。

適応

- ストーリーポイントを使ってプロセスの変更の効果を計測する。
- 関連するスクラムイベントで検査と適応を一貫して使用するようにチームに働きかける。
- レトロスペクティブが重要であることと、レトロスペクティブの結果に基づいてチームが次のスプリントで直ちに変更を行うように支援することをチームに積極的に伝える。
- カンバンを使ってチームの作業を可視化し、遅れているものを探す。

19

19.9 | 参考文献

- Derby, Esther and Diana Larsen. 2006. *Agile Retrospectives: Making Good Teams Great.*
  アジャイルレトロスペクティブの実施に関する参考文献。

- Hammarberg, Marcus and Joakim Sundén. 2014. *Kanban in Action.*
  ソフトウェアを取り巻く環境でのカンバンに関する優れた入門書。

- Poppendieck, Mary and Tom. 2006. *Implementing Lean Software Development.*
  同じく、ソフトウェアに焦点を絞ったリーン／カンバンの入門書。

- Oosterwal, Dantar P. 2010. *The Lean Machine: How Harley-Davidson Drove Top-Line Growth and Profitability with Revolutionary Lean Product Development.*
  リーンの適用がHarley-Davidson の製品開発作業のターニングポイントとなったケーススタディを取り上げている。

- McConnell, Steve. 2011. What does 10x mean? "Measuring Variations in Programmer Productivity."
  『Making Software: What Really Works, and Why We Believe It』に収録されたこの章❶では、各開発者の生産性にばらつきがあることと、商業的な環境での計測の難しさについてさらに詳しく説明している。

- McConnell, Steve. 2016. "Measuring Software Development Productivity".
  チームの生産性の計測についてさらに詳しく説明するウェビナー。

---

❶ McConnell, 2011

第20章

より効果的なアジャイル：予測可能性

　数十年前、トム・ギルブは次のように尋ねた。「予測可能性をとるか、それともコントロールをとるか？」[1]　この質問に対する多くの組織の答えを、アジャイルは密かに変化させてきた。シーケンシャル開発は固定したフィーチャーセットを定義してからスケジュールを見積もる傾向にあり、その焦点はスケジュールを**予測する**ことにあった。アジャイル開発はどうかというと、固定したスケジュールを定義した上で、その時間枠でデリバリーできる機能のうち最も価値の高いものを定義する傾向にある。その焦点はフィーチャーセットを**コントロールする**ことにある。

　アジャイルに関する文献の多くは、予測可能性よりも適時性を優先する市場を対象としたソフトウェア開発に焦点を合わせている。たとえば、一般消費者を対象としたモバイルアプリ、ゲーム、SaaS アプリ、Spotify、Netflix、Etsy などがそうである。しかし、顧客がその上さらに予測可能性を求めている場合はどうするのだろう。組織がデリバリーしなければならないフィーチャーセットが具体的に決まっていて、なおかつそのフィーチャーセットをデリバリーするのにどれくらいかかるかを知る必要もあるとしたらどうするのだろう。あるいは単に、機能とスケジュールの最適な組み合わせを考えるために、どれくらいの機能をどれくらいの時間でデリバリーできるかを大まかに把握しておきたい場合はどうするのだろう。

20

---

[1] Gilb, 1988

　ほとんどの場合、アジャイルはフィーチャーセットのコントロールに重点を置いてきたが、適切なプラクティスが選択されていれば、アジャイルプラクティスは予測可能性も大きく後押しする。

20.1 ｜ リリースサイクルの違いによる予測可能性

　アジャイルならではの見積もりプラクティスは、プロジェクトのかなり早い段階には利用できない。プロダクトバックログを定義するよりも前の、プロジェクトの早期の見積もりプラクティスは、そのプロジェクトをその後シーケンシャル開発として実行するのかアジャイル開発として実行するのかに関係なく同じになる❷。アジャイルとシーケンシャルの違いが意味を持つようになるのは、チームがスプリントでの作業を開始した後である。

　図20-1は、アジャイル固有の見積もりプラクティスが意味を持つようになるポイントを、ソフトウェアの**不確実性コーン**を用いて示している。

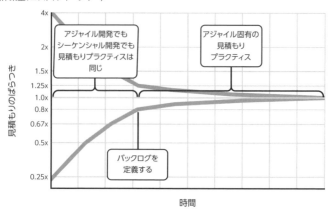

▲図20-1：不確実性コーンで表された見積もりプラクティス。アジャイル固有のプラクティスが存在感を増すようになるのはバックログを定義した後である❸

---

❷ McConnell, 2006

❸ McConnell, 2006

　このパターンには例外がある。純粋な予測可能性ではなく、予測可能性とコントロールの組み合わせを求めている場合、アジャイルプラクティスの存在感が増すタイミングが少し早まることだ。

20.2 ｜ 予測可能性の種類

　ここでは、予測可能性に対するアプローチを簡単に紹介し、以降の節でさらに詳しく説明する。

■ コストとスケジュールの厳密な予測可能性

　フィーチャーセットのコストとスケジュールを厳密に予測しなければならないことがある。新しいプラットフォームでそっくり同じ機能を再現しているのかもしれないし、すでに構築されているハードウェアデバイス用に特定の機能を開発しているのかもしれない。あるいは、アジャイル以外の契約のもとでソフトウェアを開発しているのかもしれない。これらのシナリオはどれも予測に関するものであり、フィーチャーセットのコントロールをそれほど重視しない。これらは最も一般的なシナリオではないが、たまに発生することがある。

■ フィーチャーの厳密な予測可能性

　指定された期日に指定された予算で提供するフィーチャーを厳密に予測しなければならないことがある。これは1つ目のシナリオの一種であり、このシナリオでも同じようなプラクティスを用いる。

■ 大まかな予測可能性

　機能、コスト、スケジュールの大まかな組み合わせの実現可能性を予測しなければならないことがある。パラメーターはどれも厳密には固定されず、少なくともわずかな柔軟性がある。この種の予測可能性がよく必要となるのは、大まかに定義された機能を開発するためのビジネスケースの現実味を評価しようとしているときである。大まかな予測可能性は、プロジェクトの進捗を追跡しようとしているときにもよく必要となる。大まかな予測可能性を実現するには、予測とコントロールが組み合わされた反復的なプロセスが必要となる。

　次の2つの節では、厳密な予測可能性を実現するために必要なものについて説明する。厳密な予測可能性が必要ではないとしても、それを実現するための検討課題は、最後の節で説明する大まかな予測可能性の実現に関連している。

20

20.3 | コストとスケジュールの厳密な予測可能性

固定したフィーチャーセットのコストとスケジュールを厳密に予測したい場合がある。予測可能性がものを言うのはそのフィーチャーセットを厳密に定義した後であり、通常はリリースサイクルの10〜30%に差しかかったあたりである。

厳密な予測可能性をサポートするアジャイルプラクティスは次の7つである。

- ストーリーポイントの割り当て
- ベロシティの計算
- 小さなストーリー
- プロダクトバックログの事前の定義、見積もり、リファインメント
- 短いイテレーション
- リリースバーンダウン
- ベロシティのばらつきの考慮

コストとスケジュールを厳密に予測できる必要がなければ、「20.4　フィーチャーセットの厳密な予測可能性」に進んでかまわない。ただし、本節の概念の中には、この後のシナリオで参照されるものがあるため、少なくとも見出しにざっと目を通しておいたほうがよいだろう。

予測可能性のサポート：ストーリーポイントの割り当て

作業量での直接的な見積もりは、先入観と主観性の問題をはらんでいる[4]。先入観は、自分が望んでいる方向に見積もりを意図的に調整することを意味する。主観性は、見積もりの希望的観測や未熟さが原因で、見積もりを無意識に調整することを意味する。ソフトウェア開発の歴史において、見積もりは楽観的と相場が決まっており、個人やチームの見積もりは総じて甘くなりがちだ。

ストーリーポイントは、先入観の影響を受けないこともあり、見積もりに役立つ。チームは作業量を直接見積もる代わりに、ストーリーポイントを使って作業アイテムに相対的な大きさを割り当てる。ストーリーポイントを割り当てる際には、時間からストーリーポイントへの換算率が考慮されることがよくある。しかし、ストーリーポイントをどのように用いるのかを考えれば、そうした換算率に誤差があったからといって見積もりが無効になるということはない。ストーリーポイントはベロシティの計算に用いられ、ベ

---

[4] McConnell, 2006

ロシティは実際のパフォーマンスに基づいて実証的に計算されるからだ。チームが「このスプリントで100ストーリーポイントを完了できる」と楽観的に考えていたとしても、スプリントの終わりにチームが完了したストーリーポイントが100ではなく50であれば、そのチームのベロシティは100ではなく50である。今後の計画で用いるのはこの数である。

予測可能性のサポート：ベロシティの計算

　ベロシティを最もよく利用するのは、スプリントごとのスプリントプランニングである。また、ベロシティは予測可能性を支援する目的にも同じように役立つ。チームが持続可能なペースで作業を行っていて、過去3回のスプリントでスプリントあたり50ストーリーポイントを完了している場合（平均ベロシティは50）、そのチームはその平均ベロシティに基づいて機能全体のデリバリースケジュールを予測できる。

　たとえば、あなたの会社が12か月後にリリースを予定していて、そのリリースが1,200ストーリーポイントで構成されるとしよう。12か月のスケジュールでは、2週間のスプリントが26回見込まれる。チームは8週間（4スプリント）にわたって作業を行い、スプリントあたりの平均ベロシティは50ストーリーポイントだった。その時点で、計画した作業をチームが完了するのに1,200 / 50 = 24スプリントが必要であると予測しても問題はないだろう。このチームがそのフィーチャーセットを期限内（1年）にデリバリーできる可能性は高い。

　ただし、これには前提条件がいくつかある。チームのベロシティで計測したストーリーは100% 完了している必要がある。つまり、厳格な完成の定義（DoD）を完全に満たしていなければならない。また、チームが技術的負債を溜め込むことがあってはならない。それらの技術的負債をリリースサイクルの後半で返済する必要に迫られれば、それ以降のスプリントのベロシティが低下することになるからだ。ベロシティによる見積もりは、休暇や休日のスケジュールを考慮したものでなければならない。それらの計画には、DoD を満たした後にさらに必要となるユーザー受け入れテストやシステムテストなどの作業が織り込み済みでなければならない。ベロシティの計算では、チームのスプリントごとのばらつきも考慮しなければならない❺。ただし、従来のシーケンシャルプロジェクトの見積もりとは対照的に、チームがその生産性をリリースサイクルの早い段階に実証的に調整できるようになる。そして、その結果に基づいて完了期日を予測できることは大きな力となる。

20

予測可能性のサポート：小さなストーリー

第18章で説明したように、ストーリーを小さく保つと、アジャイルプロジェクトの進捗が計測しやすくなる。

予測可能性のサポート：プロダクトバックログの事前の定義、リファインメント、見積もり

厳密な予測可能性を必要とするチームは、リリースのすべてのストーリーをプロダクトバックログに事前に追加しておく必要がある。つまり、バックログを定義するにあたってよりシーケンシャルなアプローチをとることになる。

だからといって、完全なシーケンシャルアプローチほどストーリーを細かく推敲する必要はない。各バックログアイテムにストーリーポイントを割り当てることができればそれで十分だが、一般的なアジャイルアプローチよりも推敲を早めに行うことになる。続いて、各バックログアイテムにストーリーポイントを実際に割り当てる。これを**バックログのストーリーポイント付け**と呼ぶ。

プロジェクトの早い段階に、意味のあるストーリーポイント（1～13）を割り当てられるほどストーリーを1つ1つ細かく推敲する、というのは容易なことではない。この問題に対処する方法については、後ほどアドバイスをいくつか提供する。

予測可能性のサポート：短いイテレーション

第18章で説明したように、イテレーションが短ければ短いほど、チームの進捗を予測するために用いる生産性データをすばやく揃えることができる。

予測可能性のサポート：リリースバーンダウン

チームの初期の予測と対比させた上での進捗の継続的な観察は、通常の作業の流れで有機的に処理される。チームは各スプリントで完了したストーリーポイントの数を追跡するためにリリースバーンダウンを活用する。チームのベロシティが最初の平均値である50から変化し始めたら、ステークホルダーに連絡を取り、計画を適切に調整すればよい。

予測可能性のサポート：ベロシティのばらつきを考慮する

どのチームでもスプリントごとにベロシティのばらつきが見られるだろう。スプリントあたりの平均ストーリーポイントが50のチームは、実際にはストーリーポイントが42、

51、53、54のスプリントを完了しているかもしれない。このように考えると、チームのベロシティを使って長期的な結果を予測する場合は多少のばらつきが含まれることがわかる。

この4つのスプリントを完了しているチームの標本標準偏差は、平均値50に対して5.5ストーリーポイントである。このチームのプロジェクト全体の最終的なベロシティに対するリスクを見積もるために、完了したスプリントの数に基づいて信頼区間を求めることができる。そして、チームがさらにスプリントを完了し、より多くの経験値を獲得する過程で、その信頼区間を更新することができる。

図20-2は、ベロシティの初期値と信頼区間を用いてベロシティの潜在的な最大値と最小値を明らかにする例である。

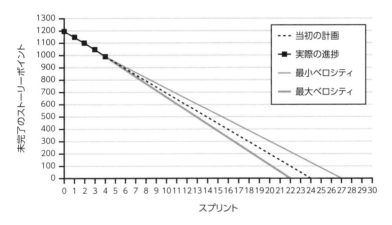

▲図20-2：チームの平均ベロシティ、ベロシティのばらつき、信頼区間の数学計算を用いてプロジェクトの結果の変動を求めることができる

この図に示されているように、90%の信頼区間❻に基づいて計算すると、1,200ストーリーポイントの作業を完了するのに合計で22～27回のスプリントが必要であり、名目上のスプリントの回数は24となる。このチームはベロシティのばらつきが少ないため、予測される結果の範囲は狭くなる。1週間ほどずれ込むリスクはあるが、1年間というタイムライン内で完了する見込みは高い。

❻「信頼区間」とは、観測平均が実際の平均に近いことをどれくらい確信できるかを表す具体的な（そして複雑な）統計学的計算のことである。この例では、90%の信頼区間はベロシティの実際の平均が44から56の間であることを90%確信できる（90%の確率でそうなる）ことを意味し、スプリントの回数が22～27であることを示唆する（すでに完了している4つのスプリントを考慮に入れている）。標準偏差を使って予想される結果を計算するチームもあるが、それは数学的に正しくない。標準偏差によって得られる予測は、ある範囲に収まる個々のスプリントのベロシティである。信頼区間はすべてのスプリントに対して予測される平均ベロシティの範囲を計算するのに適した手法である。

　信頼区間の計算方法を考えると、チームが完了するスプリントの数が増えれば増えるほど範囲が狭められ、予測の精度がよくなっていくことがわかる。次の4つのスプリントでも最初の4つのスプリントと同じばらつきが示された場合、信頼区間は90%なので、作業を完了するためのスプリントの総数の範囲は23〜26に狭まるはずだ。

　目標の1つはチームのベロシティを安定させることにあるため、チームのベロシティを操作することは、純粋な予測可能性とは何の関係もない。チームがプラクティスの改善に取り組めば、ベロシティのばらつきが少なくなり、予測可能性が向上するはずだ。

20.4 | フィーチャーセットの厳密な予測可能性

　コストとスケジュールが決まっていて、そのコストとスケジュールの枠内でデリバリーできるフィーチャーを厳密に予測する必要がある場合は、先ほど説明したのと同じようなアプローチをとる。フィーチャーセットを厳密に予測するアプローチは、関連する主なアジャイルプラクティスをどのように利用するのだろうか。さっそく見てみよう。

■ プロダクトバックログの作成

　プロダクトバックログは、コストとスケジュールの厳密な予測と同じような方法で、完全に定義されなければならない。

　チームが定義および推敲するストーリーが、そのチームが時間内に完了できるストーリーポイントを超えるとしたら、その定義作業と推敲作業の一部は無駄になる。優先順位の高いアイテムから順にバックログに追加することができれば、それだけ無駄が少なくなる。

■ 機能の予測に用いるベロシティの計算

　ベロシティをコストとスケジュールの厳密な予測と同じような方法で用いる。ただし、ベロシティを使って予測するのは終了期日ではなく、デリバリーできる機能の量（つまり、ストーリーポイントの数）である。ベロシティのばらつきはスケジュールではなくフィーチャーセットに適用される。

　先ほどの例と同じ1年間のスケジュールでは、決まった数のストーリーポイントを完了するのに必要なスプリントの回数を予測するのではなく、信頼区間を適用することで、決まった回数のスプリントで完了できるストーリーポイントを予測できる。

　最初の4回のスプリントからはじき出された90%の信頼区間を適用する場合、チームは26回のスプリントで合計1,158〜1,442ストーリーポイントを完了するはずである。このため、合計1,200ポイントという目標を達成できる可能性は高い。

20.5 ｜ 予測可能性に対するより大まかなアプローチ

　ここまでの議論は純粋な予測可能性のアプローチに基づいていた。組織はプロジェクトの何らかの時点で、コスト、スケジュール、最終的にデリバリーされる機能の正確な組み合わせを —— そのどれもが大きく変化することなく —— 予測できるようにしたいと考える。このレベルの予測可能性を日常的に要求する業界もあれば、たまにしか要求しない業界もある。

　筆者はそれよりも、もっと大まかな予測可能性が必要になることが多いと考えている。つまり、コスト、スケジュール、機能、またはその3つを継続的にコントロールできるレベルの予測可能性である。先ほど述べたように、多くの場合、見積もりの役目はピンポイントの予測を行うことではなく、だいたいこのような種類の作業をだいたいこれくらいの時間枠で完了できるかどうかを大まかに把握することにある[7]。予測の対象が絶えず変化するため、これは本当の意味での「予測」ではなく、実際には予測とコントロールの組み合わせである。どのように位置付けられるかはともかく、これなら組織の「予測可能性」のニーズを満たすことができるし、ソフトウェアプロジェクトを効果的に進めることができる。アジャイルプラクティスは、この大まかな予測可能性をうまく後押しする。

トップレベルの予算計画と大まかな予測可能性

　アジャイルコーチによっては、トップレベルの予算を計画するときに、細かい見積もりには使わないような21、40、100といった大きなストーリーポイントや、21、34、55、89といった大きなフィボナッチ数列の利用を推奨することがある。すでに説明した理由により、そうした数をそうした方法で用いるのは、厳密な予測の観点からすると有効ではない。より大まかな実際的な観点からは、そうした数字の利用は有益な目的をかなえるのに役立つ。そうした大きな数字の意味について組織の足並みを揃えるだけでよい。

大きな数字の利用はリスクの現れ

　数値をエピック（またはテーマやフィーチャーといったより大きなアイテム）に割り当てると、大きな数字を使うたびに予測可能性に対するリスクが少し高まることがわかる。詳細なストーリーのポイントとエピックのポイントの比率を調べてみよう。ポイントの5%がエピックのものである場合、全体的な予測可能性に対するリスクはそれほど大きなものではない。しかし、ポイントの50%がエピックのものである場合、予測可能性

---

[7] McConnell, 2000

に対するリスクは大きくなる。このことが問題となるかどうかは、予測可能性がどれくらい重要であるかによる。

予測可能性が必要なときにエピックを予算として扱う

　エピックやその他の大きなアイテムを見積もるもう1つの方法は、見積もりを数字で表し、それらの数字を各部分の詳細な作業の予算として扱うことである。たとえば、尺度としてフィボナッチ数列を利用していて、チームがあるエピックのストーリーポイントを55と見積もる場合は、それ以降、55のストーリーポイントをそのエピックに許される予算として扱うのである。

　エピックを詳細な作業の予算として扱うアプローチでは、チームがエピックを推敲して細かいストーリーに分解する際に、そのエピックの予算である55ポイントを超えることは許されない。チームはより細かなストーリーを優先した上で、55ポイントの予算内でビジネス価値が最大になるものを選択する必要がある。

　このアプローチは他の種類の仕事でよく用いられる類いのものだ。キッチンをリフォームする際には、リフォームの総予算を決めてから、キャビネット、カウンター、電気器具、各種設備の細かい予算を決めるだろう。エピックを詳細な作業の予算として扱うアプローチは、ソフトウェアチームでも同じようにうまくいき、組織にうまく予測できるという実感（予測可能性とコントロールの組み合わせによって実現されるもの）を与える。

　チームが予算を使い果たしてしまうこともある。先の例で言うと、計画した機能そのものを55ポイントの予算内でデリバリーできないことになる。このため、作業の優先順位と、予算を拡大する価値があるかどうかについてビジネス側と話し合わなければならなくなる。この種の話し合いは健全であり、ストーリーポイントの割り当てがその糸口となる。厳密な予測可能性と同じレベルの予測可能性は実現されないかもしれないが、純粋な予測可能性よりも漸進的な軌道修正を尊重する場合はやむを得ないものであり、むしろこのほうが望ましいかもしれない。

フィーチャーセットと追加のフィーチャーの完了日を予測する

　組織によっては、フィーチャーセットを100%予測できなくても問題がないことがある。そうした組織に必要なのは中核となるフィーチャーセットを特定の時間枠でデリバリーできるという保証であり、追加のフィーチャーについては様子を見ながらデリバリーすればよい、というスタンスである。

　本章で例にしているチームが1,000ストーリーポイントのフィーチャーセットをデリバリーする必要があるとしよう。この場合、チームはそのフィーチャーセットがだいたい

20回のスプリント（40週間）後に完成すると予測できる。そうすると、その年はだいたいスプリント6回分（300ストーリーポイント）のキャパシティが残る計算になる。この組織は、そのフィーチャーセットに関して顧客に長期的な確約ができるだけでなく、ジャストインタイムの機能を提供する余力も残している。

予測可能性とアジャイルの境界

　ほとんどの組織は、多くの場合は本章で説明したより大まかなアプローチを使ってビジネス目標を達成できる。一方で、予測可能性に対するニーズが高く、より厳密なアプローチを必要とする組織もある。

　アジャイルに熱心な人は、「事前に詳細なストーリーポイント付けをするためのプロダクトバックログのリファインメント」と聞いて、それは「アジャイルではない」と訴えるだろう。しかし、（少なくとも、本章のテーマに関心があるなら）単にアジャイルであることだけが目標ではない。ここでの目標は、ビジネスの目的や戦略を支援するためにアジャイルプラクティスと他のプラクティスを活用することにある。そして、予測可能性がビジネスニーズの1つであれば、予測可能性を支援することも含まれる。

　ここで役立つのが、第2章で説明した「アジャイルの境界」の概念である（図20-3）。

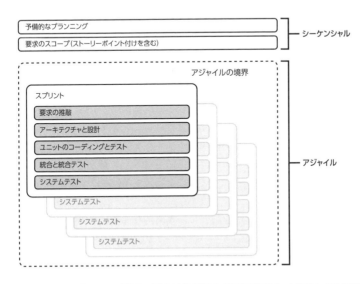

▲図20-3：アジャイルの境界の概念は長期的な予測可能性を（必要とする組織に対して）支援するのに役立つ

予測可能性を厳密なものにするには、初期作業の一部によりシーケンシャルに取り組む必要がある。その後、プロジェクトの残りの部分は完全にアジャイルな方法で進めることができる。

20.6 | 予測可能性と柔軟性

本章では、長期的な予測可能性に対するビジネスニーズを持つ組織に焦点を合わせてきた。アジャイルプラクティスはこの目的を大きく後押しする。

組織が長期的な予測可能性を必要としているからといって、その計画が決して変化しないというわけではない。その年の初めに 1,200 ストーリーポイントの機能を計画していたとしても、半年が過ぎたあたりで計画を変更することがある。**それは何も悪いことではない**。そのチームがアジャイルプラクティスを実践している場合は、軌道修正に組織的かつ効率的に対処できるはずだ。もちろん、初期の要求推敲作業の一部は捨てることになり、結局は無駄になる。しかし、シーケンシャルアプローチを用いて各要求の完全な推敲を事前に行っていた場合と比較すれば、無駄になる作業は少なくなる。しかも、チームの作業は短いイテレーションで構成されているため、アジャイルアプローチのほうが軌道修正も簡単になるはずだ。

20.7 | その他の検討課題

▌ 予測可能性と Cynefin

リリースサイクルの初期にプロダクトバックログを完全に定義するには、その作業のほとんどが Cynefin フレームワークの煩雑系に分類されることが前提となる。作業のほとんどが複雑系に分類されるとしたら、その作業が完了するまで推敲を完全かつ確実に行うことは不可能となる。すでに説明したように、主に複雑系で作業を行うプロジェクトでは、解決しなければならない問題の本質そのものを特定するために調査を行うことが大きな焦点となる。

重要な複雑系の要素を持つプロジェクトを調査し、本格的な作業に着手する前にそれらの要素を煩雑系に変換するにあたって、バリー・ベームのスパイラルモデル ❽ などの手法が提案されている。予測可能性に価値を置く組織では、この手法が役立つ可能性がある。ただし、複雑系の問題を何もかも煩雑系の問題に変換できるわけではなく、大部分が複雑系に分類される問題はあまり予測可能ではない。プロジェクトが主に複雑系

---

❽ Boehm, 1988

の要素で構成されていることに気付いた場合は、そのプロジェクトの予測が（たとえ理論的にであっても）可能かどうかについてよく考えてみよう。

■ 予測可能性とアジャイル文化

　予測可能性はアジャイルチームにとってやっかいな問題になることがある。私たちが見てきたアジャイルの導入に関する失敗モードの1つは、見積もりがなぜ必要なのかに関する合理的な理由をビジネス側が説明した後でさえ、チームが見積もりを拒むことである。これを理由にアジャイルの導入を断念したケースは1つだけではない。

　また、アジャイルに熱心な人が見積もりを拒否するようにチームにアドバイスしていたケースもあった。組織全体がよりアジャイルになるように指導していけば、見積もりなんていらなくなる、というのである。こうしたケースは本末転倒であるだけでなく、開発チームが会社のビジネス戦略に口出ししようとしていることになる。

　アジャイルマニフェストで宣言されている価値の1つに**顧客とのコラボレーション**がある。あなたが顧客であったとして、アジャイルチームがあなたの求めているものを提供せず、あなたのビジネス自体を見直すことを求めたとしたらどうだろうか。その場合は、このアジャイルの価値に改めて目を向けることを提案してもよいだろう。

20.8 ｜ 推奨リーダーシップアクション

検査

- 柔軟性と予測可能性に関してどのようなビジネスニーズがあるだろうか。

- あなたのビジネスには厳密な予測可能性が必要だろうか。それとも大まかな予測可能性で十分だろうか。

- アジャイル開発の目的がビジネスニーズをサポートすることであり、ビジネスが予測可能性を必要とする場合があることをチームは理解しているだろうか。

- エピックを予算として扱うプラクティスについて検討する。このアプローチはあなたのチームにどのような効果をもたらすだろうか。

- ポートフォリオに含まれているプロジェクトのそれぞれを Cynefin フレームワークに従って評価する。チームが見積もりを要求されている作業は本質的に複雑系に分類されるものだろうか。

20

適応

- 予測可能性に対するビジネスニーズについてチームと話し合い、（それがビジネス側にとって重要な場合は）なぜ重要なのかを説明する。

- 複雑系に分類されるプロジェクトをそれぞれ煩雑系のプロジェクトに変換できるかどうかについて評価する。複雑系に分類されたままのプロジェクトについては、予測から調査に焦点を切り替える。

- アジャイルプラクティスの使い方を改善し、エピックを予算として扱うなど、予測可能性に対するビジネスニーズをうまくサポートすることをチームに要請する。

20.9 │ 参考文献

- McConnell, Steve. 2006. *Software Estimation: Demystifying the Black Art.* この本には、シーケンシャルプロジェクトとアジャイルプロジェクトでのソフトウェア見積もりに関する詳細な説明が含まれている。この説明には、プロジェクトの（アジャイルとシーケンシャルの違いが顕著になる前の）初期の見積もりに利用できるさまざまな手法が含まれている。この本が出版された2006年以降、見積もりにおける要求の役割に関する議論の一部は、本書で説明している要求の推敲に対する漸進的なアプローチに取って代わられている。

第21章

より効果的なアジャイル：規制産業

　万難を排して柔軟性に重点を置く初期のアジャイルの姿勢は、アジャイルプラクティスが生命科学、金融、政府機関などの規制産業にあまり適していないという印象を作り上げた。「アジャイルをやるなら完全に」にこだわったことが、顧客や製品開発サイクル全体をアジャイルにする方法がわからない会社にはアジャイルプラクティスを使いこなせない、ということを強く印象付ける結果となった。

　これは残念なことだった。というのも、FDA、IEC 62304、ASPICE、ISO 26262、FedRAMP、FMCSA、SOX、GDPR などの明確な法規に従って開発されているソフトウェアが山ほどあるからだ。そして、規制の対象には見えないソフトウェアも、プライバシー、アクセシビリティ、セキュリティに関する規則の対象になることがある。

　アジャイルが成熟する過程で、多くの規制産業においてアジャイルプラクティスが他の環境と同じくらい有益かつ適切であることが判明している。アジャイル開発の実践方法が規制産業の基準を満たさない可能性は確かにあるが、規制産業の基準を満たす可能性も同じくらいある。

　2012年、アメリカ食品医薬品局（FDA）は AAMI TIR45:2012 - Guidance on the use of AGILE practices in the development of medical device software（医療機器ソフトウェアの開発におけるアジャイルプラクティスの使用に関するガイダンス）を公認規格として採択した。Construx Software は10年以上にわたって FDA やその他の規制環境で活動するさまざまな企業に協力しており、スクラムやその他のアジャイルプラクティスの導入を成功に導いてきた。最も厳しく規制されている産業は別として、本章の内容はすべての産業に当てはまる。なお、FAA/DO-178の法規は本章で説明する

内容以上に大がかりなものであり、本章で「規制環境」に言及するときには、FAA/
DO-178は除外する。

21.1 アジャイルは規制産業での作業をどのように支援するか

　一般論として、規制産業に対するソフトウェア関連の要件を要約すると、「やろうと
していることを文書化し、予定していたとおりのことをやり、それをやり遂げたことを
文書で証明する」ということになる。環境によっては、「すべてをやり遂げたことを精細
に証明するための広範な追跡を可能にする」という要件がさらに追加される。

　アジャイルプラクティスのせいで規制対象のプロダクトでの作業が多少なりとも難し
くなるようなことはない。それよりも問題なのは、アジャイルプラクティスを取り巻くド
キュメントのほうである。アジャイルプラクティスを規制環境に適応させる上でおそらく
最も重要な課題は、ドキュメントを効率よく作成できるかだろう。

　シーケンシャルプラクティスは規制対象のプロダクトに関するドキュメントの効率的な
作成を後押しする。アジャイルは増分的なジャストインタイムのプラクティスに重点を
置いているため、ドキュメントを作成または更新しなければならない回数は必然的に増
えることになる。とはいえ、これは必ずしも問題ではない。アジャイル開発によってドキュ
メントがソフトウェアと同じように増分的に作成できるようになるため、多くのリーダー
がドキュメントの作成が容易になると話している。しかし、口頭での伝達や部族的な知
識を重視するといった一部のアジャイル文化については見直しが必要だ。

　表21-1は、アジャイルの重点が規制環境でのコンプライアンスにどのような影響を与
えるのかをまとめたものである。

▼表21-1：アジャイルの重点が規制環境に与える影響

アジャイルの重点	規制環境への影響
短いリリースサイクル	コンプライアンス自体への影響はないが、各リリースのコストが増大する可能性があり、組織が選択するリリースの頻度に影響を与えるかもしれない
エンドツーエンドの開発作業を小さいバッチで実行	コンプライアンス自体への影響はないが、ドキュメントを作成できるタイミングへの影響がある
事前の大まかなプランニングとジャストインタイムでの詳細なプランニング	ジャストインタイムの計画であっても、計画は文書化しなければならない。規制の種類によっては、追跡可能性が求められることがある
事前の大まかな要求獲得とジャストインタイムでの要求の詳細化	ジャストインタイムの要求獲得であっても、要求は文書化しなければならず、このドキュメントを作成するタイミングへの影響がある

アジャイルの重点	規制環境への影響
創発的な設計	ジャストインタイムの設計であっても、設計は文書化しなければならず、そのドキュメントを作成するタイミングへの影響がある
継続的な自動テストと開発への統合	コンプライアンスを支援する
頻繁な構造化コラボレーション	コラボレーションを口頭での伝達から文書化へ切り替える必要がある
アプローチ全体が実証主義的で、臨機応変で、改善指向	コンプライアンスへの影響はない

　概念レベルでは、いくつかのアジャイルプラクティスがこれらの規制の目的（高品質なソフトウェアの保証）を後押しする。

- 完成の定義（DoD：ドキュメント関連の要件を含め、規制上の要件を満たすかそれを上回るような DoD を作成できる）
- 準備完了の定義（DoR）
- ソフトウェアの品質が常にリリース可能な水準に保たれる
- コーディングの前またはその直後にテストを開発する
- 回帰テストの自動化
- プロダクトとプロセスの品質を向上させるための標準的な検査と適応

21.2 | スクラムは規制産業での作業をどのように支援するか

　法規の更新には時間がかかることがある。前述の規制環境の要件が最初に作成されたのは数十年前のことで、当時のソフトウェア開発はさながら開拓時代の西部のようなものだった。組織はソフトウェア開発にほぼどのような方法で取り組んでもよかったし、それらの方法のほとんどはあまりうまくいかなかった。法規の目的には、どれくらい効力があるかもわからない、その場しのぎのでたらめなプラクティスを回避することも含まれている。

　アメリカ連邦規制は、一般に、特定のソフトウェア開発手法やライフサイクルを義務付けていない。それらの規制が組織に義務付けているのは、上記のように、ある手法を選択し、その手法を定義して文書化することである。それに加えて、監督機関の承認を得ることを義務付けることがある。

　アジャイルプラクティス、特にスクラムは形式化され（本書を含め）広く文書化され

ているため、この要件に対応している。具体的な文書で定義されているとおりにスクラムを実践することにチームが合意していて、スクラムを実践していることを文書化するとしたら、そのことは定義されたプロセスの作成に貢献している。よって法令への準拠を後押しする。

義務付けられたプロセスの文書化にスクラムを対応付ける

　規制にはさまざまなものがあるが、ここでは具体的な例として IEC 62304 - Medical device software — Software life cycle processes（医療機器ソフトウェア — ソフトウェアのライフサイクルプロセス）を使用する。

　IEC 62304 は、次のように分類された活動と文書化を義務付けている。

- ソフトウェア開発計画
- 要求分析
- ソフトウェアアーキテクチャ設計
- ソフトウェア詳細設計
- ソフトウェアユニットの実装と検証
- ソフトウェアの統合と統合テスト
- ソフトウェアのシステムテスト
- ソフトウェアのリリース

　AAMI TIR45 が示唆するように、これらの活動はアジャイルのライフサイクルモデルに対応付けることができる（図21-1）。このアプローチでは、事実上、規制対象のアジャイルプロジェクトが次の4つのレイヤー（層）に分類される。

- **プロジェクト層**
  プロジェクトの活動全体。プロジェクトは1つ以上のリリースで構成される。

- **リリース層**
  利用可能なプロダクトの作成に必要な活動。リリースは1つ以上のインクリメントで構成される（リリースに重大な要件を課すためにリリースが滅多に行われなくなる規制環境もある。たとえば、デバイスが存続している限り、これまでにリリースされたソフトウェアのイメージをビット単位で正確に再現できることが義務付けられることがある）。

- **インクリメント層**
  有益な機能の作成に必要だが、有用なプロダクトの作成に必ずしも必要ではない活動。インクリメントは1つ以上のストーリーで構成される。

- **ストーリー層**
  小さな（場合によっては不完全な）機能の作成に必要な活動。

IEC 62304の活動

アジャイルによるIEC 62304の活動の実践

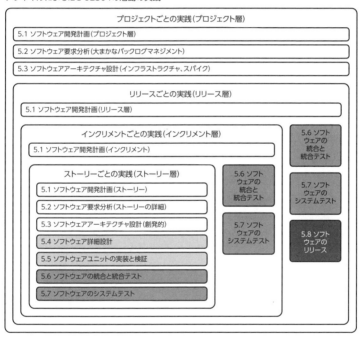

▲図21-1：規制当局によるプロセス文書化のカテゴリの例とスクラムの活動との対応 ❶

シーケンシャルアプローチでは、それぞれの活動をたいてい1つのフェーズで実行する。アジャイルアプローチでは、ほとんどの活動が複数のレイヤーにまたがる。

❶ AAMI, 2012

　規制の対象にならないアジャイルアプローチでは、ほとんどの活動が非公式に文書化される。規制の対象となるアジャイルアプローチでは、活動がより正式に文書化される。

　複数のスプリントにまたがる作業の割り当ては、規制上の要件を満たすように調整される。これには、ドキュメントの効率的な作成を後押しするという意図もある。このアプローチはこれまでうまく活用されてきた。

- 最初の（1つまたは複数の）スプリントでは、プロジェクトの全体的なスコープを定義し、リリースの計画を立て、アーキテクチャの土台となるものを設計する。
- 通常のスクラムのスプリントを教科書どおりに実行する。完成の定義（DoD）には、各ユーザーストーリーをコードとテストケースにマッピングすることを含め、スプリント完了時の文書化を盛り込む。
- リリースの準備として、規制上の要件を満たすドキュメントの完成に焦点を合わせた文書化のためのスプリントを実行する。規制上の要件には、要求と設計書とコード、そしてテスト結果を同期することや検証記録が残るような公式な方法でテストを実行することが含まれる。

　このアプローチにはさまざまな種類がある。次は、それらについて見ていこう。

21.3 │ 規制環境のアジャイルの境界

　文書化のコストは規制対象となるソフトウェアの開発において重大な関心事であり、「アジャイルの境界」の概念をソフトウェア開発の活動に適用するとうまくいくことがある。全体的なソフトウェア活動について考えてみよう。

　文書化の要件がなければ、プランニングから要求、受け入れテストまでの過程で、頻度の高いイテレーションに大きな価値が見つかるかもしれない。また、実装が始まる直前まで要求の定義を見送り、ジャストインタイムで定義することに価値が見つかるかもしれない。

　しかし、文書化という要件がある以上、頻度の高いイテレーションはコストがかかりすぎる。このため、よりシーケンシャルなアプローチを用いるほうがコスト効率がよいという判断が下されるかもしれない。そう考えると、アーキテクチャとソフトウェアのシステムテストの間にアジャイルの境界を引いてもよいかもしれない（図21-2）。

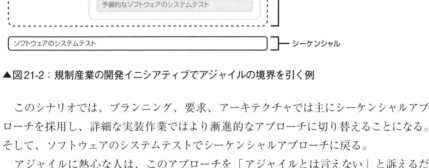

▲図21-2：規制産業の開発イニシアティブでアジャイルの境界を引く例

　このシナリオでは、プランニング、要求、アーキテクチャでは主にシーケンシャルアプローチを採用し、詳細な実装作業ではより漸進的なアプローチに切り替えることになる。そして、ソフトウェアのシステムテストでシーケンシャルアプローチに戻る。

　アジャイルに熱心な人は、このアプローチを「アジャイルとは言えない」と訴えるだろう。だがこの場合も、アジャイルであることが目的ではない。ここでの目的は、ビジネスを最も効果的に支援するために、利用できるソフトウェア開発プラクティスは利用する、ということにある。文書化のコストを考慮すれば、規制環境ではシーケンシャルアプローチとアジャイルアプローチを組み合わせるのが得策かもしれない。

　全体的に見て、規制産業でのアジャイルの実践は、規制対象ではないアジャイルの実践よりも形式的で構造化されており、より多くのドキュメントを要求する。規制産業に従事するソフトウェアチームはそれでも、アジャイルのエンドツーエンドの短いユニット開発サイクル、継続的なテスト、よりタイトなフィードバックループ、頻繁な構造化コラボレーション、ジャストインタイムでのプランニングの割合が高まることによる無駄の削減、そして場合によっては、ジャストインタイムでの要求と設計から恩恵を受けるだろう。ドキュメントを漸進的に作成していくことも有利に働くかもしれない。

21.4 | その他の検討課題

規制産業の企業に協力する中で、「規制上の要件」が必ずしも法規に起因するものではないことがわかっている。場合によっては、硬直した企業方針が規制に後れを取っていることに起因している。

私たちは設計の追跡可能性にこだわる生命科学企業と仕事をしたことがある。追跡可能性は、影響を受けている特定のソフトウェアモジュールまで機能をたどっていけることを意味する。どれがFDAによって義務付けられている開発プロセスの要件で、どれがその企業の規制グループが義務付けている開発プロセスの要件なのかを分析した結果、私たちは設計書を約3分の2に減らすことができた。このドキュメントはFDAが義務付けているものではなく、実質的に意味のないものだった。

私たちが気付いたのは、さまざまな要件が監督機関のものではなく、企業の顧客監査の経験に基づく規制上の要件として扱われていることだった。また、文書化の要件が規制上の要件ではなく、ソフトウェアの資産計上のルールに起因していることもあった。

全体的なアドバイスとして、規制上の要件が何に起因しているのかを理解しておくことをお勧めする。規制グループと話し合い、どれが本当の規制上の要件で、どれが顧客や会計実務上の必要性に関する規制グループの見解なのかを理解しておこう。その上で、会社がこれまで採用してきた文書化の要件を現在の開発作業でも採用する必要があるかどうかについて決定を下せばよい。

21.5 | 推奨リーダーシップアクション

検査

- あなたの会社の規制上の要件が何に起因するのかを調べる。現行の法規に基づくものはどれで、他の要因に基づくものはどれだろうか。

- 各自の環境でドキュメントがどのような方法で作成されているのかを確認する。文書化のコストを削減するためにアジャイルプラクティスを利用することは可能だろうか。

- あなたの組織でソフトウェア開発活動に対するアジャイルの境界をどこで引いているのかを突き止める。最も適切な場所に境界が引かれているだろうか。

適応

- ドキュメントのレビューの結果に基づき、ドキュメントをより漸進的に作成することで文書化のコストを削減する計画を立てる。

- コスト効率のよい文書化の目標を含め、あなたの組織の目標をさらに支援するために、組織の活動に対するアジャイル境界を引き直す計画を立てる。

21.6 │ 参考文献

- AAMI. 2012. *Guidance on the use of AGILE practices in the development of medical device software.* 2012. AAMI TIR45 2012.
  本書の執筆時点において、規制産業でのアジャイルに関する最も信頼できる資料。

- Collyer, Keith and Jordi Manzano. 2013. Being agile while still being compliant: A practical approach for medical device manufacturers.March 5, 2013.
  あるチームがアジャイルアプローチを用いて規制上の要件をどのように満たしたのかをわかりやすく説明するケーススタディ。

- Scaled Agile, Inc. 2017. "Achieving Regulatory and Industry Standards Compliance with the Scaled Agile Framework (SAFe)" Scale Agile, Inc. White Paper, August 2017.
  アジャイルに対する具体的なアプローチとして、SAFe を用いてコンプライアンスを達成する方法について説明するホワイトペーパー。短くまとめられており、本章の説明をしっかりと補う内容になっている。

21

第22章

より効果的なアジャイル：
ポートフォリオマネジメント

　多くの組織はプロジェクトポートフォリオをかなり無造作に並べている。そうした組織は、どのプロジェクトを最初に開始し、どのプロジェクトを最初に完了するのかを決めるために、直観的なプラクティスに頼っている。

　そうした組織は、プロジェクトポートフォリオマネジメントの無造作なアプローチのせいでどれだけの損害を被っているのかを自覚していない。仮に自覚があったとすれば、経験と勘に頼った管理手法を選ぶくらいなら100ドル紙幣の山を燃やすことを選ぶはずだ。

　ポートフォリオマネジメントに対する直観的なアプローチと数学に基づくアプローチとでは、その価値に大きな差がある。そして、アジャイルプロジェクトのサイクルタイムは短いため、きちんとしたポートフォリオマネジメントによってもたらされる価値を増やす機会がさらに増える。

22.1 ｜ WSJF

　アジャイルプロジェクトのポートフォリオマネジメント用の主なツールはWSJF（Weighted Shortest Job First）である。

　WSJFの概念は、ドナルド・ライナーセンのリーンプロダクト開発に関する論文に基

22

づいている❶。アジャイル開発では、WSJFは主にSAFeと結び付いているが、その概念自体は組織がSAFeを採用しているかどうかに関係なく広く応用できる。

WSJFは、各フィーチャーまたはストーリーに関連している**遅延コスト**（Cost of Delay：CoD）を突き止めることから始まる。CoDと聞いてもピンとこないかもしれないが、あるフィーチャーが利用できない場合の機会費用を表す用語である。あるフィーチャーが利用できるようになると企業にとって毎週50,000ドルの経費節約になる場合、CoDは1週間あたり50,000ドルである。そのフィーチャーが利用できるようになると毎週200,000ドルの収益が生み出される場合、CoDは1週間あたり200,000ドルである。

WSJFは、フィーチャーセットのCoDを最小限に抑えるためのヒューリスティクス（発見的手法）である。たとえば、表22-1に示すフィーチャーがあるとしよう。

▼表22-1：フィーチャーセットとWSJFの計算に必要な情報の例

フィーチャー	CoD	開発期間	WSJF：CoD／期間
フィーチャーA	50,000ドル／週	4週間	12.5
フィーチャーB	75,000ドル／週	2週間	37.5
フィーチャーC	125,000ドル／週	8週間	15.6
フィーチャーD	25,000ドル／週	1週間	25

この表によれば、最初の総遅延コスト（各フィーチャーのCoDの合計）は1週間あたり275,000ドルである。機能がデリバリーできるようになった時点で、デリバリーされた機能のCoDは計上されなくなる。

WSJFには、WSJFが最も高いフィーチャーから完成させるというルールがある。複数のアイテムのWSJFが同じ値である場合は、期間が最も短いものから着手する。

CoDが最も高いものから順にフィーチャーを実装したとしよう。総遅延コストを図解すると、図22-1のようになる。

白い四角形は現在進行中のフィーチャーを表している。最初にフィーチャーC（CoDが最も高い）から作業を開始し、次にフィーチャーB、フィーチャーAに着手し、最後にフィーチャーD（CoDが最も低い）に着手する。

各フィーチャーのCoDは、それらのフィーチャーが完了するまで蓄積される。総遅延コストは四角形（網付きと網なし）が占める総面積として計算する。この例では、総遅延コストは2,825,000ドルであり、フィーチャーCの8×毎週125,000ドル、フィーチャーBの10×毎週75,000ドル、といった具合に加算していく。

---

❶ Reinertsen, 2009

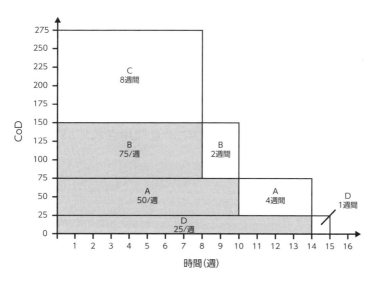

▲図22-1：CoD が高い順にフィーチャーをデリバリーする場合の総遅延コスト

　これに対し、CoD ではなく WSJF（CoD を期間で割ったもの）が最も高いものから順にフィーチャーを並べると、図22-2のようになる。CoD が高い順にフィーチャーをデリバリーした場合（破線）と比較してみよう。

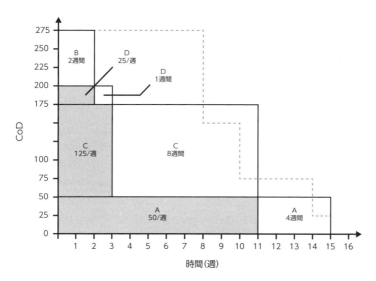

▲図22-2：WSJF が高い順にフィーチャーをデリバリーする場合の総遅延コスト

　見たところ、フィーチャーをこの順番でデリバリーできた場合、四角形の総面積は
CoDが大きいものから順にデリバリーした場合よりも小さくなる。数学的には、この並
べ方での総遅延コストは2,350,000ドルとなり、CoDが475,000ドル減少する（あるいは、
ビジネス価値が475,000ドル分増加する）。フィーチャーをデリバリーする順序を入れ替
えただけで、達成できるビジネス価値が大幅に増えることがわかる。

WSJFよりもはるかに効率が悪いのによく採用されている方法

　デリバリーの順序を決める方法として明らかによいのはWSJFのほうだが、よく採用
されているのは、最善とは言えないCoDに基づく順序のほうである。そして、CoDよ
りもさらに悪い ―― しかもよく採用されている ―― 方法がある。これら4つのフィー
チャーを予算サイクルの上に水平に重ね、このサイクルの開始と同時にすべてのフィー
チャーの作業を開始し、サイクルの終わりまでフィーチャーをどれ1つもデリバリーしな
い、という方法だ（図22-3）。

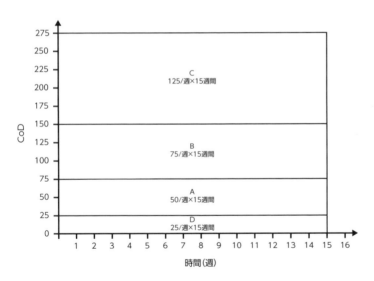

▲図22-3：予算サイクルに基づいてフィーチャーをデリバリーする場合の総遅延コスト

　このアプローチの総遅延コストは4,125,000ドルに上り、他の2つのアプローチよりも
はるかに効率が悪い。

　リーンの合言葉は「始めるのをやめよう！　終わらせることを始めよう！」である。こ
の例によって表される損失機会は、四半期または1年サイクルのシーケンシャル開発を

用いている組織ではあまり表面化しない。組織が 1 週間または 2 週間のサイクルに移行すると、損失機会がもっとよく見えるようになる。

非金銭的な遅延コストを利用する方法

ここまでの例では、遅延コスト（CoD）をドルで表してきた。次の 2 つの状況では、CoD を別の単位で表すことがある。

- **コストが非金銭的コストである**
  安全性が最優先の環境では、救命用の医療機器が利用できない、あるいは救急システムが利用できないために緊急通報ができないことが CoD になる場合がある。こうした状況では、人命や障害の数といった適切な単位で CoD を表すことができる。それ以外の点に関しては、WSJF の計算は同じである。

- **コストに関するきちんとした情報がない**
  それよりも一般的なのは、コストが金銭的なコストであるものの、CoD に関する正確な情報や信頼できる情報がない場合である。そのような場合は、相対的なコストを割り当てることができる。一般に、アジャイルチームはこのような目的にフィボナッチ数列（1、2、3、5、8、13、21）を用いる。相対的なコストを割り当てた後の WSJF の計算は同じである。

22.2 ｜ その他の検討課題

▌▌Ｔシャツのサイズ分け

第 14 章で説明した T シャツのサイズ分けのアプローチは、ポートフォリオレベルのプランニングにも利用できる。私たちが協力してきた企業の中にも、その成功例がある。ただし、企業がそのイニシアティブに対する CoD を（特に）金銭的な単位で計算できる場合は、WSJF を採用することが大きなビジネス価値につながるため、WSJF が推奨される。

22.3 ｜ 推奨リーダーシップアクション

検査

- あなたの組織で遅延コスト（CoD）を計算するのに十分なフィーチャー、要求、プロジェクトの大きさがどれくらいかをよく考えてみる。CoD と WSJF を利用すれば、チームのフィーチャーレベルのプランニングが改善されるだろうか。それとも、プロジェクトポートフォリオレベルのプランニングが改善されるだけだろうか。
- CoD と WSJF を使って現在のプロジェクトポートフォリオを調べる。ビジネス側から CoD の情報を入手し、チームから開発期間を入手する。現在の優先順位での総遅延コストを計算する。WSJF に基づくポートフォリオの順序を割り出した後、ポートフォリオをその順序で並べ替えた場合の総遅延コストを計算する。

適応

- WSJF を使ってプロジェクトポートフォリオを並べ替える。
- エピックなどのより細かい単位のアイテムに WSJF のアプローチを適用することを検討する。

22.4 ｜ 参考文献

- Reinertsen, Donald G. 2009. *The Principles of Product Development Flow: Second Generation Lean Product Development.*
  CoD と WSJF を取り上げ、待ち行列理論、バッチサイズ、フローの増大について深く議論している。
- Humble, Jez, et al. 2015. *Lean Enterprise: How High Performance Organizations Innovate at Scale.*
  この本でも WSJF を取り上げており、よりソフトウェアに特化した内容となっている。WSJF は「CD3」（Cost of Delay Divided by Duration）に言い換えられている。
- Tockey, Steve. 2005. *Return on Software: Maximizing the Return on Your Software Investment.*
  エンジニアリングを背景として経済的な意思決定について詳しく解説している。危険または不確実な状況下での意思決定に関する興味深い議論が含まれている。

第23章

より効果的なアジャイル：導入

本書の他の章では、アジャイルの導入において詳細にあたる具体的なアジャイルプラクティスについて説明している。本章では、アジャイルの導入そのもの —— つまり、ある種の組織変革について説明する。アジャイルの導入に苦戦している最中であっても、新たな導入に着手したところであっても、本章では導入を成功させる方法について説明する。

23.1 | 変革の大まかなアプローチ

上空40,000フィートから見てみると、アジャイルの導入に対する直観的なアプローチは次のように単純明快に思える。

フェーズ1：パイロットチームから始める

アジャイル開発へのアプローチを組織で試してみるために初期チームを編成する。単一のチームのレベルで妨害に対処する。

フェーズ2：アジャイルプラクティスを別の1つ以上のチームに伝搬する

パイロットチームから学んだ教訓を活かして、アジャイルプラクティスを他のチームにもロールアウトする。これらの教訓を共有するためにプラクティスコミュニティを確立する。チーム間の問題を含め、さらなる問題に対処する。

23

フェーズ3：アジャイルプラクティスを組織全体にロールアウトする

フェーズ1とフェーズ2で学んだ教訓を活かし、アジャイルプラクティスを組織の他のチームにもロールアウトする。フェーズ1とフェーズ2のチームメンバーを残りのチームのコーチに任命する。

この方法はまったく論理的かつ直観的であり、ある程度はうまくいく。しかし、ロールアウトの成功を後押しするのに欠かせない重要な要素を忘れている。パイロットチームとより大規模なロールアウトとの間にきわめて重要な関係があるのを見落としているのである。

23.2 ┃ ドミノ変革モデル

組織変革は重要なテーマであり、長年にわたって研究者らによって調査され、論文が書かれてきた。ハーバード大学のジョン・コッター教授は、変革を成功させる8段階のプロセスを掲げている。これらのプロセスは次の3つのフェーズに従うものとなっている[1]。

- 変革のための環境を作る
- 組織を巻き込み、変革を可能にする
- 変革を実行し、根付かせる

20世紀初頭の心理学者クルト・レヴィンも同じような考えを提唱している。

- Unfreeze（解凍）
- Change（変化）
- Refreeze（再凍結）

これらのモデルは示唆に富んでいる。アジャイルの導入を成功させるのに必要な支援がどのようなものかを予測するために筆者がよく採用しているのは、ティム・ノスターの研究にヒントを得た変革モデルである。本書では、このモデルを**ドミノ変革モデル**と呼ぶことにする。

ドミノ変革モデルでは、組織変革を成功させるために次の6つの要素が必要となる。

---

[1] Kotter, 2012

- ■ ビジョン
- ■ コンセンサス
- ■ スキル
- ■ リソース
- ■ インセンティブ
- ■ アクションプラン

　変革が成功するのは、これらの要素がすべて揃ったときである。ただし、要素が 1 つでも欠けていれば、変革は起きない。然るべき場所に配置されていなければならないドミノのようなものをイメージしてみるとよいだろう。ドミノが 1 つでも欠けていれば、変革は途中で止まってしまう。図 23-1 は、それぞれのドミノが欠けているとどうなるかを示している。

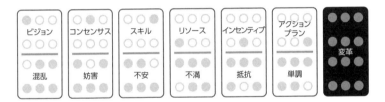

▲図 23-1：ドミノ変革モデルは変革に必要な要素とそれぞれの要素が欠けている場合の影響を表す

　これらの要素を順番に見ていこう。

ビジョン

　ドミノ変革モデルでは、ビジョンが欠けていると混乱が引き起こされる。そして、そもそもの始まりはアジャイル自体の定義にある。第 2 章で説明したように、「アジャイル」の意味は人によって大きく異なることがある。明確なビジョンがないと、「アジャイルの導入」を、俊敏性を高めるためのビジネス全体の再設計であると思い込む人や、単に会社全体でスクラムを実践することであると思い込む人が出てくる。リーダーは「アジャイル」の明確な定義を伝える必要がある。

　その定義以外にも、そのビジョンは**望ましい最終状態**をはっきりと表現するものでなければならない。その表現には ── 理想的には（まとめて、あるいはカテゴリ別にではなく）個々に ── 次の内容が含まれているべきである。

23

- なぜアジャイルを導入する必要があるのか
- どのような恩恵を期待できるのか
- どれくらい深く、どれくらい広く導入されるのか
- 1人1人にどのような影響がおよぶのか

　明確なビジョンなしに変革を押し付ければ、「リーダーは何をしているのかわかっていない」と受け止められることになる。

コンセンサス

　ドミノ変革モデルでは、コンセンサスの欠如は妨害を招く。Construx Software は、そうした例を数えきれないほど見てきた。妨害には次のようなものが含まれる。

- **スクラマーフォール（Scrummerfall）**
  スクラムの用語を用いているだけで、実際にはウォーターフォールを行っている。
- **スクラムバット（Scrum-but）**
  スクラムの必要不可欠な要素を省略している。
- **妨害を乗り越えるためのエネルギーがほとんどあるいはまったくない**
- **不平をこぼし、消極的な抵抗を示す**

　リーダーがコンセンサスを醸成せずに変革を押し付ければ、「リーダーは私たちのことなどどうでもよいのだ」と受け取られてしまう。
　明確なビジョンを示すことは、コンセンサスを醸成するのに大きく役立つ。そして、明確なビジョンを積極的に伝えることが（あなたが思っているよりもはるかに）必要である。恩恵を明確に伝えることは、アジャイルの導入をリードする ── 各チームにそれぞれの作業を成功させるために必要なのはそれだと確信させる ── ための最も簡単な方法の1つである。
　本当の意味でのコンセンサスを醸成するには、双方向のコミュニケーションが必要である。つまり、リーダーはビジョンを説明し、そのビジョンに関するフィードバックを受け入れる。本当の意味でのコンセンサスを醸成するプロセスにおいて、ビジョンに影響がおよぶことがある。リーダーはビジョンを調整する可能性があることを受け入れる必要がある。実際には、これも検査と適応の一種にすぎない。

スキル

　能力がない人に何かを無理強いすることはできない。このため、必要なスキルを養わずにアジャイルを導入しようとすれば、不安を招くことになる。必要なスキルが身についていないのにリーダーが変革を推し進めようとすれば、「リーダーは理不尽だ」と受け止められてしまう。

　スキルを身につけるには、基本的なプロフェッショナルデベロップメントが必要である。これには、学校やオンラインでの正式なトレーニング、ディスカッショングループ、読書会、ランチミーティング、新しい手法を練習する時間、社内外からのコーチング、メンタリングなどが含まれる。

リソース

　私たちが仕事をしていてよく見かける光景がある。一方では、経営陣が変革を望んでいて、変革になぜこんなに時間がかかるのか不思議に思っている。一方では、メンバーも変革を望んでいるが、経営陣がそうさせてくれないと思い込んでいる。私たちはこれを経営陣とメンバーの**バイオレントアグリーメント**と呼んでいる。彼らはいがみ合っていると思っているが、実際には同じ考えであることに気付いていないだけである。

　こうした力関係が働く原因の1つは、メンバーが必要なリソースを与えられずに変革を求められていることにある。必然的に、メンバーは変革を邪魔されていると感じるだろう。

　ソフトウェア開発がスキルに基づく知的な作業であることを考えると、ソフトウェア変革に必要なリソースの種類には、トレーニングを受ける機会、コーチングを受ける機会、ツールのライセンスなどが含まれる。また、必要であるようには思えないかもしれないが、メンバーには、導入に取り組むための明確な許可と、この作業のために明確に承認された時間も必要である。そうした許可がなければ、日々のタスクを優先することになる。より大規模な組織では、通常は導入を推進する専任担当者が必要である。

　十分なリソースがないと、「リーダーは本気ではない」とメンバーに受け取られてしまうだろう。

インセンティブ

　インセンティブがなければ抵抗が予想できる。人は自分に利益のない変革を望まないため、これは当然のことである。ほとんどの人が現状維持に安心感を覚えるのは自分の利益になると感じているからであり、どのような変革にも正当な理由が必要である。

　ここでも鮮明なビジョンが助けになる。インセンティブは金銭的なものであるとは限らないし、有形のものである必要もない。変革がなぜ自分にとって重要なのか、なぜ個

23

人的な利益になるのかを1人1人が理解する必要がある。これは大変な作業であり、意思の疎通を絶やさないようにする必要がある。しかし、インセンティブがなければ、「リーダーは自分たちを利用している」と受け取られてしまうだろう。

忘れてはならないのは、自律、熟達、目的を考慮することである。忠実度の高いアジャイルの実践は、個人とチームの自律性を高める。実証に基づくプランニングと成長マインドセットに重点を置けば、学習と熟達が後押しされる。アジャイルチームを支援するのに最もふさわしいリーダーシップスタイルは、目的を定期的に伝えることである。

アクションプラン

アクションプランがなければ、導入は行き詰まってしまう。然るべき人に然るべきタスクを割り当て、タイムラインを決める必要がある。アクションプランは関係者全員に知らせる必要がある。アジャイルの導入では、それは「全員」である。これは基本的なことだが、見過ごされがちである。導入を後押しするために何をすればよいのかがわからなければ、誰もそうしないだけである。

アクションプランがない状態で導入を推し進めると、「リーダーは変革を行う気がない」と受け取られてしまう。

大規模な組織によく見られるパターンは、変革サイクルをいくつも開始した挙句、そのほとんどが実を結ばない、というものである。このようなサイクルを何回か経験すると、メンバーは身を潜め、自分の身に火の粉が降りかかる前に立ち消えになることを願うようになる。組織の過去の記録を見れば、無理もない話である。

アクションプランには検査と適応を忘れずに盛り込まなければならない。変革は漸進的なものでなければならず、定期的なレトロスペクティブとそこから学んだ教訓に基づいて改善していくべきである。

表23-1は、ドミノ変革モデルの各要素と、それらの要素が欠けている場合の一般的な影響とリーダーに対する印象への影響をまとめたものである。

▼表23-1：ドミノ変革モデルの各要素の欠如による影響

欠如している要素	影響	リーダーに対する印象
ビジョン	混乱	リーダーは何をしているのかわかっていない
コンセンサス	妨害	リーダーは私たちのことを考えていない
スキル	不安	リーダーは理不尽である
リソース	不満	リーダーは本気ではない
インセンティブ	抵抗	リーダーは私たちを利用している
アクションプラン	単調	リーダーは変革を行う気がない

23.3 │ 組織全体に改革を行き渡らせる

　ドミノ変革モデルは、アジャイル導入のプランニングはもちろん、導入が行き詰まった場合にその原因を診断するのにも役立つ。

　ただし、アジャイルの導入には、ドミノ変革モデルに含まれないもう1つの側面がある。それは、組織がどのようにしてアジャイルプラクティスのパイロット導入に取り組むのか、そしてそれらのプラクティスをどのようにしてより大規模にロールアウトするのかに関連している。

　本章の初めに説明した理想的なロールアウトとは対照的に、多くの組織のロールアウトは次のようなものになる。

- 組織がアジャイルの導入に確約する。
- 最初のパイロットチームが成功する。
- 第2、第3のチームによる変革の導入がつまずくか失敗する。それらのチームが完全に失敗するか、新しいプラクティスを断念して古いプラクティスに戻る。あるいは、パイロットチームの後に続くチームが見つからない。

　なぜこうなるのだろうか。おそらくジェフリー・ムーアの「キャズム理論」モデルはよく知っていると思う❷。キャズム理論はイノベーティブなプロダクトの市場導入に適用されるモデルである。筆者は組織内でのイノベーションの導入にも同じ力関係が働くことに気付いた。

　ムーアのモデルは、時代を画するエベレット・ロジャースの研究に基づいており、その成果は『Diffusion of Innovation』に著されている❸。ここでの議論はムーアの「キャズム」の概念を前提としないため、ロジャースの説明に焦点を合わせることにする。

　ロジャースのモデルでは、イノベーションは左のアダプターから右に向かって導入されていく（次ページの図23-2）。

23

---

❷ Moore, 1991
❸ Rogers, 1995

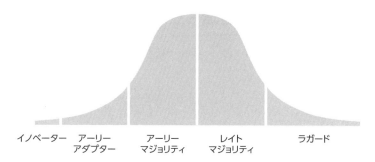

イノベーター　アーリー　　　アーリー　　　レイト　　　ラガード
　　　　　アダプター　　　マジョリティ　マジョリティ

▲図23-2：イノベーションが導入される過程

　各カテゴリのアダプターの特性はそれぞれ異なる。**イノベーター**は最も初期のアダプターであり、冒険心に富み、新しいテクノロジやプラクティスを試すことに意欲的である。イノベーターは目新しさそのものに魅力を感じる。イノベーターは不確実性の高さをものともせず、リスクにまったく動じない。イノベーターはたびたび失敗するが、何か新しいものを最初に導入した人物になることがそもそもの動機であるため、うまくいかなくても気にしない。失敗することが多いため、他のカテゴリのアダプターから尊敬されないことがある。

　アーリーアダプターは、イノベーターと同じ特性をいくつか備えているが、少しトーンダウンする。アーリーアダプターも新しいテクノロジやプラクティスに魅力を感じるが、その主な動機は誰よりも先に大きな「成功」を手にすることにある。アーリーアダプターはイノベーターほど失敗しないため、組織内ではオピニオンリーダーとして一目置かれ、他のアダプターのロールモデルとなる。

　イノベーターとアーリーアダプターには共通する特性がいくつかある。どちらもイノベーションそのものに魅力を感じ、これまでの流れをがらりと変えるような革新的な利益を期待している。どちらもリスクをものともせず、変革がうまくいくのを見たくて仕方がない。どちらも変革を成功させるために自ら進んでエネルギーを注ぎ込み、イニシアティブを発揮する。どちらも調べたり、仲間を探したり、実際に試したりするのを苦にしない。新しいものへの挑戦を、その新しいものを誰よりも先にうまく利用するための機会と捉える。要するに、こうした人々は外部からの支援がほとんどなくても成功するときは成功する。

　さて、ここで誰もが知りたいのは、パイロットチームのメンバーになるのは一般にどのような人なのか、である。

　イノベーターとアーリーアダプターである！　問題は、組織のアダプターの大多数がイノベーターやアーリーアダプターではなく、彼らが少数派にすぎないことだ。

　図23-3に示すように、イノベーション導入過程は標準正規分布（釣鐘曲線）である。

イノベーターは平均値から3番目の標準偏差であり、アーリーアダプターは2番目の標準偏差である。これら2つを合わせても、アダプター全体のたった15%にしかならない。

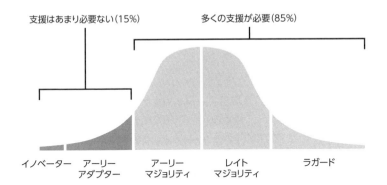

支援はあまり必要ない(15%)　　　多くの支援が必要(85%)

イノベーター　アーリー　　　アーリー　　　レイト　　　　ラガード
　　　　　　アダプター　マジョリティ　マジョリティ

▲図23-3：イノベーション導入過程の異なる部分ごとに異なるレベルの支援が必要となる。後期のアダプターには早期のアダプターよりも高いレベルの支援が必要

　より早期のアダプター（イノベーターとアーリーアダプター）とは対照的に、より後期のアダプター（85%）にも共通する特性がいくつかある。後期のアダプターが新しいものに引き付けられるのは品質や生産性の向上を考えてのことであり、イノベーションや目新しさのためではない。これらのアダプターは低リスクや安全性、漸進的な恩恵を求めている。また、リスクにまったく動じないわけではなく、その多くはリスクを嫌う。妨害を克服するために自ら進んでエネルギーを注ぎ込むどころか、妨害があるということは、その変革が危険な考えで、諦めるべきだという証拠であるというスタンスである。変革が成功するのを見たいとそれほど思っているわけではなく、変革がうまくいくならそれに越したことはないし、変革が失敗するならそれも仕方がないことだといったように、その動機には幅がある。

　このことは、ロールアウトを成功させるためにあなたが知っておかなければならないことをパイロットチームがほとんど教えてくれない傾向にあることを物語っている。より後期のアダプターはより多くの支援を必要とし、ほとんどのアダプターはより後期のアダプターとなる。

　技術的な組織のリーダーの中には、メンバーに占める割合はイノベーターとアーリーアダプターのほうが高く、アーリーマジョリティ、レイトマジョリティ、ラガードのほうが低いと意義を唱える人もいるだろう。確かに、それらの割合は母集団ごとに異なることが考えられ、その見解はあながち間違いではない。しかし、それらのメンバーの中でも相対的な分類は当てはまるはずだ。評価を行うのはアーリーアダプターになるだろうし、より後期のアダプターにはより多くの支援が必要になるだろう。

23

23.4 | 続：上空 40,000 フィートから見たロールアウト

より現実的なアジャイルの導入アプローチを上空40,000フィートから見てみよう。

フェーズ1：パイロットチームから始める

アジャイル開発へのアプローチを組織で試してみるために初期チームを編成する。単一のチームのレベルで妨害に対処する。

フェーズ2：アジャイルプラクティスを別の1つ以上のチームに伝搬する

アジャイルが組織と組織内の人々にどのような恩恵をもたらすのかに関する詳細なビジョンを伝える。パイロットチームによって実現した恩恵について詳しく説明する。アジャイルの導入が次のチームの人々にどのような恩恵をもたらすのかに関する詳細なビジョンを伝える。トレーニングやコーチングは業務時間内に行い、新しいチームへのロールアウトに取り組むための時間を設ける。プラクティスコミュニティを確立し、支援する。新しいチームと定期的に連絡を取り、さらに支援を提供することを申し出る。チーム間で問題が発生している場合はそれらに対処する。より広い範囲のロールアウトに必要なトレーニングと支援のレベルに関する計画を立てる。

フェーズ3：アジャイルプラクティスを組織全体にロールアウトする

最初の数チームの経験に基づいて、アジャイルが組織にもたらす恩恵に関するビジョンを見直し、新たなビジョンを伝える。それらのチームによって実現した恩恵について詳しく説明し、他のチームの成功を後押しするどのような教訓が得られたのかを説明する。人々の意見に耳を傾け、必要であればビジョンを見直す。新しいビジョンを伝え、人々の意見が反映されていることを知らせる。

アジャイルの導入の影響を受けるメンバーとの個人面談をスケジュールし、アジャイルを導入することでその人にとってどのような恩恵があるのかを具体的に伝える。これらのミーティングに備えて、1人1人の具体的な状況を把握しておく。つまり、1人1人をグループの単なるメンバーとして扱ってはならない。

あなたの組織でアジャイルを成功させるための具体的な計画を説明する。導入作業をリードするのは誰か、導入を成功させるためにどのようなタスクが必要かを説明し、導入のタイムラインを具体的に示す。

トレーニングやコーチングは業務時間内に行う。ロールアウトを成功させるために必要な作業を行う許可が各チームに与えられていることをはっきりさせておく。チームと定期的に連絡を取り、さらに支援を提供する。チーム内やチーム間での問題の解決を支

援する専任担当者を配置する。試練が予想されることと、そうした試練が現実になった場合は支援が受けられることを説明する。

　全体的に見て、アジャイルの導入には「司令官の意図」が当てはまる。ビジョンを（協力して）定め、その後の細かい部分については人々に任せればよい。

23.5 │ 検査と適応

　導入を進める過程で、ドミノ変革モデルを定期的に振り返り、それぞれの部分に問題の兆候がないか確かめる。導入はどれも一種独特である。意見に耳を傾け、必要であれば方向転換を受け入れよう。これは検査と適応をリーダーシップレベルでモデル化するチャンスである。

23.6 │ 推奨リーダーシップアクション

検査

- ドミノ変革モデル自体、そしてこのモデルが過去または現在の変革イニシアティブにどのように当てはまるのかを確認する。あなたの組織はこのモデルのどの部分で成功しているだろうか。どの部分に改善の余地があるだろうか。

- イノベーションの普及モデルと、このモデルがパイロットチームによる組織の過去の記録とどのように符合するのかについてじっくり検討する。パイロットチームがイノベーターとアーリーアダプターで構成されていることに間違いはないだろうか。それらの人々はあなたの組織をどのように代表しているだろうか。

適応

- 現在のアジャイル導入とドミノ変革モデルのカテゴリとの間でギャップ分析を行い、それらのギャップに含まれているパフォーマンスを向上させる計画を立てる。

- より後期のアダプターに対する現在の支援とイノベーションの普及モデルの間でギャップ分析を行い、より後期のアダプターに適したレベルの支援を提供する計画を立てる。

23

23.7 ｜ 参考文献

- Rogers, Everett M. 1995. *Diffusion of Innovation, 4th Ed.*
  イノベーションの普及に関して最も信頼のおける本。

- Moore, Geoffrey. 1991. *Crossing the Chasm, Revised Ed.*
  イノベーションの普及に関するロジャースの研究を世に広めた本。非常に読みやすく、ロジャースの本よりもかなり薄い。

- Heifetz, Ronald A. and Marty Linsky. 2017. *Leadership on the Line: Staying Alive Through the Dangers of Change, Revised Ed.*
  やや無味乾燥な本ではあるが、変革を指揮するリーダーの役割（バルコニーからの眺め）と、変革に対する重要な（滅多に議論されない）妨害について、非常に有益な考え方を示している。

- Kotter, John P. 2012. *Leading Change.*
  変革をリードすることに関して最も信頼のおけるコッターの本。

- Kotter, John and Holger Rathgeber. 2017. *Our Iceberg Is Melting, 10th Anniversary Edition.*
  コッターによる変革の理論をペンギンのたとえ話で楽しく解説している。『Who Moved My Cheese』❹ や『Fish! A Proven Way to Boost Morale and Improve Results』❺ が気に入っているなら、この本も気に入るはずだ。

- Madsten, Corey. 2016. *How to Play Dominoes.*
  本を1冊書き終える頃には誰だって少しふらふらになっている。まだ読んでいる人がいるかどうかの確認として、この本を挙げておく。

---

❹『チーズはどこへ消えた？』（扶桑社、2000年）
❺『フィッシュ！ 鮮度100% ぴちぴちオフィスのつくり方』（早川書房、2000年）

Part 5

おわりに

Part 5では、非常にうまく機能しているアジャイル組織のビジョンを紹介し、本書で説明した28の基本原則をまとめることにする。

細工は流々、仕上げを御覧じろ

　「アジャイル」は当初からよりよいソフトウェア開発のスローガンの役割を果たしてきた。そして、そのスローガンを後押しするために開発されてきた多くのプラクティス、原則、理念の総称としての役割も果たしてきた。

　アジャイル自体が検査と適応、そして改善を繰り返しているため、現在のアジャイルは20年前のアジャイルよりもよくなっている。モダンなアジャイルは、単にアジャイルであることがアジャイルの目標ではないことを理解している。アジャイルの目標は、アジャイルプラクティスや他のプラクティスを用いてビジネスの目標や戦略を支援することにある。

　効果的なアジャイルはリーダーシップから始まる。つまり、アジャイルチームのトーンを決めるのはあなたである。「司令官の意図」を使って期待値を明確に伝え、チームに権限を与え、チームの自己管理能力を養い、反復と改善を促す。個人ではなく仕組みやプロセスを修正することに集中する。組織が間違いを許し、成長マインドセットを培えるように手助けする。間違いを学習の機会と捉え、検査と適応を行い、漸進的に改善していく。

　これらをうまく行うと、あなたの組織で編成されるチームは、組織の目標から常に目を離さないチームになる。それらのチームは組織のニーズに反応するようになり、それらのニーズが変化しても機敏に対処するようになる。このようにして、顧客のニーズの変化に対応する組織の能力が向上していくだろう。

　あなたのチームは現在実践しているプラクティスの効果性を観察し、効果がないプラクティスをよりよいプラクティスに置き換えるようになる。このようにして、スループットが徐々によくなっていくだろう。

　あなたのチームはワークフローを継続的に観察することで、作業がどこで行われていて、期待どおりに進んでいるかどうかを把握するようになり、他の人々に幅広い見通しを提供するようになる。これらのチームは計画しているものを、約束した期日どおりに、高い品質でデリバリーするだろう。

　あなたのチームは、他のチーム、他のプロジェクトステークホルダー、そして組織の外の世界とうまく協力するようになる。

　絶えず発見があるが、すべてが台無しになるような予想外の展開になることは滅多にない。そうした予想外の事態が起きた場合、チームは状況をいち早く知らせることで、チー

ムと組織の他の人々がすばやく効果的に対処できるようにする。

　あなたのチームは常に高い品質を維持し、改善の機会を定期的にかぎ分ける。モティベーションは向上し、離職率は低下するだろう。

　この効果的なソフトウェア開発のビジョンに向かって進む中で、組織はいくつかの成熟フェーズを通過する。

　最初は、チームの内部のパフォーマンスが焦点となる。チームがスクラムやその他のアジャイルプラクティスを覚えるには、数回のスプリントが必要になるだろう。チームは小さなインクリメントで計画を立て、短いイテレーションを後押しするような方法で設計を行い、優先順位を決め、確約し、高い品質を維持し、組織の利益になるような決定を下し、チームとして力を合わせ、デリバリーする能力を養っていく。このレベルの能力に達するまでに相当な数のスプリントが必要になることもある。スプリントの数がいくつになるかは、チームがどれくらいうまく支援を受けていて、組織のチーム外との摩擦がどれくらいあるかによる。

　やがて、組織とチームの対話に焦点が移る。チームのキャパシティは向上しているため、組織がチームを支援する方法も変化するだろう。つまり、要求の優先順位やその他の優先順位に関する明確なプロダクトリーダーシップを提供し、チームのキャパシティの向上に見合ったペースで意思決定を行う必要がある。

　最終的に、変革の繰り返しによってチームが変化していき、すばやいデリバリーやすばやい方向転換が可能になる。これは組織にとって戦略的な機会となる。これを機に、組織は開発能力の向上をうまく利用することで、計画や実行を異なる方法で、より効果的に行うことができる。

　「成長マインドセット」と「検査と適応」に重点的に取り組めば、このすべてが少しずつ改善されていく。

　アジャイルを堪能しよう！

28の基本原則のまとめ

検査と適応

アジャイルは経験からの学びを前提とする実証主義的なアプローチである。このため、経験に基づく定期的な内省と調整の機会を作ることが求められる（第3章3.3節）。

スクラムから始める

スクラムは、必ずしもアジャイルの旅の最終目的地ではないが、最も構造化され、最も支持されている出発点である（第4章4.1節）。

機能横断的チームの結成

アジャイルプロジェクトでの取り組みは、自己管理できるチームの中で行われる。自己管理できるチームは、十分な情報を得た上で、組織に対して拘束力のある決定を下すために必要なスキルをすべて備えていなければならない（第5章5.1節）。

テスト技術者を開発チームに統合する

作業を行っているチームメンバー間の連携を緊密化することで、開発とテスト間のフィードバックループをよりタイトにする（第5章5.3節）。

自律、熟達、目的によるチームの動機付け

アジャイルプラクティスは、モディベーションに寄与する要因を本質的に支援する。チームは自律心を持って作業を行い、徐々に上達していくことを目指す（熟達）。そのためには、チームがその目的を理解している必要がある。「健全なアジャイルチーム」と「意欲的なアジャイルチーム」は強く結び付いている（第6章6.1節）。

成長マインドセットを培う

自律、熟達、目的の「熟達」の観点からであっても、「検査と適応」の観点からであっても、効果的なアジャイルチームはひたすら成長していくことに常に焦点を合わせている（第6章6.2節）。

ビジネスフォーカスを培う

開発者は、要求の不足やプロダクトオーナーからの指示の不足を補わなければならないことがよくある。彼らのビジネスを理解することは、ビジネスにとって恩恵がある方法でそうした不足を補うのに役立つ（第6章6.3節）。

よりタイトなフィードバックループ

教訓を得るために必要以上に時間をかけてはならない。フィードバックループはできるだけタイトに保つべきである。このことは、検査と適応からの飛躍的な進歩と、成長マインドセットを培うことによる効果性の急速な向上を後押しする（第7章7.1節）。

人ではなく仕組みを修正する

ほとんどのソフトウェア専門職はよい仕事をしたいと考える。よい仕事をしていない場合 —— よい仕事をしようとしていないように見える場合は特に —— どのような力関係が働いているのかを理解する。人に不満を抱かせる仕組みの問題はないだろうか（第7章7.3節）。

個人のキャパシティを向上させることでチームのキャパシティを向上させる

チームの特性は、チームメンバーの個々の特性とメンバーの相互作用が組み合わさったものである。メンバー個人を強化することにより、チームを強化する（第8章8.2節）。

プロジェクトを小さく保つ

小さなプロジェクトはより簡単で、成功しやすい。すべての作業が小さなプロジェクトにまとまるわけではないが、それが可能である場合はそうすべきである（第9章9.1節）。

スプリントを短く保つ

短いスプリントは検査と適応の頻繁な繰り返しを後押しする。それにより、問題をすばやく明らかにし、問題が大きくなる前に芽を摘むのが容易になる（第9章9.2節）。

バーティカルスライスでのデリバリー

アジャイルにおいてフィードバックは重要である。ホリゾンタルスライスではなくバーティカルスライスで提供するほうが、顧客とビジネスの両方から、技術上および設計上の選択に関してよいフィードバックが得られる（第9章9.4節）。

技術的負債を管理する

品質から目を逸らさないようにすることは、効果的なアジャイルの実践に不可欠である。技術的負債の管理は、チームのモラルを高め、作業の進行を速め、プロダクトの品質を高めることに貢献する（第9章9.5節）。

アーキテクチャを通じて大規模なアジャイルプロジェクトをサポートする

よいアーキテクチャは、プロジェクトでの作業を分割し、大規模なプロジェクトのオーバーヘッドを最小限に抑えるのに貢献する。非常によいアーキテクチャは、大規模なプロジェクトを小さく感じさせることができる（第10章10.5節）。

欠陥検出のギャップを最小化する

欠陥を修正するコストは、発見が遅れれば遅れるほどかさむ傾向にある。アジャイルにおいて質の高い作業の継続に重点を置くことには、より多くの欠陥を発生源の近くで検知するという恩恵がある（第11章11.1節）。

完成の定義を作成し、使用する

よい完成の定義（DoD）は、不完全な作業や問題のある作業を早期に見つけ出し、欠陥の挿入から検出までの時間をできるだけ短くするのに役立つ（第11章11.2節）。

リリース可能な品質水準を維持する

欠陥がスプリントをまたがないようにリリース可能な品質水準を維持するDoDを定義する（第11章11.3節）。

開発チームが作成した自動テストを使用する

自動テストは欠陥検出のギャップを最小化するのに役立つ。チームメンバー全員がテストの責務を持つことで、品質が全員の責務であるという印象が強まる（第12章12.1節）。

プロダクトバックログのリファインメント

バックログリファインメントにより、独断で要求のギャップを補ったり、作業が不足したりすることなく、チームが最優先のアイテムに取り組めるようになる（第13章13.7節）。

準備完了の定義を作成し、使用する

チームが要求の実装を開始する前に、要求の準備を確実に完了させておくことも、バックログリファインメントの一部である（第13章13.8節）。

繰り返し行う作業を自動化する

同じ作業を繰り返すことは誰も望まない。ソフトウェア開発において自動化できる作業の多くは、自動化したときのほうが自動化しないときよりも多くの恩恵をもたらす（第15章15.1節）。

細部ではなく成果を管理する

求められている成果を明確に伝える一方、作業を完了させるための細かな段取りはチームに自由に任せることで、チームの自律を支援する（第16章16.1節）。

「司令官の意図」を使って目的を明確に表現する

　求められている最終状態の目的を明確に伝えることで、チームが時機を逃さずにチームで判断を下せるようにする（第16章16.2節）。

活動ではなくスループットに焦点を合わせる

　成果を管理することと同様に、忙しくすることが目的ではなく、価値のある作業を完了させることが目的であるというニュアンスを加味する（第16章16.3節）。

鍵となるアジャイルな振る舞いをモデル化する

　有能なリーダーはメンバーに望む振る舞いをモデル化する（第16章16.4節）。

間違いを許す

　間違いを許すことで、チームがためらわずに間違いを明らかにし、間違いから学べるようにする。間違いから学ばなければ、組織は損失を2回被ることになる（第17章17.1節）。

チームキャパシティの計測に基づいたプランニング

　アジャイルは実証主義的なアプローチであり、チームと組織は計測したパフォーマンスに基づいて作業の計画を立てるべきである（第17章17.3節）。

監訳者あとがき

　本書は、ソフトウェア開発者にとっての必読書である『Code Complete』の著者であるスティーブ・マコネルによる待望の新刊だ。彼の書籍をひとつでも読んだことがあるならばわかってもらえるだろうが、彼はとても現実的であり、ソフトウェア開発のあるべき姿に貪欲に取り組んでいる人物の一人である。そんな審美眼を持つ彼が15年ぶりの新刊に選んだテーマが「アジャイル」であることには大きな意味がある。

　『More Effective Agile: A Roadmap for Software Leaders』（Construx Press、2019年）というタイトルから2つのメッセージが読み取れる。1つは、現実的なビジネスとソフトウェアの世界でより効果的にアジャイルの原理原則とプラクティスを活かすということだ。もう1つは、より効果的にアジャイルプラクティスを実践するということである。前者はビジネス向けでのメッセージであり、後者はソフトウェア開発現場向けのメッセージと捉えがちだが、そうではない。これらのメッセージは、どちらにも向けられている。ビジネスを見ている人はソフトウェアの効果性を見直し、そこで有効なアジャイルな考え方をビジネスや組織運営にも活かすことを考えるべきである。ソフトウェア開発の現場は、自分たちがビジネスに影響力を発揮できる存在であること、そういった存在になることの意義を理解し、ビジネスに価値をもたらす意識もぜひ持ってもらいたい。

　その中で注目すべき存在が、"ソフトウェアリーダー"である。日本では馴染みのない名称ではないだろうか。本書ではこの名称についての定義を明示していないが、"ソフトウェアリーダー"とは、その名のとおり、ソフトウェアに関わるリーダーシップを発揮できる存在だと考えることができる。それは、従来のリーダーやマネジメントよりも、よりソフトウェアを理解しており、ビジネスとソフトウェア、ビジネスとソフトウェア開発組織、チームを繋ぐ存在であろう。言ってみれば、これからのソフトウェアが駆動するビジネスの心臓部にあたる存在ではないだろうか。そういったリーダーシップにとって、アジャイルはもはや欠かすことができない必須科目になっている。必須科目をマスターするために本書はうってつけだ。

　本書は、リーダークラス向けにちょうどよく俯瞰し、冷静なポジションを維持している。本書を読んだリーダーは、ビジネスの要請や立場とソフトウェア開発現場の状況と想いを理解できるようになるだろう。こういう存在は組織の中でとても稀有であるが欠かせないはずだ。そういう存在になりたい人は本書をバイブルとして扱ってほしい。経営者やビジネスの企画に携わる人は、著者のガイドに従い非技術的なトピックに目を通して

もらいたい。そして、リーダーになる人物に本書を手渡してこう言ってほしい。「この書籍にあることについての支援は惜しまない。間違いを許すので臆せず推進してほしい」と。ソフトウェア開発の現場は、本書を読むことで自分たちが実践しているプラクティスをより客観的に説明できるようになるはずだ。それと同時に基本が大切であること、とりわけスクラムをきちんと理解し、実践することがより効果的なアジャイルにとって大切であることを理解できるだろう。本書を読んだ上で「これはうちでは難しい」と少しでも思ってしまったら、ぜひあなたのチームや組織のリーダーに本書を推薦してもらいたい。本書はリーダークラス向けに書かれているので、あなたのチームや組織のリーダーは本書から現場に活かせるヒントを得るはずである。リーダーが本書を読んだら、きっとあなたたちの力になってくれるはずだ。そしてそのときのリーダーがとるべき動きは本書にしっかりと書いてあるので安心してほしい。

本書は、ひとりで読んでも十分に読みごたえがあるが、読書会にも向いている。特に組織やチームでの読書会をお勧めしたい。あなたがリーダーならば、まず自身で読んだ上で、チームメンバーに対して読書会を呼びかけてみよう。あなたが開発チームのメンバーならば、メンバー同士で読書会を行い、自分たちの振る舞いとリーダーに頼る部分を議論してみよう。あなたが経営者やマネジメントならば、自身の経営哲学と本書を照らし合わせ、自身の経営哲学をアップデートしてみよう。

最後に本書は、ソフトウェア開発プロセスとその改善にコンサルタントとエバンジェリストとして携わってきた私にとっても待望の一冊である。本書をきっかけに、今まで超えられなかった壁のいくつかを超えることができると確信している。ソフトウェア開発プロセス改善とアジャイルに関わって20年の節目に本書の監訳という機会をくださった日経BPの関係者の皆さんに感謝したい。

2020年5月

監訳者　長沢 智治

参考文献

AAMI. 2012. *Guidance on the use of AGILE practices in the development of medical device software.* 2012. AAMI TIR45 2012.

Adolph, Steve. 2006. What Lessons Can the Agile Community Learn from a Maverick Fighter Pilot? *Proceedings of the Agile 2006 Conference.*

Adzic, Gojko and David Evans. 2014. *Fifty Quick Ideas to Improve Your User Stories.* Neuri Consulting LLP.

Aghina, Wouter, et al. 2019. *How to select and develop individuals for successful agile teams: A practical guide.* McKinsey & Company. https://www.mckinsey.com/business-functions/organization/our-insights/how-to-select-and-develop-individuals-for-successful-agile-teams-a-practical-guide

Bass, Len, et al. 2012. *Software Architecture in Practice, 3rd Ed.* Addison-Wesley Professional.
『実践ソフトウェアアーキテクチャ』（原書第 2 版の翻訳、日刊工業新聞社、2005 年）

Beck, Kent and Cynthia Andres. 2004. *Extreme Programming Explained: Embrace Change, 2nd Ed.* Addison-Wesley.
『エクストリームプログラミング』（新訳版、オーム社、2015 年）

Beck, Kent. 2000. *Extreme Programming Explained: Embrace Change.* Addison-Wesley.
『XP エクストリーム・プログラミング入門　ソフトウェア開発の究極の手法』（ピアソン・エデュケーション、2000 年）

Belbute, John. 2018. *Continuous Improvement in the Age of Agile Development.* CreateSpace Independent Publishing Platform.

Boehm, Barry and Richard Turner. 2004. *Balancing Agility and Discipline: A Guide for the Perplexed.* Addison-Wesley.
『アジャイルと規律　ソフトウエア開発を成功させる 2 つの鍵のバランス』（日経 BP、2004 年）

Boehm, Barry. 1981. *Software Engineering Economics.* Prentice-Hall.

Boehm, Barry W. 1988. A Spiral Model of Software Development and Enhancement. *Computer.* May 1988.

Boehm, Barry, et al. 2000. *Software Cost Estimation with Cocomo II.* Prentice Hall PTR.

Boyd, John R. 2007. *Patterns of Conflict.* January 2007.

Brooks, Fred. 1975. *The Mythical Man-Month.* Addison-Wesley.
『ソフトウェア開発の神話』（企画センター、1977 年）、『人月の神話　狼人間を撃つ銀の弾はない』（20 周年記念増訂版、アジソン・ウェスレイ・パブリッシャーズ・ジャパン、1996 年）

Carnegie, Dale. 1936. *How to Win Friends and Influence People.* Simon & Schuster
『人を動かす』（創元社、1937 年）、『人を動かす　新装版』（創元社、1999 年）

Cherniss, Cary, Ph.D. 1999. The business case for emotional intelligence. 1999. [Cited: January 25, 2019.] https://emedia.rmit.edu.au/leadrmit/sites/default/files/The Business Case for Emotional Intelligence.pdf

Cohn, Mike. 2010. *Succeeding with Agile: Software Development Using Scrum.* Addison-Wesley.

Cohn, Mike. 2004. *User Stories Applied: For Agile Software Development.* Addison-Wesley, 2004.

Collyer, Keith and Jordi Manzano. 2013. Being agile while still being compliant: A practical approach for medical device manufacturers. March 5, 2013. [Cited: January 20, 2019.] https://www.ibm.com/developerworks/rational/library/compliant-agile-medical-device/

Conway, Melvin E. 1968. How do Committees Invent? *Datamation.* April 1968.

Coram, Robert. 2002. *Boyd: The Fighter Pilot Who Changed the Art of War.* Back Bay Books.

Crispin, Lisa and Janet Gregory. 2009. *Agile Testing: A Practical Guide for Testers and Agile Teams.* Addison-Wesley Professional
『実践アジャイルテスト　テスターとアジャイルチームのための実践ガイド』（翔泳社、2009 年）

Curtis, Bill, et al. 2009. *People Capability Maturity Model (P-CMM) Version 2.0, 2nd Ed.* Software Engineering Institute.

DeMarco, Tom. 2002. *Slack: Getting Past Burnout, Busywork, and the Myth of Total Efficiency.* Broadway Books
『ゆとりの法則　誰も書かなかったプロジェクト管理の誤解』（日経 BP、2001 年）

Derby, Esther and Diana Larsen. 2006. *Agile Retrospectives: Making Good Teams Great.* Pragmatic Bookshelf
『アジャイルレトロスペクティブズ　強いチームを育てる「ふりかえり」の手引き』（オーム社、2007 年）

DORA. 2018. *2018 Accelerate: State of Devops.* DevOps Research and Assessment. https://inthecloud.withgoogle.com/state-of-devops-18/dl-cd.html

Doyle, Michael and David Strauss. 1993. *How to Make Meetings Work!* Jove Books
『会議が絶対うまくいく法』（日本経済新聞社、2003 年）

Dweck, Carol S. 2006. *Mindset: The New Psychology of Success.* Ballantine Books
『マインドセット 「やればできる！」の研究』（草思社、2016 年）

DZone Research. 2015. *The Guide to Continuous Delivery.* Sauce Labs.

Feathers, Michael. 2004. *Working Effectively with Legacy Code.* Prentice Hall PTR
『レガシーコード改善ガイド』（翔泳社、2009 年）

Fisher, Roger and William Ury. 2011. *Getting to Yes: Negotiating Agreement Without Giving In, 3rd Ed.* Penguin Books
『ハーバード流交渉術』（三笠書房、1989 年）

Forsgren, Nicole, et al. 2018. *Accelerate: The Science of Lean Software and DevOps: Building and Scaling High Performing Technology Organizations.* IT Revolution
『Lean と DevOps の科学 テクノロジーの戦略的活用が組織変革を加速する』（インプレス、2018 年）

Gilb, Tom. 1988. *Principles of Software Engineering Management.* Addison-Wesley.

Goleman, Daniel. 2004. What Makes a Leader? *Harvard Business Review.* January 2004.

Goleman, Daniel, 2005. *Emotional Intelligence, 10th Anniversary Edition.* Bantam
『EQ こころの知能指数』（原書初版の翻訳、講談社、1996 年）

Gould, Stephen Jay. 1977. *Ever Since Darwin.* WW Norton & Co Inc.
『ダーウィン以来 進化論への招待』（早川書房、1995 年）

Grenning, James. 2001. Launching Extreme Programming at a Process-Intensive Company. *IEEE Software.* November/December 2001.

Hammarberg, Marcus and Joakim Sundén. 2014. *Kanban in Action.* Manning Publications
『カンバン仕事術 チームではじめる見える化と改善』（オライリー・ジャパン、2016 年）

Heifetz, Ronald A. and Marty Linsky. 2017. *Leadership on the Line: Staying Alive Through the Dangers of Change, Revised Ed.* Harvard Business Review Press
『最前線のリーダーシップ』（原書初版の翻訳、ファーストプレス、2007 年）

Hooker, John, 2003. *Working Across Cultures.* Stanford University Press.

Humble, Jez, et al. 2015. *Lean Enterprise: How High Performance Organizations Innovate at Scale.* O'Reilly Media
『リーンエンタープライズ イノベーションを実現する創発的な組織づくり』（オライリー・ジャパン、2016 年）

Humble, Jez. 2018. *Building and Scaling High Performing Technology Organizations.* October 26, 2018. Construx Software Leadership Summit.

James, Geoffrey. 2018. It's Official: Open-Plan Offices Are Now the Dumbest Management Fad of All Time. *Inc.* July 16, 2018.

Jarrett, Christian. 2018. Open-plan offices drive down face-to-face interactions and increase use of email. *BPS Research.* July 5, 2018.

Jarrett, Christian. 2013. The supposed benefits of open-plan offices do not outweigh the costs. *BPS Research.* August 19, 2013.

Jenkins, Jon. 2011. *Velocity Culture (The Unmet Challenge in Ops).* June 16, 2011. O'Reilly Velocity Conference. https://www.youtube.com/watch?v=dxk8b9rSKOo

Jones, Capers and Olivier Bonsignour. 2012. *The Economics of Software Quality.* Addison-Wesley
『ソフトウェア品質の経済的側面』（共立出版、2013 年）

Jones, Capers. 1991. *Applied Software Measurement: Assuring Productivity and Quality.* McGraw-Hill
『ソフトウェア開発の定量化手法』（共立出版、1993 年）

Konnikova, Maria. 2014. The Open-Office Trap. *New Yorker.* January 7, 2014.

Kotter, John and Holger Rathgeber. 2017. *Our Iceberg is Melting, 10th Anniversary Edition.* Portfolio/Penguin
『カモメになったペンギン』（原書初版の翻訳、ダイヤモンド社、2007 年）

Kotter, John P. 2012. *Leading Change 1R edition.* Harvard Business Review Press
『企業変革力』（1996 年版の翻訳、日経 BP、1996 年）

Kruchten, Philippe, et al. 2019. *Managing Technical Debt.* Software Engineering Institute.

Kurtz, C.F., and D. J. Snowden. 2003. The new dynamics of strategy: Sense-making in a complex and complicated world. *IBM Systems Journal.* 2003, Vol. 42, 3.

Lacey, Mitch. 2016. *The Scrum Field Guide: Agile Advice for Your First Year and Beyond, 2d Ed.* Addison-Wesley
『スクラム現場ガイド　スクラムを始めてみたけどうまくいかない時に読む本』（マイナビ出版、2016 年）

Leffingwell, Dean. 2011. *Agile Software Requirements: Lean Requirements Practices for Teams, Programs, and the Enterprise.* Pearson Education
『アジャイルソフトウェア要求』（翔泳社、2014 年）

Lencioni, Patrick. 2002. *The Five Dysfunctions of a Team.* Jossey-Bass
『あなたのチームは、機能してますか？』（翔泳社、2003 年）

Lipmanowicz, Henri and Keith McCandless. 2013. *The Surprising Power of Liberating Structures.* Liberating Structures Press.

Madsten, Corey. 2016. *How to Play Dominoes.* CreateSpace Independent Publishing Platform.

Martin, Robert C. 2017. *Clean Architecture: A Craftsman's Guide to Software Structure and Design.* Prentice Hall.
『Clean Architecture　達人に学ぶソフトウェアの構造と設計』（アスキー・ドワンゴ、2018 年）

Maxwell, John C. 2007. *The 21 Irrefutable Laws of Leadership Anniversary edition.* Thomas Nelson.
『統率者の哲学　リーダーシップ 21 の法則』（原書初版の翻訳、アイシーメディックス、2005 年）『これからのリーダーが「志すべきこと」を教えよう』（三笠書房、2012 年）

McConnell, Steve and Jenny Stuart. 2018. Agile Technical Coach Career Path. 2018. https://www.construx.com/professional-development-ladder/agile-technical-coach-career-path/

McConnell, Steve and Jenny Stuart. 2018. Career Pathing for Software Professionals. 2018. https://www.construx.com/whitepapers

McConnell, Steve and Jenny Stuart. 2018. Software Architect Career Path. 2018. https://www.construx.com/whitepapers

McConnell, Steve and Jenny Stuart. 2018. Software Product Owner Career Path. 2018. https://www.construx.com/whitepapers

McConnell, Steve and Jenny Stuart. 2018. Software Quality Manager Career Path. 2018. https://www.construx.com/whitepapers

McConnell, Steve and Jenny Stuart. 2018. Software Technical Manager Career Path. 2018. https://www.construx.com/whitepapers.

McConnell, Steve. 2004. *Code Complete, 2nd Editon.* Microsoft Press.
『Code Complete　第 2 版　完全なプログラミングを目指して』（上下巻、日経 BP、2005 年）

McConnell, Steve. 2016. Measuring Software Development Productivity. 2016. [Cited: January 19, 2019]. https://resources.construx.com/podcast/measuring-software-development-productivity/

McConnell, Steve. 2016. Measuring Software Development Productivity. *Construx Software.* Construx Sofware, 2016. [Cited: June 26, 2019].

McConnell, Steve. 2003. *Professional Software Development.* Addison-Wesley.
　『ソフトウエア開発プロフェッショナル』（日経 BP、2005 年）

McConnell, Steve. 1996. *Rapid Development: Taming Wild Software Schedules.* Microsoft Press.
　『ラピッドデベロップメント　効率的な開発を目指して』（アスキー、1998 年）

McConnell, Steve. 2000. Sitting on the Suitcase. *IEEE Software.* May/June 2000.

McConnell, Steve. 2006. *Software Estimation: Demystifying the Black Art.* Microsoft Press
　『ソフトウェア見積り　人月の暗黙知を解き明かす』（日経 BP、2006 年）

McConnell, Steve. 2019. Understanding Software Projects Lecture Series. *Construx OnDemand.* https://ondemand.construx.com

McConnell, Steve. 2011. What does 10x mean? Measuring Variations in Programmer Productivity. [book auth.] Andy and Greg Wilson, Eds Oram. *Making Software: What Really Works, and Why We Believe It.* O'Reilly. https://www.oreilly.com/library/view/making-software/9780596808310/ch30.html
　『Making Software　エビデンスが変えるソフトウェア開発』（オライリー・ジャパン、2011 年）

Meyer, Bertrand. 2014. *Agile! The Good, They Hype and the Ugly.* Springer
　『アジャイルイントロダクション　Agile 開発の光と影』（近代科学社、2018 年）

Meyer, Bertrand. 1992. Applying "Design by Contract". *IEEE Computer.* October 1992.

Moore, Geoffrey. 1991. *Crossing the Chasm, Revised Ed.* Harper Business
　『キャズム』（翔泳社、2002 年）

Mulqueen, Casey and David Collins. 2014. *Social Style & Versatility Facilitator Handbook.* TRACOM Press.

Nygard, Michael T. 2018. *Release It!: Design and Deploy Production-Ready Software, 2nd Ed.* Pragmatic Bookshelf
　『Release It!　本番用ソフトウェア製品の設計とデプロイのために』（原書初版の翻訳、オーム社、2009 年）

Oosterwal, Dantar P. 2010. *The Lean Machine: How Harley-Davidson Drove Top-Line Growth and Profitability with Revolutionary Lean Product Development.* AMACOM.

Patterson, Kerry, et al. 2002. *Crucial Conversations: Tools for talking when the stakes are high.* McGraw-Hill
　『クルーシャル・カンバセーション　重要な対話のための説得術』（パンローリング、2018 年）

Patton, Jeff. 2014. *User Story Mapping: Discover the Whole Story, Build the Right Product.* O'Reilly Media
『ユーザーストーリーマッピング』（オライリー・ジャパン、2015 年）

Pink, Daniel H. 2009. *Drive: The Surprising Truth About What Motivates Us.* Riverhead Books.
『モチベーション 3.0　持続する「やる気 !」をいかに引き出すか』（講談社、2010 年）

Poole, Charles and Jan Willem Huisman. 2001. Using Extreme Programming in a Maintenance Environment. *IEEE Software.* November/December 2001.

Poppendieck, Mary and Tom. 2006. *Implementing Lean Software Development.* Addison-Wesley Professional
『リーン開発の本質　ソフトウエア開発に活かす 7 つの原則』（日経 BP、2008 年）

Puppet Labs. 2014. *2014 State of DevOps Report.* 2014. https://puppet.com/resources/report/2014-state-devops-report/

Putnam, Lawrence H., and and Ware Myers. 1992. *Measures for Excellence: Reliable Software On Time, Within Budget.* Yourdon Press
『プロジェクトの見積りと管理のポイント』（共立出版、1995 年）

Reinertsen, Donald G. 2009. *The Principles of Product Development Flow: Second Generation Lean Product Development.* Celeritas Publishing.

Richards, Chet. 2004. *Certain to Win: The Strategy of John Boyd, Applied to Business.* Xlibris Corporation.

Rico, Dr. David F. 2009. *The Business Value of Agile Software Methods.* J. Ross Publishing.

Robertson, Suzanne and James Robertson. 2013. *Mastering the Requirements Process: Getting Requirements Right, 3rd Ed.* Addison-Wesley
『要件プロセス完全修得法』（原書初版の翻訳、三元社、2002 年）

Rogers, Everett M. 1995. *Diffusion of Innovation, 4th Ed.* The Free Press
『イノベーションの普及』（原書第 5 版の翻訳、翔泳社、2007 年）

Rotary International. The Four-Way Test. Wikipedia. [Cited: June 23, 2019.] https://en.wikipedia.org/wiki/The_Four-Way_Test

Rozovsky, Julia. 2015. The five keys to a successful Google team. November 17, 2015. [Cited: November 25, 2018.] https://rework.withgoogle.com/blog/five-keys-to-a-successful-google-team/

Rubin, Kenneth. 2012. *Essential Scrum: A Practical Guide to the Most Popular Agile Process.* Addison-Wesley
『エッセンシャルスクラム　アジャイル開発に関わるすべての人のための完全攻略ガイド』（翔泳社、2014 年）

Scaled Agile, Inc. 2017. Achieving Regulatory and Industry Standards Compliance with the Scaled Agile Framework. *Scaled Agile Framework.* August 2017. [Cited: June 25, 2019.] https://www.scaledagileframework.com/achieving-regulatory-and-industry-standards-compliance-with-safe/

Schuh, Peter. 2001. Recovery, Redemption, and Extreme Programming. *IEEE Software.* November/December 2001.

Schwaber, Ken and Jeff Sutherland. 2017. *The Scrum Guide: The Definitive Guide to Scrum: The Rules of the Game.* 2017. https://scrumguides.org/
『スクラムガイド』(https://www.scrumguides.org/docs/scrumguide/v2017/2017-Scrum-Guide-Japanese.pdf)

Schwaber, Ken. 1995. SCRUM Development Process. *Proceedings of the 10th Annual ACM Conference on Object Oriented Programming Systems, Languages, and Applications (OOPSLA).* 1995.

Scrum Alliance. 2017. *State of Scrum 2017-2018.* https://scrumguides.org/scrum-guide.html

Snowden, David J. and Mary E. Boone. 2007. A Leader's Framework for Decision Making. *Harvard Business Review.* November 2007.

Standish Group. 2013. *Chaos Manifesto 2013: Think Big, Act Small.*

Stellman, Andrew and Jennifer Green. 2013. *Learning Agile: Understanding Scrum, XP, Lean, and Kanban.* O'Reilly Media.

Storlie, Chad, 2010. "Manage Uncertainty with Commander's Intent," Harvard Business Review, November 3, 2010. https://hbr.org/2010/11/dont-play-golf-in-a-football-g

Stuart, Jenny and Melvin Perez. 2018. Retrofitting Legacy Systems with Unit Tests. July 2018. https://www.construx.com/resources/retrofitting-legacy-systems-with-unit-tests/

Stuart, Jenny, et al. 2018. Six Things Every Software Executive Should Know About Scrum. Construx White Paper, July 2018. https://www.construx.com/resources/6-things-every-software-exec-should-know-about-scrum/

Stuart, Jenny, et al. 2017. Staffing Scrum Roles. Construx White Paper, August 2017. https://www.construx.com/resources/staffing-scrum-roles/

Stuart, Jenny, et al. 2018. Succeeding with Geographically Distributed Scrum. Construx White Paper, March 2018. https://www.construx.com/resources/succeeding-with-geographically-distributed-scrum/

Stuart, Jenny, et al. 2018. Ten Keys to Successful Scrum Adoption. 2018. https://www.construx.com/resources/10-keys-to-successful-scrum-adoption/

Stuart, Jenny, et al. 2018. Ten Pitfalls of Enterprise Agile Adoption. 2018. https://www.construx.com/resources/10-pitfalls-of-enterprise-agile-adoption/

Sutherland, Jeff. 2014. *Scrum: The Art of Doing Twice the Work in Half the Time.* Crown Business
『スクラム　仕事が 4 倍速くなる " 世界標準 " のチーム戦術』（早川書房、2015 年）

Tockey, Steve. 2005. *Return on Software: Maximizing the Return on Your Software Investment.* Addison-Wesley.

TRACOM Group, 2019. https://tracom.com/

Twardochleb, Michal. 2017. Optimal selection of team members according to Belbin's theory. *Scientific Journals of the Maritime University of Szczecin.* September 15, 2017.

U.S. Marine Corps Staff. 1989. *Warfighting: The U.S. Marine Corp Book of Strategy.* Currency Doubleday.

Westrum, Ron. 2005. A Typology of Organisational Cultures. January 2005, pp. 22-27.

Wiegers, Karl and Joy Beatty. 2013. *Software Requirements, 3rd Ed.* Microsoft Press
『ソフトウェア要求　第 3 版』（日経 BP、2014 年）

Williams, Laurie and Robert Kessler. 2002. *Pair Programming Illuminated.* Addison-Wesley
『ペアプログラミング　エンジニアとしての指南書』（ピアソン・エデュケーション、2003 年）

Wilson Learning. 2019. https://www.wilsonlearning.com/

Yale Center for Emotional Intelligence. 2019. The RULER Model. [Cited: January 19, 2019.] http://ei.yale.edu/ruler/

索引

著者紹介

Steve Mcconnell（スティーブ・マコネル）

　ソフトウェア業界の名著『Code Complete』の筆者として最もよく知られている。同書は史上最高の評価を受けたソフトウェア開発書のベストセラーとして高く評価されている。Steve の著書は20か国語に翻訳され、全世界で100万部以上の売り上げを記録した。

　Steve が設立したConstrux Software は、20年以上にわたってソフトウェア組織の能力を向上させる活動を行っており、「個人、チーム、組織の専門的な効果性を引き上げることで、すべてのソフトウェアプロジェクトを成功させる」というビジョンを掲げている。

　詳しい情報については、Steve の Web サイト https://stevemcconnell.com/ にアクセスするか、stevemcc@construx.com まで電子メールを送ってほしい。

監訳者紹介

長沢 智治（ながさわ ともはる）

　日本ラショナルソフトウェア、日本アイ・ビー・エムなどで開発プロセス改善コンサルタントとして経験したのち、日本マイクロソフト、アトラシアンでエバンジェリスト、プロダクトマネージャーを経験。2018年に独立・開業し、2020年に「サーバントワークス株式会社」を設立、代表取締役に就任。スタートアップから上場企業まで、アジャイルやDevOps に関する現場改善やマーケティング、社内情報共有などの支援を行っている。著書に『Keynote で魅せる「伝わる」プレゼンテーションテクニック』（ラトルズ、2018年）、監訳書に『Adaptive Code C# 実践開発手法 第2版』（日経BP、2018年）、『今すぐ実践！カンバンによるアジャイルプロジェクトマネジメント』（日経BP、2016年）などがある。詳しい情報についてはコーポレートサイト（https://www.servantworks. co.jp/）にアクセスするか、nagasawa@servantworks.co.jp までご連絡されたい。

翻訳者紹介

株式会社クイープ（http://www.quipu.co.jp）

　1995年、米国サンフランシスコに設立。コンピューターシステムの開発、ローカライズ、コンサルティングを手がけている。2001年に日本法人を設立。主な訳書に『プログラミング ASP.NET Core』『Adaptive Code　C# 実践開発手法　第2版』（日経BP）、『なっとく！ディープラーニング』『Python トリック』（翔泳社）、『Amazon Web Services インフラサービス活用大全』（インプレス）、『Python ハッカーガイドブック』『マルウェア データサイエンス』（マイナビ出版）などがある。

● 本書についてのお問い合わせ方法、訂正情報、重要なお知らせについては、下記 Web ページをご参照
　ください。なお、本書の範囲を超えるご質問にはお答えできませんので、あらかじめご了承ください。

https://project.nikkeibp.co.jp/bnt/

● ソフトウェアの機能や操作方法に関するご質問は、ソフトウェア発売元または提供元の製品サポート窓
　口へお問い合わせください。

More Effective Agile
"ソフトウェアリーダー"になるための 28 の道標

2020 年 6 月 15 日　初版第 1 刷発行

著　　　者	Steve McConnell	
監　訳　者	長沢 智治	
訳　　　者	株式会社クイープ	
発　行　者	村上 広樹	
編　　　集	生田目 千恵	
発　　　行	日経BP	
	東京都港区虎ノ門4-3-12　〒105-8308	
発　　　売	日経BP マーケティング	
	東京都港区虎ノ門4-3-12　〒105-8308	
装　　　丁	小口 翔平＋加瀬 梓（tobufune）	
DTP 制作	株式会社クイープ	
印刷・製本	図書印刷株式会社	

ISBN978-4-8222-8658-3　Printed in Japan